GROWTH HACKER

增长黑客

创业公司的用户与收入增长秘籍

范冰 著

電子工業出版社
Publishing House of Electronics Industry
北京•BEIJING

内 容 简 介

“增长黑客”这一概念近年来兴起于美国互联网创业圈，最早是由互联网创业者 Sean Ellis 提出。增长黑客是介于技术和市场之间的新型团队角色，主要依靠技术和数据的力量来达成各种营销目标，而非传统意义上靠砸钱来获取用户的市场推广角色。他们能从单线思维者时常忽略的角度和难以企及的高度通盘考虑影响产品发展的因素，提出基于产品本身的改造和开发策略，以切实的依据、低廉的成本、可控的风险来达成用户增长、活跃度上升、收入额增加等商业目的。简单来说，就是低成本甚至零成本地用“技术”来让产品获得有效增长。

本书将从概念、发展、素质要求、实际案例等角度阐述这一新兴的团队角色和营销理念。适合产品经理、市场营销人员、互联网创业者，以及对增长技术有兴趣的人阅读。

图书在版编目（CIP）数据

增长黑客：创业公司的用户与收入增长秘籍/范冰著. —北京：电子工业出版社，2015.7
ISBN 978-7-121-26360-6

Ⅰ.①增… Ⅱ.①范… Ⅲ.①网络公司—网络营销—研究—中国 Ⅳ.①F279.244.4
中国版本图书馆 CIP 数据核字（2015）第 132814 号

策划编辑：牛 勇 官 杨
责任编辑：徐津平
印 刷：三河市双峰印刷装订有限公司
装 订：三河市双峰印刷装订有限公司
出版发行：电子工业出版社
北京市海淀区万寿路 173 信箱 邮编 100036
开 本：720×1000 1/16 印张：20.75 字数：396 千字
版 次：2015 年 7 月第 1 版
印 次：2020 年 3 月第 22 次印刷
定 价：59.00 元

凡所购买电子工业出版社图书有缺损问题，请向购买书店调换。若书店售缺，请与本社发行部联系，联系及邮购电话：（010）88254888。

质量投诉请发邮件至 zlts@phei.com.cn，盗版侵权举报请发邮件至 dbqq@phei.com.cn。

服务热线：（010）88258888。

献给我的父母

和每一个为了理想在异乡打拼的逐梦人

推荐序

Timothy C. Draper

硅谷顶尖传奇风险投资家（投资过 Hotmail、Skype、Tesla 等项目）、德丰杰的创始人和执行董事、“病毒营销”缔造者、“英雄学院”创始人。

我很激动能受邀为本书写序。

在人们眼中，我似乎被誉为第一位“增长黑客”。好吧，这一切皆因 Hotmail 而起。当时两位创始人 Sabeer Bhatia 和 Jack Smith 想出了为人们提供基于网页的免费电子邮件服务的这一点子。项目上线后，我问道：“你们有什么办法将这个全新的免费服务迅速传播到用户那里？”他们看着我，面带茫然，只说出了 Hotmail 会采用传统的广告形式。作为一个仅为他们提供了少量早期资金的投资人，我觉得这样的答案既铺张浪费又缺乏理性。因此我建议，与其继续烧更多钱，不如给互联网上的用户们发一封邮件来自我推广。他们认为这一做法构成了“垃圾邮件”，会引起网民的反感。于是我进一步建言献策，既然我们对外免费提供邮件服务，或许用户会允许我们在邮件底部写点什么来打个小广告，比如“附言：我爱你，你可以到 Hotmail 获得免费电子邮箱”。

我遭到了两位创始人的几轮白眼，这个点子本身也的确颇具争议。谢天谢地，好在他们最终决定放手一试，但把广告内容简化成了“你可以到 Hotmail 注册免费电子邮件”。我很高兴他们迈出了这一步，但直到今天，我依然觉得如果保留当初的“附言：我爱你”几个字，对用户会更加友善一些。

无论如何，这个策略成功地帮助了产品以几何级数传播。随后 Steve Jurvetson 和我根据产品传播具有类似病毒的特质，而创造了“病毒营销”这个专业术语。在此之前我们曾考虑过用“有机营销”这个名字，但显然那不够酷。

后来，我们并没有将这个策略申请注册专利，取而代之的是，我们决定将它无偿地贡献给这个世界。由此许多优秀的产品将有望通过人们的口口相传而声名远播，市场营销也将因此节省大笔开支。

在那之后，成百上千的公司决定采用病毒营销的方式来传播他们的产品。我们的公司 Four 11 最先进行了借鉴，随后他们被雅虎收购而成为了 YahooMail。许多其他的电子邮件服务也相继加入进来，包括 Gmail、Applemail 等。然而这个点子释放的力量远不只如此，任何基于通讯交流的产品都可以采用它。我投资了 Skype，而他的创始人就将其成功地运用到了音频产品和随后的视频产品推广中。

顺带一提，Skype 的第一次视频通话，是身处爱沙尼亚塔林市的我和 Niklas Zennstrom（Skype 的创始人）进行的一场面试，对方是来自帕罗奥多的 Tony Perkins。Skype 的工程师硬是挤出了一万条 Skype 音频通话并发线路的带宽，来确保我们的整个视频通话过程完美顺畅。看起来，一名创业者如果真的想做成一件事情，那么似乎任何事情都是可能发生的。

社交网络、邮件营销、磁力营销等病毒营销的相关概念，连同搜索引擎排名的优化、众包、市场协作等，共同构成了如今被成为“黑客增长术”的概念，也即是本书的主题。

任何软件、网站、桌面程序、移动应用乃至未来的新异产品，无论是数字化的抑或通过实体介质，都应当参考黑客增长术，其目的是以最低成本甚至零预算来将产品最大程度地推广到全世界。我所认识的许多公司都已经在践行黑客增长术了。事实上，站在今天这个时间节点上，当我评估一家公司的商业蓝图时，“是否懂得运用黑客增长术”会与“如何研发产品服务”视作同等重要。

I am thrilled to offer this Preface.

It seems I am credited with being the first “Growth Hacker.” Well, it all began with Hotmail. The two founders, Sabeer Bhatia and Jack Smith started Hotmail with the idea of giving away free web-based email. When they launched, I asked, “How will you get this new free service to spread to customers?” They looked at me a little blankly, saying Hotmail would use traditional forms of advertising, which to me, an investor who had funded the company with very little money, seemed extravagant and irrational. So, rather than doing anything that would require more money, I suggested just blasting an email to all of the people on the internet. They then explained that that would be “spamming,” a practice frowned on by the internet community. Then I suggested that since we were giving away email that the customers might be willing to spread the word for us by allowing us to ; put a message at the bottom of every email sent saying, "P.S. I love you, get your free email at Hotmail."

I got several eye rolls from the founders, and the idea was somewhat contentious, but to their credit, they decided to give it a try, but the message would simply say, "Get your free email at Hotmail." I was delighted that they decided to try it, but to this day, I believe we would have had a more peaceful and loving world if they had kept the "P.S. I love you" message.

Anyway, the message spread exponentially, and Steve Jurvetson and I coined the marketing term for what I had created as "viral marketing" since the product would spread like a virus. We had considered "organic marketing" as a name, but it didn't have as much of a kick.

Then, rather than patent the idea, I decided it was better to give the idea away to the world. So much good could be accomplished if products could be spread exponentially through this electronic word of mouth. Marketing could be accomplished with far less money.

So, after that, hundreds of companies decided to use viral marketing to spread their products. Our company Four 11, which became YahooMail was the first, followed by many others in the email category, Gmail, Applemail, and many others. But the idea was much more powerful than that. Any product that was communications based started using viral marketing. I invested in Skype, and the founders of Skype implemented several viral elements in growing their audio business and even more when Skype video was introduced.

Incidentally, the first Skype video call involved Niklas Zennstrom and me doing an interview from Tallin, Estonia with Tony Perkins in Palo Alto. The Skype engineers cut off 100,000 simultaneous Skype audio calls to get enough bandwidth to create a nearly flawless video call for us. It seems when an entrepreneur wants to make something happen, anything is possible.

So, from viral marketing evolved social media, email blasting, marketing magnets, gaming customer rankings on search engines, crowd sourcing, and the collaborative marketplaces, all what have now been coined "growth hacking," the topic for this book.

Every piece of software, website, program, app, and novel new product, whether digital or physical, is, will be or should be involved in growth hacking. The goal of course is to market products liberally throughout the world with little or no cost of distribution. I have seen many of these growth hacks in action with companies I have met with. In fact, at this point, when I look to evaluate new company proposals, I look as much at how the company is approaching its growth hack as I do how it is approaching its product or service.

By Timothy C. Draper

自 序

范 冰

2015年 于北京

每一篇温热的文字都在试图找到与它琴瑟和鸣的人。正如演员喜爱以征服话剧舞台而非登上大荧幕作为演艺生涯的至高荣耀，认真码字儿的人也绝不甘于只将思想停留在键盘下的冷酷字节——倘若能够结集付梓，墨香幽然，大抵是为此生幸事。因此当出版社的编辑偶然通过简书找上门来邀请时，对写一本书这件事，我是欣然应允的。它在我此生想要体验的事物的排期上，恰好早有一席之地，只不过机会降临竟是如此不期而至。

为什么要以“增长黑客”作为本书的主题呢？

一方面，书写是为了更好地思考。执笔之际，我正在创业，偶然了解到“增长黑客”这个全新的概念正在硅谷迅速蔓延。在原子世界，传统的商业触角是以解决消费者的空间半径为指导的，而在比特世界里，以电脑和手机为载体的现代商业模型正在摧毁空间价值，直抵时间半径，抹平信息不对等带来的时空阻隔，以零边际成本的摧枯拉朽之势来消解过去靠“烧钱”获取和维持的那一点微不足道的竞争优势。这其中必将大有可为，尤其是对囊中羞涩但以技术见长的互联网初创团队而言。这也是身为创业者的我所迫切需求的。因此我将写这本书视作一种检测自我学习成果的阶段性副产品，而非目的本身。我不是什么创业导师、布道官或自媒体大V，如果您从这本书里提取到有价值的信息，那是我的荣幸，这证明我的付出是有价值的。

另一方面，作为一名产品经理，写书大概是除了做互联网产品之外，又一件从无到有创生全新事物的有趣体验。它能满足我完全的控制欲，因此也能验证一些在别人的平台上无法完成的想法。当然，对比在国内出书微薄的稿酬收入与不成比例的精力付出，借写作本书之契机，更让我兴奋的是能与形形色色的聪明人交流，交换彼此的人生轨迹，畅聊事业的起落浮沉。它让我认识到这个世界上的确有许多天资聪颖境遇优越的人，却比你我更加努力。这比任何金钱物质上的回报更加吸引我。

“每一件绝世无双的好作品都是以无比寂寞的勤奋为前提，要么是血，要么是汗，要么是大把曼妙的青春时光。”最近读到的这句话击中了我。我并不敢自诩这本书是旷世佳作，但它的确凝聚着我的无比用心。从 2014 年 6 月签署出版协议，到如今正式面世，足足折腾了一年时间，耗费了我人生中宝贵的 400 个小时。这一年，从炎夏写到寒冬，从“魔都”写到“帝都”，每一个加班过后疲惫不堪却又必须振作起来赶稿的子夜，每一场春光烂漫却又无暇漫步的周末，它们都成为了我甜蜜的“噩梦”，一边吞噬着我的每一颗脑细胞，一边让我怀揣着满腔期待去走完这段艰辛之路。在此期间，全书的筋骨脉络还经过了一次重大的调整重构，这才勉强达到了我自认为拿得出手的状态，来回耽误了不少时间，感谢出版社编辑官杨大人的不杀之恩。

在写书过程中，最难的部分无疑是资料的收集。这既是因为“增长黑客”本身在全球也是个相对较新的概念，缺乏丰富权威且有通用指导意义的素材，为此我几乎买遍了美国亚马逊上所有相关的书籍资料，才从它们那里勉强挤出一些值得参考的干货来（嗨，我会告诉你它们中大部分还没有我一个章节提供的信息量多么）。另外，“增长黑客”本身就寓意着某些不为人知或者不足为外人道的“黑科技”、“小手腕”、“月之暗面”，并不是每家团队都有充分的理由和动机来无偿分享，这反倒会泄露一些商业机密。于是很遗憾地，出现在本书中的内容自然先经过了一层严密的“自我审核”，隐去了某些不适于公开的内容，希望您能够理解。如果觉得书中有某些地方语焉不详，希望深入探讨，嗯，私下约我好了。

对了，另一件让我引以为豪的事是，成功地邀请到了一众互联网大佬站台吆喝。这其中既有硅谷的顶尖投资人、“病毒营销”的发明者，又有一线 VC 的合伙人、互联网巨头的负责人，以及诸多知名创业家。在此必须要感谢大家对我的支持和信任，毕竟与他们相比，我籍籍无名，这也是我第一次尝试写书，没有任何品牌背书和知名度可言。借此机会还要感谢一路以来带我入行、提携我、帮助我的各路朋友，知遇之恩没齿难忘，他们其中的一些也出现在了本书的推荐语阵容中。

最后友情提醒：创业没有银弹。这不是一本告诉你如何不劳而获坐收渔利的葵花宝典，也没有人能代替你主动思考。任何“增长黑客”都无法挽回一个无药可救的垃圾产品。我只不过在抛砖引玉，而我所说的也可能是错的。

推荐语

增长黑客们无所不能。

Timothy C. Draper

德丰杰投资基金创始人、硅谷德雷普英雄学院创始人

恭喜本书再次加印！

Allen Blue

领英（LinkedIn）联合创始人

人生一定是多面的。光是事业不定义你，光是家庭也不定义你，友情也不定义你，这些综合在一起才定义你的人生。增长黑客，同样也应是创业团队中的多面手。这本书给了我新的启发，也推荐给大家。

柳青

滴滴出行总裁

增长黑客，听起来很神秘，其实就是创业团队最需要的T型人才。看完这本书，你成不了口若悬河的互联网理论家，却能让你在创业道路上避开很多大坑。

罗振宇

罗辑思维创始人

一款好的移动互联网产品，在推广前有一千位用户后，应该开始有用户的自然增长，如果每位新用户完全依靠烧钱获得，那这个产品可以不做了，增长黑客与这种价值观不谋而合。

郑立鹏

微信开放平台总监

作为国内首本引入增长黑客概念的著作，本书内容丰富，既有硅谷独角兽公司的发展历程，为读者打开了国际视野，同时也不乏接地气的国内公司案例，值得一读。

张宏江

金山软件CEO、前微软亚太研发集团CTO、微软亚洲工程院院长

这个市场需要更多深谙黑客增长术的弄潮儿，他们思维明锐，经验丰富，精通变幻莫测的市场资源，也熟悉业务模式、竞争策略、产品、技术。这本书，会让你在这样的成长之路上，受益良多。

孙波

携程旅行副总裁

创业是一个持续创新的过程，增长黑客就是其中的一个创新引擎。每个互联网公司都应该组建一支装备精良的增长黑客队伍！

叶谦

友盟 CEO

作者通过大量真实的案例，向我们展现了产品成功背后的秘密。这本书是创业者、公司产品、市场和运营人士必读书籍。

吴疆

迅雷首席产品官

每个创业团队都要面对增长的挑战，期待这本书让你了解并掌握增长黑客的方法与技巧，不再束手无策。

冯大辉

丁香园 CTO

高速增长是互联网公司估值上升的核心驱动因素，所有的估值核心都建立在"增长"上面，这也是为什么有些互联网企业估值很高。"增长"的背后是一系列的用户体验、活跃度、留存率以及变现的有机结合，增长黑客的核心就是产品化、数据化、运营化。我们可以用产品加上数据分析的方法促进用户和业务的增长。

张溪梦

GrowingIO 创始人、美国前十大数据科学家、前 LinkedIn 商务分析团队缔造者

目录
Contents

第 1 章 增长黑客的崛起

"荣耀属于那些亲自置身战场的勇者，他们灰头土脸、血污满溅却依旧在奋勇搏杀，他们历经坎坷、一错再错却仍然没放弃努力，他们满怀热忱，全力以赴，最终迎接他们的可能是辉煌的战果，也可能是糟糕的落败，但至少他们曾经骄傲地放手一搏。"

——The Man in the Arena，西奥多·罗斯福

1.1 创业家的黑暗前传

夜阑人静，万家灯火。此刻的办公室静谧得如同时间已被暂停。你依旧聚精会神地将头埋在电脑前，任指尖在沾满油渍的茶轴键盘间轻快地敲击，疲倦而兴奋的脸颊在一片昏暗中被显示器的光亮映照得轮廓分明。手边是你刚刚焖上的一碗热气腾腾的老坛酸菜方便面，但此刻的你显然无暇顾及。不知过了多久，你突然停止敲击，揉了揉眼望向窗外，旋即深吸一口气，开始屏息凝视屏幕。只见一行行命令忽快忽慢顺次闪现，如同一道道彗星划过夜空。好家伙！这一回该死的 IDE 居然没有报错，数据加载完毕，程序运行成功，一切都顺利得不可思议，完美到恍然若梦。

于是，你不禁开始畅想自己终于可以挥别创业以来无数次没日没夜的加班，产品提交上线，用户鱼贯而入；各大媒体为你辟出头条，评论家们将你捧在掌心；微博转

爆，微信塞满，投资人的电话骚扰得你应接不暇；你成功融资，扩大规模，豪聚四方宾朋，招徕各路英才；你一掷千金地烧钱推广，引发用户量的几何级数暴涨，甚至连行业巨头公司都为之震动，一度不得不在自己的产品里封杀你；用户们排队掏钱趋之若鹜，你的营收图表连续拉出几道气势恢宏的阳线，前来拜访取经的团队无不惊呼你的办公环境堪称土豪；你邀请一线国际女星出席发布会，参演微电影，在线下铺天盖地地刷存在感，楼宇、地铁、广场、邮轮上无不是你引以为傲的图标；你的公关团队将你打造成电视广告里的高帅富加励志偶像，还顺便跟网络红人传点绯闻。终于，你递交了上市招股书，在海内外一票分析师对业绩的指指戳戳中，成功站在纳斯达克的顶点，敲响了开市的钟。身旁一众西装革履的幕僚们鼓掌欢呼，开香槟庆祝。而你的脑海霎时间一片空白，只是呆呆地凝望着大屏幕——如同当年在漆黑电脑屏幕前那样。报价终端上实时跳动着最新撮合的交易量，海内外投资者蜂拥而至，股票价格一路水涨船高，连整个华尔街都为之震惊。而你终于从晃神中清醒过来，将思绪重新拉回嘈杂的交易所内，怀揣难以言喻的心情掏出手机，给远在国内的运营总监打了个电话："嗨，Joey，从明天起给公司全体员工换发新名片。嗯，对，印上我们的股票代码——NIUB。"

19世纪中叶，加利福尼亚淘金热席卷整个美国，农民典押土地，商人关闭店铺，士兵离开营房，海员抛弃船只，就连传教士也脱下长袍，人们纷纷涌向发现金矿的萨克拉门托（Sacramento），希望凭借双手与运气一夜暴富。美国历史也因此被书写上了浓墨重彩的一笔。

美国淘金热中的人们，图片作者：Uraldo

光阴荏苒，如今徒手淘金的时代虽早已远去，但互联网时代的降临成就了一批批的“数字英雄”。学生肄业、工人跳槽、官员下海、高管离职，在前景未明却不甘平凡的内心驱使下，这些摇身一变的创业者们开启了在风起云涌的互联网行业披荆斩棘、乘风破浪的旅程，人们渴望凭借手中的鼠标加网线，在二进制的赛博世界里建立起自己的罗马帝国。遥望大洋彼岸的美国，几个初出茅庐的小伙子在自家车库里筚路蓝缕地邋遢编程，最终一跃成为硅谷新贵的报道屡见不鲜。而在中国北京中关村不足200米的创业大街上，每年来自全国各地的5万余名创业者塞满了大大小小的创业咖啡馆，在编写代码、洽谈合作、寻找项目以及闲话扯淡中，每个人都跃跃欲试，做好了有朝一日成为明日之星的准备。

中关村创业大街“车库咖啡”一角，图片来源：中华工商时报

然而愿景与现实毕竟是两码事，成功不可能轻易降临到每个有志者头上。根据哈佛商学院教授席卡·高史（Shikhar Ghosh）的研究显示，在美国风险投资进入的初创企业中，有四分之三的企业最后会以破产告终。在国内，中小企业的平均寿命只有3.7年，小微企业还不到3年。至于创业门槛相对较低的互联网行业，能够幸存的比例甚至更低。融资、收购、上市，媒体的注意力总是聚焦在最光鲜耀眼的选手身上，却任凭那些折戟沉沙者雨打风吹去，如沙粒般悄无声息地卷入大海。或许正是因为失败的项目恒河沙数，才愈发突显出成功楷模的弥足珍贵。

在众多导致互联网创业失败的因素中，抛开资金断链、团队矛盾、政策调整、经济萧条或其他风云诡谲的意外和不可抗力外，很多产品问世伊始便已经宣告夭折。预期中的用户井喷并没有发生，缓慢的增长曲线让人垂头丧气，曾经坚定不移看准的产品方向产生动摇，不知道在摸索出通向成功的康庄大道之前，这无止境的黑暗前传还要上演多久……但这或许才是绝大多数创业公司正在每日经历的体验。

1.2 增长黑客的胜利

对于一家成熟的大公司而言，想推广自家的新服务，各种资源可谓信手拈来。他们可以不计代价地在用户聚集的主流市场买断广告位，用自家上亿装机量的客户端推送广告弹窗，甚至聘请一家专业的广告公司，让产品出现在电视广告、地铁、电梯乃至渗透进潜在用户生活的各个角落。

但大多数初创公司却没有这个“烧钱”的能力，他们是市场推广的弱势群体。徒手起家的创业者掌握的资源有限，能够仰赖的更多是一些几乎零成本的方式，比如交换流量、撰写软文、申请报道、邀请转发等。《商业价值》杂志曾针对初创公司做过一次调查，结果80%的创业者认为，公司推广面临的最大的问题并非现有的推广渠道效果不佳，反而是因为效果太好——以至于价格不菲，他们根本负担不起。在此环境下，近年来一种适合初创团队的产品营销推广方式正在悄然兴起。这种方法如果运用得当，能以最少的投入四两拨千斤，释放出强大的能量。在揭开它的神秘面纱之前，让我们先来看一个故事。

Hotmail 是众所周知的互联网代表性免费电子邮件提供商之一，它的前身叫做JavaSoft。1996年，两个年轻的工程师杰克·史密斯（Jack Smith）和沙比尔·巴蒂亚（Sabeer Bhatia）打算自己出来单干，但是他们害怕自己讨论创业大计的电子邮件会遭到公司内网邮件系统的监视。于是他们索性自己开发了一套基于网页的邮件系统，用于私下交流。结果这个业余时间开发的项目得到了投资人的青睐，两人很快筹集到30万美元作为启动资金，并于1996年7月4日正式开始了商业运作。

Hotmail刚推出时反响平平。这种摒弃了传统邮件客户端、只需要访问浏览器就能收发邮件的全新产品形态，并没有立即赢得市场的认可。按照当时惯用的宣传套路，Hotmail应当选择在路边的大型广告牌投放广告，或是在当地的电台购买广播时段。但对于一家网络公司而言，指望当地偶然开车路过广告牌或听到广播的卡车司机马上理解什么是“基于网页的电子邮件系统”，存在一定难度，对方也不一定有实际需求，广告费很可能要打水漂。他们需要一种更精准的方式来找到真正的用户。

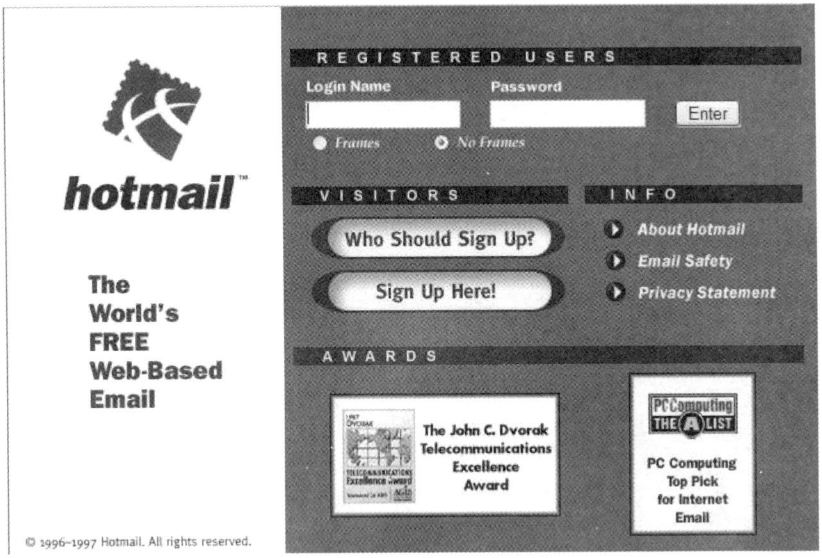

早期的 Hotmail 界面

二人开始思索潜在用户的获取途径究竟在哪里。显然，作为一家电子邮件服务提供商，那些日常已经习惯收发电子邮件的人都有望成为 Hotmail 的用户。他们可能是公司白领，可能是在校学生，但不大可能是整天忙于公路运输的司机，或者林间作业的伐木工人。既然如此，与其从线下锁定用户，不如直接考虑在他们线上的使用场景里做文章，也就是收发电子邮件这个过程本身。于是聪明的投资人蒂莫西·德拉佩尔（Timothy Draper）替他们想出了一个绝妙的主意——他们在每一封用 Hotmail 发出的邮件末尾签名处，增加了一行附言："我爱你。快来 Hotmail 申请你的免费邮箱。"（PS:I love you.Get your free E-mail at Hotmail.）

这一改动在仅仅几个小时之后，使 Hotmail 的用户注册曲线发生了戏剧性的变化，原本无人问津的服务，开始以每天 3000 个新用户的速度增长。Hotmail 在用户间逐渐形成口碑，每封发出的邮件成为了病毒式的广告宣传，被另一个原本就有电子邮件使用习惯的人接收，这种一传十十传百的放大效应，使用户增长如滚雪球般越来越快。为了探究这种增长究竟有多么疯狂，创始人巴蒂亚给他的印度朋友发送了一封邮件，结果三周之后 Hotmail 就在当地斩获了 30 万用户。

在六个月的时间内，Hotmail 迅速成为互联网新兴服务的翘楚，成功斩获了 100 万用户。随后凭借这一庞大的基数，仅五周之后，Hotmail 就获得了第二个 100 万用户。直至一年半后出售给微软之前，Hotmail 的全球用户总量达到了惊人的 1200 万人——要知道当时全球的网民数量也才不过区区 7000 万人。

这是互联网发展早期的一起教科书式的网络营销事件。Hotmail 仅依靠一行文字，就恰到好处地撬动了它的用户为它免费进行了宣传。整个过程既没有生硬植入的骚扰信息，也没有大张旗鼓的巨额投入。直至今天，这一策略依然被国内外的邮件服务提供商所采用。而其背后的思想，也逐步被人归纳整理，成为一套低成本驱动初创公司产品增长的有效方法。在硅谷，这股全新的产品增长理念正在兴起，而使用这一方法工作的人——增长黑客（Growth Hacker）。

1.3 什么是“增长黑客”

“增长黑客”的起源

“增长黑客”这一说法源于硅谷，最早在 2010 年由 Qualaroo 的创始人兼首席执行官肖恩·埃利斯（Sean Ellis）提出。但它真正引起业界广泛关注与交流，却是因为安德鲁·陈（Andrew Chen）在 2012 年 4 月发表的《Growth Hacker is the new VP Marketing》一文。

他在文中谈到，增长黑客们试图用更聪明的方式解答产品得以增长的奥秘，并使之成为助力产品增长的长效机制。他们通常采用的手段包括 A/B 测试、搜索引擎优化、电子邮件召回、病毒营销等，而页面加载速度、注册转化率、E-mail 到达水平、病毒因子这些指标成为他们日常关注的对象。

Andrew Chen 在博客上首次定义增长黑客的重要价值

换句话说，这是一群以数据驱动营销、以市场指导产品，通过技术化手段贯彻增长目标的人。他们通常既了解技术，又深谙用户心理，擅长发挥创意、绕过限制，通过低成本的手段解决初创公司产品早期的增长问题。在外行人眼里，他们就像是极客、发明家和广告狂人的混合体。再通俗一点形容，他们的职责接近于专门为初创公司设立的市场推广部门，因为很少有用于营销的大笔经费，所以更多的是将注意力聚焦在产品策略本身带来的自发增长上。

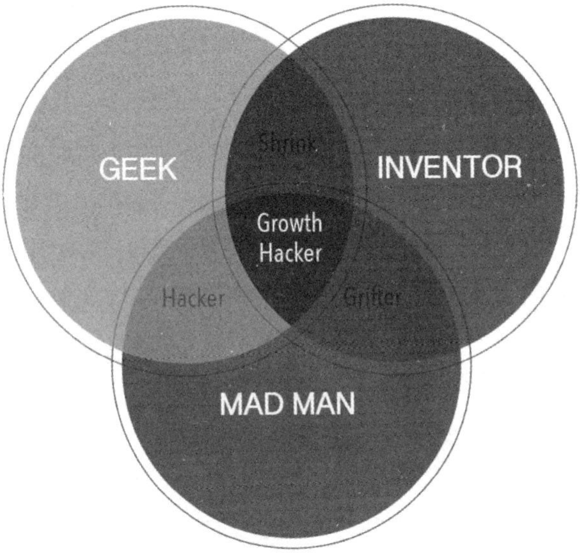

增长黑客是介于极客、发明家和广告狂人之间的角色，图片来源：Google+

作为企业发展的助推者，增长黑客必须真正懂得产品的核心价值，能用最简单的语言描述这个产品是什么、解决什么问题，在此基础上清晰定位有关增长的问题，并寻求解答。

“Growth Hacker”直译为“增长黑客”。如果我们将其拆分开来看，“Growth（增长）”指的便是产品增长这一核心目标。增长的对象不仅包含用户量的累加，更囊括了产品生命周期中各个阶段的重要指标。根据不同阶段用户参与行为的深度和类型，我们可以将增长目标拆分并概括为“AARRR”转化漏斗模型，即：Acquisition（获取用户）、Activation（激发活跃）、Retention（提高留存）、Revenue（增加收入）、Referral（传播推荐）。在这个漏斗中，被导入的一部分用户会在某个环节流失，而剩下的那部分用户则在继续使用中抵达下一环节，在层层深入中实现最终转化。

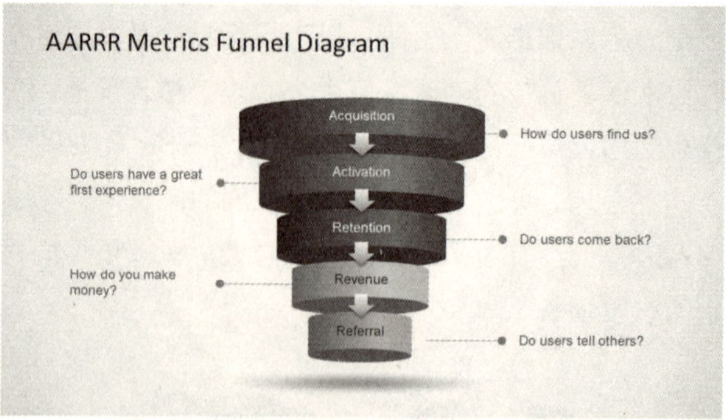

AARRR 转化漏斗模型，图片来源：slidemodel.com

“AARRR”转化漏斗中的 5 个环节分别的含义如下。

1．获取用户：指让潜在用户首次接触到产品，或者可以更宽泛地理解为“吸引流量”、“用户量增长”。其来源途径可能多种多样，如通过搜索引擎发现、点击网站广告进入、看到媒体报道下载等。如果以开一家饭馆为例，那么这就像是饭馆在确定了选址、开张营业后，需要努力招徕熙熙攘攘的过往人群进店一样，既可以在店门口散发传单，也可以开展免费试吃活动，或者邀请当地的美食节目拍摄一期宣传特辑。不同的推广方式，投入的成本各不相同，吸引到顾客的原因也千差万别。有的人不远万里慕名而来，有的人纯粹是想换换口味，还有的人刚好被“免费”二字所吸引。无论出于何种原因，只要有人肯一脚踏进店门，这就算是良好的开端。

2．激发活跃：获取到用户后下一步是引导用户完成某些“指定动作”，使之成为长期活跃的忠实用户。这里的“指定动作”可以是填写一份表单、下载一个软件、发表一篇内容、上传一张照片，或是任何促使他们正确而高效使用产品的行为。如同饭馆吸引来顾客，但如果顾客只是傻站在大堂里无所事事，那么就无法给饭馆带来实际生意。正确的做法是通过店内陈设布置和服务员主动引导，让顾客马上明白：哪里有空位可以就座，从何处获取菜单，如何使用优惠券，怎样办理会员卡，以及跟别人拼桌时如何相处等。

3．提高留存：在解决了用户的活跃度问题后，另一个问题又冒了出来。用户来得快，走得也快。产品缺乏黏性，导致的结果是，一方面新用户不断涌入，另一方面他们又迅速流失。我们都知道，通常留住一个老用户的成本要远远低于获取一个新用户的成本。因此提高用户留存，是维持产品价值、延长生命周期的重要手段。一家饭馆，如果物美价廉、独具特色，或者在某方面有别人难以复制的核心优势，那么顾客就愿意反复光临，成为老主顾。“一锤子买卖”在市场上难以立足，而真正的可取之道是成为一家百年老店。

4．增加收入：商业主体都是逐利的，很少有人创业只是纯粹出于兴趣，绝大多数创业者最关心的就是收入。即使是互联网时代的免费产品，也应该有其盈利模式。在一家客源稳定的饭馆里，增加收入可以通过制定营销策略、拓展外送业务、提高用餐高峰期翻台率等途径实现。而在互联网行业，除了直接向用户收费，还可以通过广告展示、业务分成等方式向其他利益方收取费用。

5．传播推荐：社交网络的兴起促成了基于用户关系的病毒传播，这是低成本推广产品的全新方式，运用妥当将可能引发奇妙的链式增长。这就如同检验一家饭馆是否足够有人气，就看有多少顾客愿意主动向身边的朋友推荐。口碑的力量是无穷的，来自熟人的好评往往比高高在上的权威品鉴更具说服力。

从获取用户到传播推荐，整个 AARRR 转化漏斗构成了一条螺旋上升的产品使用周期闭环。增长黑客的价值正是通过不断地“头脑风暴-排定优先级-测试-分析-常态化部署”来优化产品策略，减少这当中每个环节的不必要损耗，提高转化效率，从而不断扩大自己用户群体的数量和质量。本书之后的章节结构也正是遵照 AARRR 的顺序来安排的。

“增长黑客”中的“黑客”（Hacker）最早可追溯到 1955 年麻省理工学院铁路模型技术俱乐部的一条通告：“使用或者胡搞（Hack）电气系统的人最后要关闭电源，以防保险丝烧断。”直到上世纪 80 年代，“黑客”都几乎是一个肮脏的字眼，指代的是那群用不法手段入侵计算机系统、电话网络和其他有漏洞的技术体系，从而为个人或特定群体谋取不正当利益或对他人造成威胁的危险分子。他们的行为为人所不齿。

不过在过去的数十年间，这个词的词性正在发生变化，逐渐演变为拥有某一方面独特技术天赋且“不愿走寻常路”的发烧友的代名词。许多编程爱好者乐于以“白帽黑客”自称，他们并不是肆无忌惮的恶意破坏者，相反会用创造性思维重新解构和重塑事物，从而实现某种独特的全新价值，或抵御固有危害。Facebook 的 CEO 马克·扎克伯格在公司上市前发表了题为“黑客之道”的宣讲，称公司内每年都会鼓励举办 Hacktober 竞赛，员工们闯入彼此的系统，目的是让产品变得更加强健。国内外正在掀起的黑客马拉松（Hackathon）热潮则汇聚了一批又一批尝试在有限时间内开发出趣味项目并一较高下的小微团队。

国外举办的黑客马拉松大赛，图片来源：TechCrunch

"增长黑客"风潮的兴起

世界上从来不缺乏聪明的头脑，为什么直到最近，"增长黑客"的概念才开始流行呢？或许近年来，游戏规则正在悄然改变。

一方面，越来越多的第三方工具降低了初创团队的开发门槛，Google Analytics、Mixpanel 等"即插即用"的服务只需开发者在程序/网页内嵌入几行代码，就能一条龙式地以低成本实现数据采集、渠道统计、设备追踪、用户使用行为分析等功能。初创企业再也无须抽调专门人力"重复发明轮子"，就能用最小的代价快速搭建和测试产品，获取影响产品性能的各项指标。配套工具的唾手可得，让初创团队得以着眼于产品增长本身。另一方面，越来越多的行业巨头出于扩大市场份额、构建生态系统、完善配套服务、探索盈利途径等需要，建立了属于自己的开放生态，并发布了配套的API 供开发者调用。开发者通过接入平台，能够直接调用平台的身份授权、用户关系、内容数据，以及计算能力。产业的融合为初创企业带来更多变革和创新机会，也为富于寻找增长点的增长黑客们提供了闪转腾挪的全新舞台。

当然，营销费用的水涨船高也成为推动"增长黑客"兴起的重要原因。StumbleUpon 增长部门主管艾伦·琴（Aaron Ginn）曾这样形容："用户正在一个溺水沉没的过程中。他们开始不再在意下一个神奇产品会在什么时候出现，不管它有多好。分发才是现在每一个产品和创业公司需要解决的最大问题。"以移动应用为例，2011 年最有效的移动应用推广方式是 Admob，当时具有先见之明的游戏厂商只需要花 5 万美元把中国区的流量全部买断，每天就能获得 140 万个点击和 1.2 万名新增用户。2012 年前后，市场主流渠道的应用单用户激活成本约为 1 元钱左右，两年之后成本又上升了 3～5 倍，某些特殊品类的应用如游戏、电商，单用户激活成本更是达到了惊人的几十甚至上百元。曾经靠砸钱就能堆起用户量的时代一去不复返，开发者们不得不想破脑袋探寻更多的途径和偏门，于是曾经被视作有违商业道德的“刷榜”开始大行其道，甚至固化为一些手机游戏公司的长效机制。对于成本吃紧的初创团队而言，大量的经费投入是无法负担的，寻求砸钱之外的突破口就成为当务之急。

某移动应用“刷榜”工作室一角，图片来源：网络

随着人口增长和经济社会的发展，就业压力与自我实现的需要催生了新一轮创业的热潮，市面上涌现出越来越多的互联网创业团队，这在客观上也唤起了产品增长的需求和对增长黑客的推崇。

目前，“增长黑客”正在成为互联网创业领域的新风潮。据全球权威的 IT 研究与顾问咨询机构高德纳咨询公司（Gartner）调查显示，70%的高科技公司已经设置了“增长黑客”或者与之类似的技术营销类职位；前瞻客（Forrester）研究公司和天狼星（Sirius Decisions）咨询公司也在相关报告中提倡了企业设立类似职位的重要性。2013 年 11 月，第二届 Growth Hacker Conference 在美国山景城举办。次年 2 月，第一届大型增长马拉松（Growthathon）也在硅谷完成首秀，比赛为创业公司中赢得最多用户的增长黑客颁发优胜荣誉。这一切都促进了对“增长黑客”概念的普及。而在中国，这一概念也正在被越来越多的创业者所熟悉和认同。

1.4 增长黑客的职责和特质

安迪·琼斯的职业生涯

增长黑客的实际工作职责都有哪些呢？他们如何看待自己的工作？面临困难时又会采用怎样的解决方式？安迪·琼斯（Andy Johns）是硅谷的一名富有经验的增长黑客，曾效力于Facebook、Twitter、Quora等著名公司的增长部门。他的职业生涯或许可以让我们管窥一斑。

2008年，当安迪加入Facebook负责用户增长时，他并没有太多这方面的经验。最初的六个月，他倍感焦虑，甚至一度认为自己随时可能被炒鱿鱼。公司设下的指标是，必须在12个月内获得2个亿的新增用户。安迪这样描述当时的心态："我们面对的都是前人从未遇到过的问题。为此你特地招来了一批聪明人，然而他们同样不知道如何下手。于是这伙人就这样被放在一个资源有限的环境里，大家每天满脑子想着究竟该如何达成目标。"

安迪·琼斯

为了探明哪些地方需要改进，安迪发起了一个深度研究项目。整个团队围绕Facebook海量的用户行为数据进行研究，试图找出驱使用户注册和活跃的因素。幸运的是，他们最终找到了突破口。

首先，他们面向用户提供带有个人Facebook基本资料的博客小挂件，用户可以将小挂件的代码粘贴到自己的公共主页或者博客上，对外展示炫耀。结果，这个看似不起眼的小挂件每月为 Facebook 带来了数十亿次展示量、千万次点击量和百万级的注册量。并且，随着用户基数的激增，更多人愿意在自己的博客网站上贴出小挂件，以争取更多的好友和互动。

Facebook 提供的博客小挂件之一，图片来源：softwaremaniapc

其次，Facebook 收购了一批来自第三世界国家的通信录服务提供商。这些提供商原本的业务主要围绕通过 API 和 OAuth 授权来收集用户联系方式。通过这些收购，Facebook 得以获取其关键技术，因而能更快地拿到潜在用户的 E-mail 地址，基于数据挖掘，对其进行精准的广告推送。

整套增长策略获得了空前成功。2008 年 5 月，Facebook 的全球独立访问用户首次超过了竞争对手——老牌的 Myspace。前者五月独立访问用户量达到了 1.239 亿人，页面浏览量达到 500.6 亿次，而后者的独立访问用户量仅为 1.146 亿人，页面浏览量为 450.4 亿次。

对于自己一手组建起来的 Facebook 用户增长团队所肩负的职责，安迪总结为以下五点：

- 数据分析——用户增长团队建立在对大数据的分析衡量基础之上。大部分时候，用户增长的工作就是在进行测试、调整并重复这个流程。他们需要与数据科学团队紧密协作，通过内部工具研究驱使数据提升或下降的因素。

- 用户获取——用户增长团队内有一部分人负责互联网营销渠道，如 SEO（Search Engine Optimization，搜索引擎优化）、PPC（Pay Per Click，点击付费广告）或是电子邮件广告等，每一项都包括一套极为缜密的优化流程。

- 产品研发——用户增长团队的意见将指导产品研发的各个关键部分，例如登录页面、新用户引导流程、评论互动功能和支付系统等。基本上你能想到的任何地方都留下了用户增长团队的智慧成果。
- 文化建设——团队文化对凝聚整个公司至关重要。用户增长团队协助树立数据驱动的理念，确保所有人目标一致地快速执行，并随时准备迎战风险。
- 人才招聘——初创公司招募团队成员是一项困难的工作，并非人人都愿意冒险加入一家前途未卜的小公司。但在用户增长团队的帮助下，如果公司的用户量达到五千万甚至五亿，那么情况就大为不同了。

2010 年，安迪离开 Facebook，被当时同样如日中天的 Twitter 招至麾下。他加入后组建了一支 25 人的用户增长团队，负责探寻用户增长和活跃度提升的可能性。

Twitter 最早的着陆页由一家外包公司负责设计，页面上包含了大量繁杂的元素，如热门话题、用户头像、搜索框等。而注册和登录按钮则挤在一个极不起眼的角落里。安迪接手后，对着陆页进行了大刀阔斧的改造：砍掉了热门微博和搜索框，减少了用户头像的显示面积，精简了文案，而将需要重点突出的登录注册区域扩大到占据整个页面的三分之一，以便让用户的注意力聚焦到这里。上线后，效果立竿见影，24 小时内用户注册率提升了约 250%。

改版后的 Twitter 首页，更加专注于引导用户注册或登录

安迪的另一个成功的尝试是，每当有新用户注册，立即向他们推荐关注至少 10 个用户。这样一来，新用户的时间轴不至于空空如也，不知道该做些什么。当确保他

们有东西可看时，用户的活跃度和留存率便自然提高了。

最后，安迪还充分挖掘了电子邮件的作用。在此之前，Twitter 内部群发邮件用的是手动触发的 Python 脚本，发出 1000 万封邮件需耗时三天，效率过低，每月也只发送一次。安迪看到了其中蕴藏的巨大能量，因此主张将这一切机制化，开发了邮件自动发送功能，并着力优化了其性能，提高了单位时间内发送的数量。改进后，每当用户又获得了一名新粉丝，或是一条微博被转发收藏，就会在第一时间收到邮件提醒，邀请他们回到 Twitter 来一看究竟。在所有这些措施的运转下，两年间 Twitter 的活跃用户数量由 1 亿人增长到 5 亿人。

2011 年末，安迪的职业生涯迎来了第三站——问答社区 Quora。据他介绍，较之 Facebook 和 Twitter，Quora 的底层代码结构更方便进行快速地修改部署，而不会牵连平台上其他无关的模块，这使他在探索增长之道时更加高效和游刃有余，往往一天内就可以完成从测试到上线的全过程。他在 Quora 的主要增长技巧是琢磨活跃用户的行为模式，并将之归纳为一套“标准动作”，然后引导其他用户去执行这套“标准动作”，例如完善个人信息、关注感兴趣的行业领袖等。

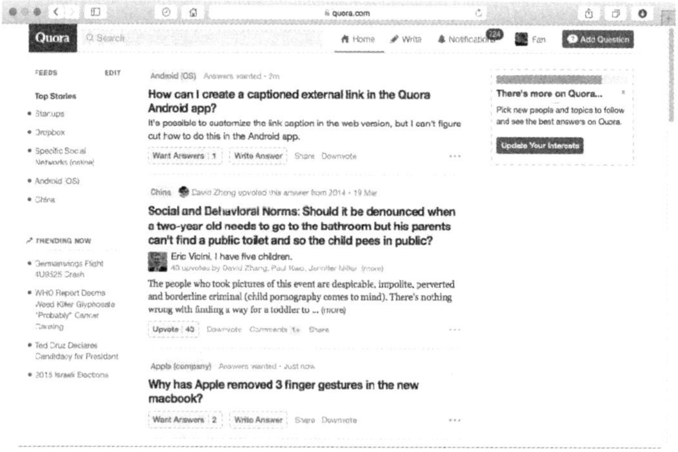

问答社区 Quora

在经历过三家明星公司的成功增长后，安迪决定休息一段时间。他去了尼泊尔，登上了珠穆朗玛峰的营地，还去泰国学习了跆拳道，到新西兰喝了当地上好的啤酒。如今，短暂休整后的安迪选择加入了 WealthFront，一家面向科技领域人士的在线理财咨询平台，在那里继续负责增长方面的各种事务。

增长黑客的特质

从安迪·琼斯的例子中，我们可以看出一名合格的增长黑客应当具有如下特质。

1. 数据为王：合格的增长黑客首先需要具有数据思维。没有数据就没有比较，没有比较就没有进步。增长黑客的一切工作都是建立在数据分析的指导之上，而非拍脑门式地碰运气。产品的功能逻辑越复杂，用户数量越庞大，数据分析的成本和要求就越高，这就越是要求增长黑客在纷繁复杂的数字中抽丝剥茧，抓住问题的本质。在平台级巨头公司的工作经历，让安迪·琼斯得以接触海量的用户大数据，借以研究网民普遍的行为习惯。为了获取更加准确的验证结果，安迪认为在设计实验时应当首先明确目标，有的放矢；其次同一个实验尽量尝试多次以便相互印证比较，并且尽可能拉长单个实验的测试周期，因为同一周内不同日子的测试结果往往也是有区别的。

2. 专注目标：增长黑客的工作必须时刻围绕增长展开，但有时通往目标的道路处于一团迷雾之中，并没有现成的套路和方法论可以直接借鉴。增长黑客必须自己设法找到破解的途径。整个过程可能冗长而沉闷，需经历不断地测试、改进、学习、再测试，这要求相当强的毅力和抗压能力。安迪·琼斯曾经面临过一个挑战：来自搜索引擎的流量占到网站流量的 40%，但其中只有不到 0.2%的人转化成注册用户，这意味着每 1000 个访客中有 998 人最终流失掉了。为了提高转化率，安迪的团队足足耗费了 14 个月的时间研究着陆页的优化，这是一段极为漫长的周期，考验着每个人的耐性。好在功夫不负有心人，他们最终成功地将转化率提高到了 5.5%以上。

3. 关注细节：任何一处细微的改动，都可能对产品全局的增长造成影响。增长黑客的职责之一，就是对这些看似微不足道的改动作出评估，通盘衡量得失，甚至决定某个功能是否应当上线。举例来说，安迪曾强调：哪怕一个网页的加载速度延迟数百毫秒，都会对用户的访问带来直接的影响，甚至最终导致用户无法忍受而选择离开。“如果新上线的功能会让我们的访问速度跌落 30%，那么即便再多科技媒体将我们吹捧上天，我也丝毫不会感到欣慰。”相反，如果每个月都设法在某一方面优化 10%，那么一年后将会产生高达 3 倍的显著提升。

4. 富于创意：美国第一代增长黑客、Bebo 的联合创始人迈克尔·博弛（Michael Birch）认为，“增长黑客”这种职业是科学与艺术的结合。他们善于左右脑同时开工，一方面，通过缜密的分析衡量自己的想法是否可行，另一方面，天马行空地提出解决问题的方案构想。在 Facebook 时，安迪·琼斯创造性地提出了“博客小挂件”这个想法。在普通人看来，这就是一种彰显个性、表达态度的工具，人们将它挂置到个人主页的侧边栏上，以丰富页面显示的内容。但真正的作用不局限于此，当越来越多人通过搜索引擎发现 Facebook 时，竞争对手这才意识到，这些造型别致的博客小挂件不仅是好看的摆设，实际上还起到了建立反向链接、提升 Facebook 在搜索引擎显示权重（Page Rank）的作用。

5．信息通透：增长黑客必须一方面深入理解自己产品用户的活跃渠道，“从群众中来到群众中去”，扎根建立环环相扣的转化漏洞；另一方面抬眼看世界，时刻掌握海内外最新的产品和市场动向，尤其关注新生渠道和业界趋势。在需要横向对比同类产品的数据，或是纵向挖掘上下游生态的衔接情况时，如果能够找到相关从业者私下直接交流，则会大幅提高信息获取的效率，在第一时间做出基于充分信息的明智决策。在美国，在“我为人人”的分享精神和盘根错节的利益纠葛下，创业帮派之间彼此力挺的氛围浓厚（如硅谷的“Paypal 黑帮”）。而在国内，以北京、杭州、深圳为代表的互联网一线城市在这方面也逐渐形成了开放合作的共赢生态。

1.5 一切用数据说话

数据分析是增长黑客日常工作中的基本组成部分。产品功能逻辑越复杂，用户量越大，涉及的利益方越多，数据分析的成本和要求就越高。据统计，今天的互联网中，每 60 秒会产生 10 万条 Twitter 微博、50 万次 Facebook 互动、400 万次信息搜索。在纷繁复杂的世界里，学会通过量化的方法观测世界，才能更好地理解和玩转一切。

进行数据分析的首要环节是明确分析的目的。脱离具体目标的单纯数据查看没有任何价值。在有些公司里，向数据支持部门索取数据，需要提交相应的流程，转交给对应的负责人进行手动查询。如果分析目的不明确，无疑是在耽误整体项目进度，浪费他人的时间。好的增长黑客懂得有的放矢，杜绝意义不明的数据索取需求。

其次是要了解数据来源的相关信息，包括各项指标的定义、采集点和上报机制。在一家公司内，不同部门关注的指标可能不尽相同。开发人员警惕代码编写中的错误率，产品人员在意每次版本迭代的留存率，而市场人员将更多目光聚焦在推广费用的投入产出比上。

在大部分情况下，各部门通力合作，但也偶尔存在利益冲突的情况。比如在 eBay 这样的电商平台，很容易就陷入这样的混乱局面：有的人认为买家数量最重要，有的人认为利润最重要，还有人反驳说卖家数量才是关键。实际上，如果问一问 eBay 的核心领导，他们就会告诉你真正的指标是商品价值量，以及 eBay 网站上的活跃卖家在全球电商平台的占比。这就需要一套自上而下推行的核心指标作为共识，来凝聚团队劲往一处使。在 Facebook，马克·扎克伯格在公司内部大力推行的核心指标是月活跃用户数，而非像其他社交网络如 MySpace、Compact 那样关注注册用户数量。

在公司内部强调核心指标，意味着员工磋商问题时即便核心领导者不在场，或者不同业务组之间暂时产生矛盾对立时，人们脑子里依然能清清楚楚地界定：对公司发展而言什么是必须严格恪守的，什么是应当暂时妥协的，什么又是能无憾放弃的。这一理念在思路易发散的团队中尤其重要，很多时候它能终结一场无意义的会议，把更多时间花在产出。

不同产品对指标的定义应当建立在品类特性和自身提供的服务核心价值之上。对一款即时通信应用而言，每日启动用户的数量远不如消息发送量重要。如果人们每天打开你的产品在线挂机，却从来不怎么聊天，那即使再庞大的用户基数也不具备价值。WhatsApp 创始人简（Jan）就从来只对外公布发送消息的数量，将其作为“活跃用户”的定义。而同样是具有即时通信功能的移动应用——陌陌，则主推陌生人交友特性，基于地理位置的“看附近的人”是其早期引爆增长的卖点。陌陌内部对每天“活跃用户”的定义是“登录成功并提交地理位置一次”。

陌陌主打功能之一的“附近的人”

上报机制则是指数据上报的时机、内容和技术实现形式。例如对一款移动应用而言，上报机制需要考虑的内容可能包括：在应用刚启动时上报还是即将退出时上报，每次批量收集一组数据再上报还是随时上报，是否只在 Wi-Fi 环境下上报，本地保存的待上报数据有效期是多久，是否会有其他因素干扰上报等。只有明确了上报机制，才能及时对数据异常做出感知，及时做出调整反应。

在数据来源正确的前提下，进行数据分析的方法可分为定性分析和定量分析。

定性分析，就是对事物的性质作出判断，究竟它“是什么”。例如，2014 年 8 月 13 日“新媒体排行榜”发布了微信公众号影响力排行榜，通过榜单上名列前茅的标题《再见，彼得潘》、《再亲密的人也没有义务去懂你》、《关于抑郁的真相》、《双腿反映全身病，一时疏忽损你命》等的搜集汇总，我们可以粗略地下一个定性判断：微信公众平台订阅号读者的群像，是一批在当代社会背负沉重生活压力的年轻人，他们或许郁郁不得志、未被他人理解，因而将精神信仰寄托在物质享乐、童话故事和旧日时光中。因而我们针对这样的用户做运营，就可以多发一些适合他们的内容，如励志故事、职场技巧、幽默笑话等。再比如，2014 年 9 月初迅雷的活跃用户数量大增，结合对迅雷服务器每天下载量排行榜的分析，可以发现根源于当时“iCloud 泄露门”流出的女星相关文件，因此可以定性地判断用户活跃度上升是网民对这类文件的热搜造成的。

定量分析，是指对事物的数量作出统计，衡量它“有多少”。例如为一个“注册”按钮改文案，前缀是放上“立即”好，还是“免费”好？前者能带来紧迫感，后者祭出了“免费”大旗，让人难于取舍，倘若折中来个“立即免费注册”，又稍显冗长，效果未必更好。通过 A/B 测试后，我们或许能发现，“免费”二字更加打动人，按钮点击率能超过“立即”30%。这就是通过定量分析来解决问题的方法。

数据分析就是定性分析与定量分析相互结合，不断验证的过程。提出假设、设计方案、分析数据、验证或推翻假设，最终抽丝剥茧，逐渐接近真相。数据是相互验证的，彼此之间有如通过无形的网络纵横连接，只需轻轻按动其中一个，就会驱使另外一个或一组产生变化。通过数据分析得出的结论，应当能反推出其他数据，或是与其他数据分析得出的结果相一致。例如，假设某日在线订餐网站的数据量猛升，猜测与天气阴雨、用户窝在办公室或家中不愿出门有关，那么就应当去翻查近期之内网站在阴雨天期间的访问数据，看是否出现了类似的攀升。有经验的数据分析师，如果发现电商网站上婴儿车的销量增加了，那么他也会在奶粉销量的同步增加中得到回应。经典的“啤酒与尿布”销售案例正是来自于对数据关联性的分析验证。

保持对数据的敏感性，有助于在机遇与危机不期而至前，提前嗅到并做出准备。某天 LinkedIn 发现来自雷曼公司的访客量骤然攀升，但他们没有深究个中缘由。结果第二天，雷曼公司就宣布破产倒闭了。与之类似地，国内猎头会在招聘网站上潜伏狩猎那些突然变得活跃起来的用户，与他们交流互动并试图探查到对方跳槽的意愿。如果你是一名从事招聘相关项目的增长黑客，这样的数据异动足以让你加以重视。

最后附上一组增长黑客应当关注的指标作为参照，请见附录 A。

1.6 增长黑客担任的团队角色

首次接触“增长黑客”概念的人，可能会将它与市场营销混淆。说起市场营销，人们会想到满屏幕花里胡哨的横幅、打开网页猝不及防蹦出的弹窗、视频播放前长达数十秒的贴片、邮箱里不时收到的来路不明的推广邮件……没错，他们的确大都是市场部门的“手笔”。

互联网公司的市场部是一个以数据为依据、资源为根基、金钱为武器、人脉为引擎的有机系统，寻求公司对外利益的最大化。市场部的设立更适合有一定资源优势的企业，尤其是那些商业模式已得到验证、正在或已经建立了持久稳定的用户获取渠道，且能将成本压缩在合理范围内的较成熟企业。而尚未建立起对市场足够了解的初创公司，一上来就狠狠砸钱并非明智之举。当务之急是引入增长黑客，通过测试取样、建模修正和无数的试验，去发现更多被低估的低成本的有效增长途径。任何一个关键环节都存在不断优化的可能性。真正贯彻了“增长黑客”理念的公司，每一个人都应该是一名增长黑客，在完成自己的岗位职责之余，能够兼顾产品指标的达成情况。

在互联网公司中，与增长黑客相关或近似的其他成员角色包括产品经理、产品运营、研发工程师、交互设计师、用户研究等。从产品功能的策划角度看，产品经理需要考虑现有产品缺少哪些功能来迎合用户，并且对功能推出的路径和节奏制定规划。而增长黑客更倾向于关注那些能带来数据增长（尤其是自发传播）的功能特性，例如订阅机制、邀请机制。从投入产出比最大化的角度考虑，产品运营者更希望采用已被验证有效的既有方法，不断复制成功的经验，例如，如果送礼有效就持续搞活动，增加礼物数量和奖品价值，如果心灵鸡汤类的文章可以吸引读者点击，就增加这类文章的比重。而增长黑客更倾向于从数据中获得启发，发现新的机会，设计试验来验证自己的想法，为产品增长闯出一片新的空间。可以预计，很多时候增长黑客的尝试会陷入瓶颈和徒劳，这从运营的角度讲是难以接受的。

从现有的发展情况看，工程师可能是最接近和容易成为增长黑客的一群人。因为从能力角度看，增长黑客不仅需要想法，更需要将想法落实到行动的能力，包括自研工具、采集样本、分析数据、大规模推广，光会纸上谈兵是行不通的。懂技术，未必能变成好的增长黑客，而倘若不懂技术，无异于刘姥姥进大观园，面对纷繁复杂的产品表象，愕然眼前，小心翼翼，无法分辨靠谱想法与异想天开之间的边界，也让他人难于配合。

设计是一门艺术与技术相结合的领域，通过视觉手段去影响用户的体验与感知，除了要掌握最基本的图像处理技术，还需要对心理学、广告学、行为经济学等学科有所了解。尤其是交互设计师，与增长黑客一样，需要考虑用户操作行为与最终结果之间的关系，例如这里是不是应该显示高级功能按钮？什么颜色的按钮转化率最高？用户能一眼看到想要强化的行动召唤元素吗？只不过增长黑客对纯感观层面的艺术性要求并没有设计师那样苛刻——换句话说，即便丑陋，能带来增长的方案在一定程度内也是可以接受的。

至于用户研究，简称“用研”，是通过对网站访问量、应用行为统计等数据的分析，从中发现用户使用产品的情况，从中总结出一定的规律和趋势，供其他部门（如市场营销、产品策划）制定决策用。研究用户是实现产品增长的前置条件，前者为后者输出赖以决策的客观依据，后者则根据研究结果制定对应的行动对策。一般只有大公司会配备专门的用研部门，辅助其他业务部门的工作。在中小企业和创业公司，用研的任务通常由产品、运营分担。用研人员需要具备优秀的沟通和协调能力，能准确挖掘用户需求，结合商业目标快速调整设计方案，并通过清晰的报告或信息图将研究结果呈现出来。通常用研人员需要有较高的外语阅读水平，能查阅国内外专业资料，掌握国际通用的研究方法。好的增长黑客本身也应当是专业的用户研究者。

通过上述综合比较，我们不难看出，增长黑客是游走在产品、运营、研发、设计、用研等环节之间的多面手，它既是黏合剂，串联起产品开发过程中的各个环节，又是润滑剂，抹平造成阻碍的因素，降低失灵卡壳的可能。一名增长黑客不仅需要肩负起推动项目前进的重任，还应与他人紧密配合，集百家所长，并弥补其他角色的短板。

腾讯用户研究与体验设计中心官方博客

一个人组成的“复仇者联盟”，图片来源：Google+

1.7 如何招聘增长黑客

看到这里，你是否也希望在团队中增加类似的增长黑客职位呢？由于稀缺，发现和招募优秀的增长黑客并不容易。但人们对于产品增长的需求是如此旺盛，以至于在硅谷，那些同时具备技术、产品、营销思维的人能很快被雇用，雇主们甚至会降低他们对于经验年限的要求，或者为增长黑客们开辟特定的岗位，组建单独的部门。

真正的增长黑客需要具备包括技术、产品、商业在内的专业技能，以及好奇心、创造力、职业道德、人脉资源，和成就伟大事业的战略思维与奉献能力。一流的增长黑客是“独角兽”。有人甚至怀疑，如果真的存在这种人才，那么他没有理由不是满腔热血地去开创属于自己的世界，然后掏出自己印有“CEO”头衔的名片。

也许市面上压根没有那么多真正意义上的增长黑客。有的人在翻过几本书（比如你手上的这本）或者读过几篇博客后，就敢轻易自诩为一名增长黑客，对外招揽业务。他们会用大量的行业术语，比如“用户体验”、“互联网思维”、“大数据”来忽悠门外汉，对国内外炙手可热的项目如数家珍，但就是无法完成实际工作的交付。这需要雇主们擦亮双眼。

鉴别应聘者是否优秀，可以从以下几个问题着手：

- 如果我们的产品出现了某个现象（比如流量井喷或暴跌），原因可能是什么？你会采取什么方式找出问题所在？
- 你觉得我们产品最重要的特性是什么？
- 如果给现有产品增加一个功能，你觉得应该加什么？为什么？
- 谈谈你以往的成功案例？
- 如果想接触某个公司或个人，你能通过什么途径？

不同的团队有不同的需求，因此“优秀”也是相对的。作为正在逐渐被认知和认可的职位，大多数的增长黑客可能在某些方面有所见长，而在另一些地方经验缺失，只能匹配特定项目的需求——通常是他们长期关注研究的领域。 因此建议初创团队在试图发现这样的人才时，抱有平和的心态，尽可能用人所长。在招聘条件中，可以标明一个绝对必备的核心技能，并列举其他重要但非必需的次要技能，预留足够的学习成长时间。

一个团队能否吸引并留下优秀的增长黑客，还取决于整个团队如何看待这份工作的价值，是否授予充分的自主权与试错机会。有的公司片面重视软件研发人员的价值，愿意出高价招募工程师，却无形中淡化其他岗位的地位，这样的团队结构是不健康的（除非这些高价招募来的工程师本身就是多面手）。只有团队内全体人员将增长的理念深植心底，贯穿于寻求商机、产品定位、用户研究、研发策划及市场运营的整个阶段，大家通力配合，才有助于最大限度发挥这一角色或部门的功用。

也有人认为，在外部招一个增长黑客，不如从公司内部培养。毕竟只有亲身参与过项目的“自己人”，才更了解产品的方向和团队的风格，制定稳健而有针对性的战略。此外，团队内部发掘的某些带动增长的“小技巧”毕竟搬不上台面，不足为外人道，还是关起门来捂着掖着比较好。在此笔者寻访了两家具有代表性的创业团队的增长部门负责人，听听他们如何看待增长黑客这个职位、公司内的岗位设置情况和对招聘的建议。

Strikingly 是从美国著名孵化器 Y Combinator“毕业”的硅谷初创公司，主要业务是帮助用户简单地生成界面美观、移动友好的网页。受硅谷文化影响，“敢于尝试”和“黑客精神”贯彻于成员们所做的工作中。

Strikingly.com

Strikingly 的 Chief Momentum Architect——Michael Xu 先生，为我们分享了公司设置“增长”岗位的相关经验：

对创业公司而言，增长黑客可以说扮演着十分重要的角色。不同于传统意义上的市场或销售，增长黑客并不局限于单方向地推广固定的产品，同时也不是单一或独立的职务。增长黑客强调一种能够排除各种干扰、通过数据来找到长期有效可持续增长方法的精神。一个初创团队不一定需要很多增长黑客，但是一定要有以“增长”为中心的文化以及团队架构，使得整个公司都以一个共同的目标（不需要很多，通常设一个核心指标就够了）前进。增长黑客的价值就是通过数据分析快速找到机会和问题，并迅速地设置各种规模的试验去验证，找到可持续的方法来增长。

目前来讲，增长黑客的背景形形色色，通常可分为非常懂产品和数据的市场营销人员，或者非常懂市场营销的工程师。即便在硅谷，能做到两者结合者也是凤毛麟角。目前有一些十分难得的人才，精通前后端开发、数据分析、产品、营销，被称作“全栈增长工程师”（Full Stack Growth Engineer），这样的人见到了一定要招到手，并以此模式建立团队。

我们一直遵循“做人们想要的东西”这一理念去研发产品。当我们认为产品开发并优化到一定程度后，就开始着手增长的试验，并为此扩大了团队。我们相信数据主导一切，而不是依靠个人判断，因此在我们公司的架构安排上，增长团队融合了整个公司的策略以及目标，处于一切事务的最前端。公司内部任何产品从设计到营销，都由增长团队来主导，并提供强有力的数据支持和相应的试验计划。在增长这方面我们借鉴了不少成功硅谷公司的模式，包括 Y Combinator 的前辈公司如 Dropbox、Airbnb 以及众人所知的 Pinterest、Facebook 等。

关于如何招聘增长黑客这个问题，因公司所处的阶段和所在的领域不同，应当采用不同的节奏策略。通常来说，初期互联网公司（10 人以下）的增长还是应当由对公司整体文化和产品热爱度很高的工程师来担当。发现可规模化的增长模式后，再开始筹划增长团队，并搭配以在产品、研发、市场方面有垂直经验的团员来完善。以我们目前的规模而言，还算是初期，所以招人还是侧重符合团队核心价值以及产品认同的人。PayPal 创始人彼得·蒂尔（Peter Thiel）的著作《从零到一》（Zero to One）中提到的其如何以强大的团队认同感为核心打造 PayPal 初期的 Mafia 团队，部分做法与我们践行的经验一致。

Teambition 是一个简单高效的项目协作工具，可以用它管理项目、跟踪进度、存放文件，提高团队协作效率。

Teambition 的 Growth Officer 钱卓群先生，为我们介绍了他们的“增长”职位设置情况和招聘要求：

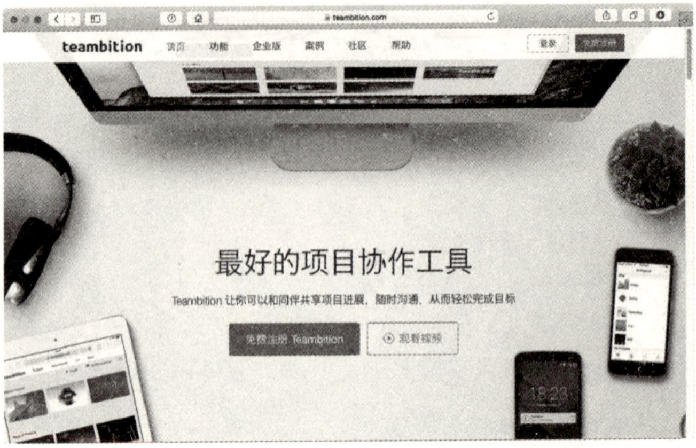

增长黑客 Teambition.com

首先明确一下，在我们公司的架构中，设置的岗位不叫 Growth Hacker（增长黑客），而是 Growth Officer（增长官）。在一般的硅谷公司中，增长黑客可能更像是一个垂直领域的产品经理，关注用户的存留，并在现有功能组合中帮助用户使用得更“顺滑”，促进他们向其他用户推荐。而我们公司增长团队的职责涵盖了传统的线上营销、品牌拓展，和属于增长黑客的产品改进方向，团队的成员主要在这些方向里成长“升级”。

我们采取技能等级制来衡量一个成员的晋升空间，主要是看能否独立完成工作×能否高质量完成工作（通过传播量等较客观的参考依据）。团队的成长将帮助我们在职责覆盖上更深入完善。比如最近我们拓展了产品用研方向。之后如果再加人手，我们准备做一些“用户生命周期沟通管理”相关的功能。

增长团队人员与公司其他成员的协作有各种维度，比较密切。比如产品团队根据事先规划的路线图开发产品，在发布前一周左右，会进入增长团队的职责范围中。双方沟通清楚新版本产品更新内容和发布需求后，由营销团队负责发布。发布后的用户反馈则会逆着这个途径传递回来，比如针对设计的反馈会统一汇总给设计团队处理。因为我们自己就是做协作工具的，所以这种跨团队的项目用我们自己的工具就可以很好地完成。只要发布一个任务，就会自动进入相关团队的提醒流程，效率方面没有太多的问题。

目前我们刚刚开始了新一轮的增长团队人员的招募，主要面向有产品经理经验的人士（但类似信用卡公司客户部这样的背景也很有意思）。近期有一位相关领域的新同事即将入职。总的说来，增长团队的职位有艰巨的挑战，也有充分的发挥空间。搭建组织结构的能力会比产品能力更重要，但掌握良好的产品能力能帮你获得尊敬。

另外，Wi-Fi 万能钥匙的产品经理高超，也为我们解读了他眼中对“增长黑客”

的岗位要求和招聘秘诀。

我认为找到增长黑客绝非易事，这样的人至少需要具备以下素质。

- 开发的能力
- 设计的心态
- 产品的觉悟
- 传播和分享的热情

具备基本开发能力的人很多，但真正热衷于开发本身的人不在多数。所以，第一步应该过滤掉那些单纯将写代码当成一份养家糊口的工作的人。在我看来，社会化编程网站 Github 绝对是一个强有力的人才过滤器，你可以在上面通过贡献度了解一个程序员主观上对编程这件事的热爱程度，并通过查看他们项目被 Fork/Star 的次数，来了解其真实的技术实力和在开源社区中的个人影响力，甚至了解他的工作规律、第二编程语言等。经验告诉我，Github 上那些喜欢将“二次元”图片设为资料头像的国内男生，成长为增长黑客的可能性会更高，同时，将他们成功游说加入创业团队的成本也低很多。

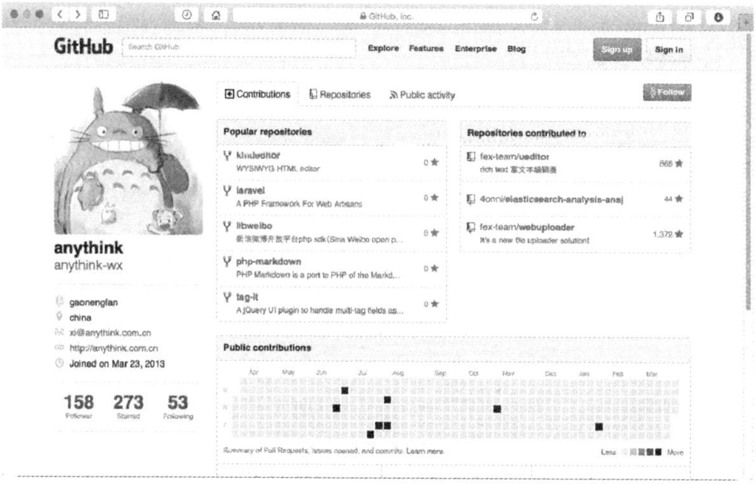

Github 上的“二次元”头像程序员一例

从 Github 的个人主页，可能顺藤摸瓜地发现他们的博客、微博等，这样节省了通过注册 ID 或者 E-mail 去“人肉搜索”对方的时间成本，也比招聘网站上收到的简历更真实可信。此外，通过博客排版的样式，你还可以知道他作为一名程序员对于设计持有怎样的态度，以及自身的审美能力如何。如果你觉得一切OK，甚至超出预期，那么下一步是继续翻阅他过往的博文，不出意外的话，能看到大量与他技术背景相关的文章——显然，这种人具备强烈的分享和传播热情，你的团队未来肯定需要这种能说会道的“布道者”，去潜移默化地影响团队内的其他成员。如果文笔凝练，深入浅出，说明他还能跳出技术思维的桎梏，用“普通人”能理解的方式表述观点。遇到这样的人，就果断“勾搭”吧。

1.8 如何成为增长黑客

对于有志加入增长黑客阵营的朋友，如何成长、入行或转型是亟待了解的问题。不管是市场营销出身、对产品和技术有所涉猎，还是技术背景起家、兼具产品感觉和市场思维，都有相对优势。但归根到底，专业技能过硬、经得起实战检验，才是最基本的准入门槛。浮光掠影地被动接纳信息，形成通泛的了解是不行的，增长黑客要建立“T”形的知识结构——在横向上对跨界知识信手拈来、有机整合，在纵向上有某一领域的专攻，甚至达到旁人难以企及的深度。

除了“硬性实力”外，还有一些“软性实力”是成长为合格的增长黑客所应当具备的，包含如下几项。

- 热情：兴趣是最好的老师，在缺乏外力协助和现成解决方案的情况下，唯有满腔热忱能驱动人持续探索，恒久坚持。
- 聪明：网络上有浩如烟海的信息、知识、工具、参考产品可供随意取用，但同时信息噪音也很大，需要有效识别、高效筛选。聪明的人会知道什么是自己需要的，而哪些不值得浪费时间。
- 好奇：从一大堆杂乱的数据和用户访谈中抽丝剥茧，发现问题和与传统认知相背离的异样细节，从而进一步探寻到别人未曾发掘的机会。
- 资源：最有效的一手实践案例和内部消息绝不会来自网络搜索。好的增长黑客既有发现机会的敏锐，又应当具有收集情报的途径。
- 影响力：增长黑客要设法鼓动和说服团队中的其他成员，形成以“增长”为核心的默契心态，这要求增长黑客既是一名好的倾听者，也是一名好的演说者。

- 心态开放：要明白自己喜欢的并不一定代表大众也喜欢，而自己讨厌的在别人那里也许根本不构成任何困扰。要善于聆听他人的意见，养成空杯心态，及时将自己“清零”。

- 内心强大：增长黑客的工作有相当一部分在于试验，从不可能中寻求可能。面对风险、失败和前功尽弃，内心强大才能越挫越勇，不至于在阴影中逗留过久，而是昂首阔步地迈向下一个尝试。

- 一点点强迫症：在能做到目标明确、抓大放小的前提下，对影响用户心智、事关转化的细节有严苛要求，全盘把控，而不是明哲保身、不敢提出要求。被誉为“偏执狂”的乔布斯在《The Lost Interview》采访中曾说：“伟大的人，不会在意自尊，大家都把注意力集中到产品上，这毕竟才是最有效的工作方式。”

如果对增长黑客的日常工作有莫名的兴奋感，对上述要求成竹在胸，确信自己有兴趣和一点点天分，那么就可以考虑入行了。就笔者本人的成长经验来说，由于自小便对计算机和互联网感兴趣，小学时在 Dreamweaver 里搭建了自己的第一个网站，成为最早的一批个人站长；中学时接触到编程开发，写了几个共享软件丢到当时的“中国共享软件注册中心”销售，曾被《大众软件》等杂志推荐报道，尝到了“创造事物价值、与大众分享并获取回报”带来的快感；大学里创过业，早在移动互联网爆发的前夜就已经开发过塞班手机上的校园社区（那会儿用的技术还是 ASP+WML）。由于本科学的是广告设计，因此在艺术和商业方面也得到一些专业技能的锻炼。另外业余撰写博客数年，不仅借此潜移默化地观察和吸收了大量行业资讯，还学到了谋篇布局的文案技巧，当然也意外结识了一些产品经理、创业领袖和投资人，因缘巧合成为入行的契机。

总的说来，一路野蛮生长，跌跌撞撞，体内吸收了不少“混乱”的能量。然而那些在当初看来任性妄为、无足轻重的经历，终将在某一日连点成线，开花结果。正如乔布斯在斯坦福毕业典礼上的演讲：“你不可能从现在预测到未来，只有回头看时，才会发现事物之间的联系。所以你必须相信，那些生命中的点点滴滴，将会在你未来的生命里，以某种方式串联起来。你必须始终相信一些东西——你的勇气、宿命、生活、因缘，随便什么，它们将给你追寻内心真正所想的自信，带你走离平凡，变得与众不同。”

最后，列举一些 Andrew Chen 推荐在博客上的国外优秀增长黑客名单供大家学习参考，详见附录 B。闭门造车，不如站在巨人的肩膀上，向高手取经。这或许才是成为增长黑客道路上最有效的捷径。

1.9 增长黑客的常用工具箱

工欲善其事，必先利其器。选择合适的工具有助于提升“增长”的效率和质量。下面推荐一些国内外常用的免费第三方服务。

Google Analytics

Google Analytics 是目前使用最广泛的统计工具，强大且免费。Google Analytics 主要给我们提供了以下几大关键指标。

- 页面浏览量（Page View）：网站在某一段时间内的页面浏览量是多少。
- 用户浏览量（User View）：网站在某一段时间内的用户浏览量是多少。
- 渠道来源（Traffic Sources）：用户流量来源于哪些不同的渠道。
- 访客特征（User Demographics）：访问用户具有哪些特征值，可用来做用户分类。
- 访问路径（Flow Report）：用户在网站上的访问行为，各个页面的进入率和跳出率。

整个 Google Analytics 的数据是以访问为中心的，可以很方便了解网站的访问和渠道转化情况，对于大部分的网站尤其是内容类网站来说已经足够了。国内的百度统计、CNZZ 统计等也提供了更多类似的且本地化较深入的功能。

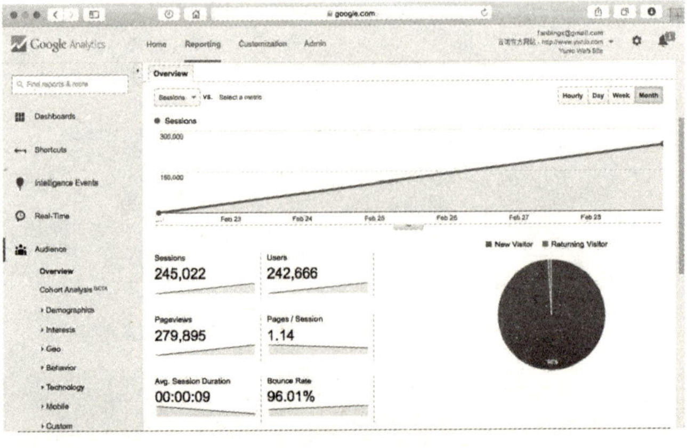

Google Analytics

Mixpanel

Mixpanel 从页面访问量数据的局限跳出来，转而以用户行为为驱动。它主要给我们提供了以下几大关键指标。

- 用户动态分析（Trends）：你关心的用户行为发生了多少次，占总比例多少。
- 行为漏斗模型（Funnels）：某些关键行为是怎么发生了，每一步有多少的留存率和流失率。
- 用户活跃度（Cohorts）：网站用户的活跃度如何，可以用来区分忠实用户和普通用户。
- 单用户行为分析（People）：单个用户在网站上做了哪些操作，过程是如何的。

所有的用户行为对应一个事件，你需要事先规划好你想跟踪哪些事件。比如以网站的注册转化率为例，我们希望了解所有访问的用户中，有百分之几的比例注册了，首次访问注册的比例是多少，这些用户是怎么注册的。有了这些信息后，我们在提高注册转化率这个目标上，就能进行更有方向性的实验，也能很直观地了解到底每个变化是带来了提升还是降低。

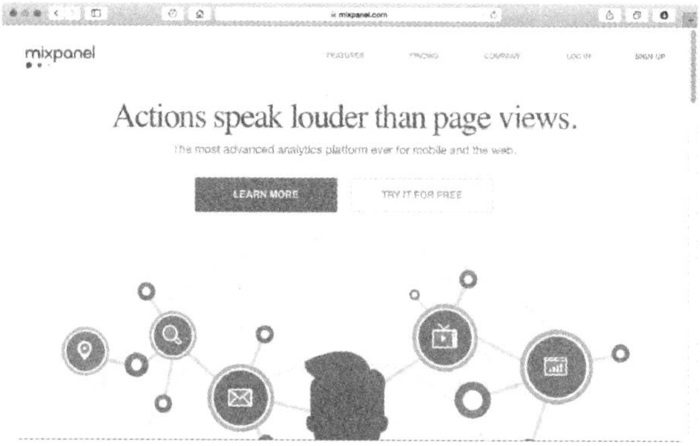

Mixpanel

KissMetrics

KissMetrics 跟 Mixpanel 很类似，都是以用户行为为导向的分析工具，所提供的功能也基本一致。不过 KissMetrics 在针对用户的行为分析上做得更深入也更简单，能让你更加清楚地了解用户行为背后的各方面数据。

KissMetrics

UserCycle

UserCycle 的卖点很简单，你并不需要大量的数据，你真正需要的是每次专注一个指标，获取能让你用来提升这个指标的目标数据，进而提供执行的辅助。如果说 Google Analytics、Mixpanel 和 KissMetrics 是纯粹的分析工具的话，那么 UserCycle 则做得更多，从统计到用户分组，再到生命周期维护和分组实验测试，从各方面了解用户行为，提升用户的价值。

- 统计分析（Trends）和用户分组（Cohorts）：统计分组是以用户行为为中心，让数据说话。用户分组则根据用户对于产品的参与程度不同，划分成不同的群组。
- 生命周期维护（Lifecycle Messaging）：用于与用户不停地保持互动，既能让客户更满意，也能知道用户为何流失。
- 分组实验测试（Split-Test Experiments）：当知道用户为什么喜欢你的产品或者讨厌你的产品的时候，你就可以有目的地去改进产品了。在改进产品的时候可以多采用分组测试，来衡量不同的变化带来的改进效果，寻找到最优解。

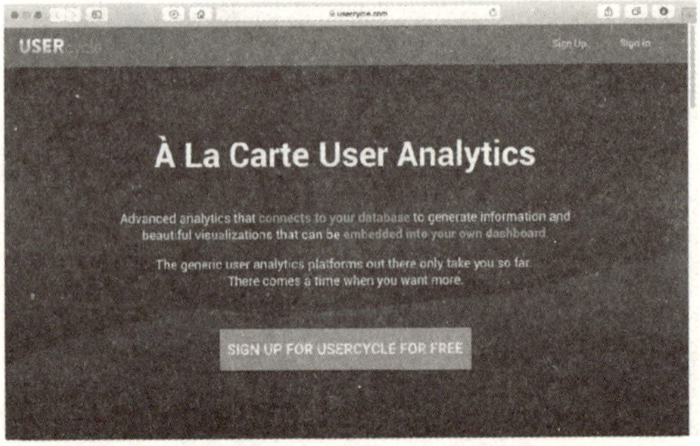

UserCycle

Customer.io

Customer.io 用于分析管理产品生命周期中使用的邮件（Lifecycle Email)。一个产品的成功与否，关键在于看有多少忠诚的客户，邮件互动就是为了制造忠诚的客户。而邮件互动的关键又在于如何在正确的时间给正确的用户发正确的内容，从而提高邮件打开和转化率。例如，对于活跃的用户，我们需要跟用户互动的目标和跟一次性用户互动的目标会截然不同，所以必须了解用户之间的差异，基于用户的不同行为发送不同的邮件。这就是 Customer.io 在解决的问题。与此类似的产品还有 Vero。

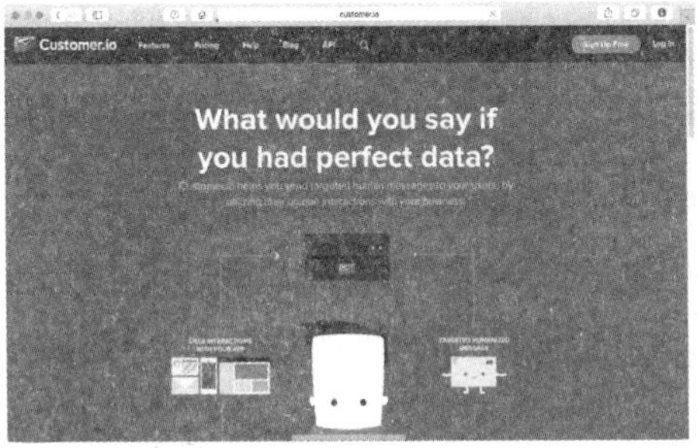

Customer.io

Optimize.ly

Optimize.ly 是 A/B 测试的利器。当我们定义好我们想去测试的实验时，可以非常简单地通过 Optimize.ly 来定制和修改页面。即使是没有技术背景的市场人员也能很简单地学会如何做 A/B 测试。Optimize.ly 会根据用户行为的不同，给出不同的测试报告，让我们能真真切切地了解页面变化对于转化率的影响。除了 Optimize.ly 外，Unbouce 也是不错的 A/B 测试工具。

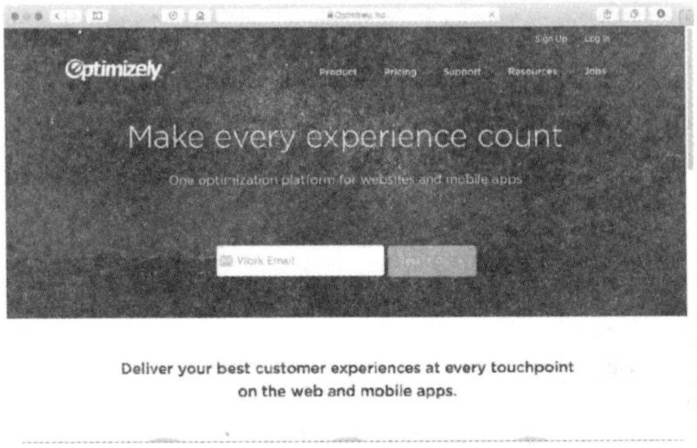

Optimize.ly

Basecamp

Basecamp 是 37signals 公司旗下的一款非常流行的基于云服务的项目管理软件，以简单易用和创新而闻名。Basecamp 提供了消息板、待办事宜、简单调度、协同写作、文件共享等功能，方便中小型团队部署在自己的在线协作平台上，让成员即便在天南海北也能共同打造一份事业。国内类似的在线协作平台还包括风车、明道、Tower、瀑布等。

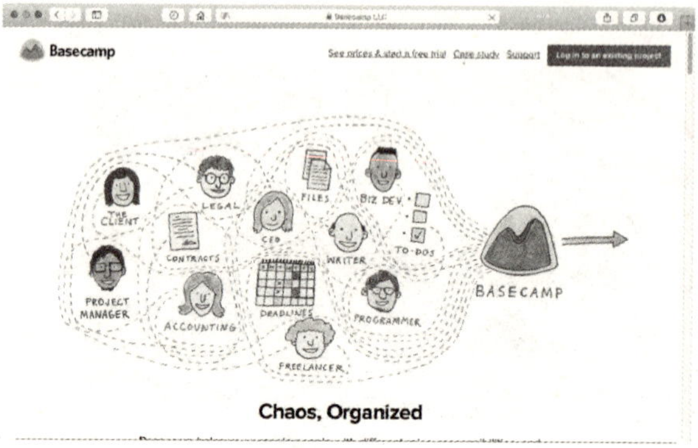

37Signals 旗下的著名服务 Basecamp

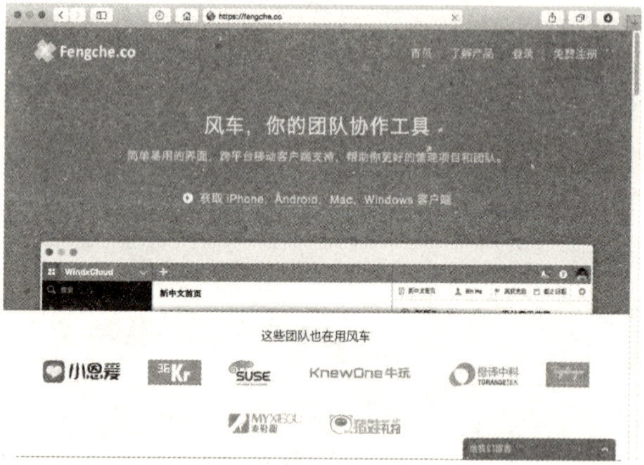

云端项目管理服务风车

友盟

友盟统计分析平台是国内最大的移动应用统计分析平台之一，能帮助移动应用开发者统计和分析流量来源、内容使用、用户属性和各种细分的行为数据。除了数据追踪，友盟还提供了方便移动开发者节省工作量的第三方组件，如消息推送、游戏分析、社会化分享、用户反馈模块。国内的类似服务还有 TalkingData 等。

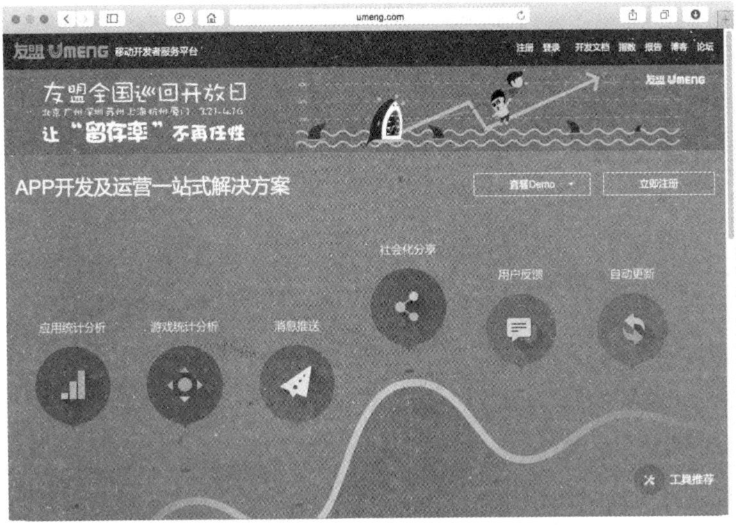

友盟移动开发服务平台

第2章 创造正确的产品

“当事情‘按计划’进行时，没有人会惊慌，即使这个计划是可怕的。”

——《蝙蝠侠：黑暗骑士》，克里斯托弗·诺兰

2.1 Instagram 重生记

2010 年 7 月的某天，美国小伙凯文·斯特罗姆（Kevin Systrom）在正为他开发的应用迟迟无法打开局面而一筹莫展。凯文是管理类学科出身的高材生，对于编程，刚毕业的他可谓是一张白纸。在社交旅游网站 Nextstop 营销部门工作时，凯文时常利用晚上的业余时间自学技术，开发一些简单的产品。Burbn 就是他的作品之一（Burbn 得名于凯文爱喝的波本威士忌）。

Burbn 是一款类似于结合了地理位置服务 Foursquare 与 Zynga 热门社交游戏《黑帮战争》（Mafia Wars）中主要元素而创造出的移动应用，采用 HTML5 技术开发。在 Burbn 中，用户可以对所处的位置进行签到，对未来的行程制定规划，在假想的虚拟空间里扮演黑帮大佬，彼此兼并地盘，赚取点数。Burbn 还内置了聚会照片的分享功能。整个产品结构零散庞杂，导致新上手的用户根本不知所措。

凯文花了好几个周末不断打磨产品原型，然后拿给周围朋友试用。但每次介绍这样一款产品，总会遭遇旁人无法理解的尴尬——或许这样的产品形态本来就难以用三言两语解释清楚。发布几周后，Burbn 的用户量勉强达到了 1000 多人，至此便停滞不前。

凯文·斯特罗姆与合伙人迈克·克雷格，图片来源：腾讯科技

如今摆在面前的道路有两条：要么继续添加功能，让 Burbn 成为更加无所不能、包罗万象的服务，用户几乎可以用它记录生活的任何事情；要么调转方向，精简功能，孤注一掷地抓住一两个用户核心需求做精做专。在与合伙人迈克·克雷格（Mike Krieger）商议后，他们最终选择了后者——堆叠功能只会让原本复杂的产品更加臃肿冗余；既然从数据看来，用户喜欢使用 Burbn 的照片分享功能，那么不如干脆把这个模块单独拎出来，做成一款独立产品试试。

在接下来的一周时间里，他们在旧金山找了家咖啡店，专心绘制新产品的草图。不同于之前 Burbn 的设计，这款全新的照片分享应用有着居中显示的大图和紧随图片的互动评论区。用户上传的照片默认对所有人公开，人们都可以随意查看他人上传的照片——虽然这一设计以牺牲部分隐私性为代价，换来的却是更高的可看性和更多社交互动。

两人很快完成了纸面的原型绘制，随后用两周时间迅速开发出了第一个可供测试的版本。让人紧张而兴奋的时候到了：用户是否会为这个新的照片分享应用买账？为了验证产品构想，他们从 Burbn 的早期用户中筛选出 100 人，向他们一一发送了通知邮件，介绍这款新产品并邀请试用。

几天过去了，并非所有收到邀请的人都对这款新应用表示出兴趣，还有些人选择了离开。但情况似乎正在发生变化。人们逐渐爱上了它，开始活跃地在上面发照片，并向身边的朋友推荐。当那一周结束时，凯文和麦克检视一周的成果，发现口口相传带来的注册用户竟然轻松突破了 10 万人——这可是当初 Burbn 的 100 倍之多！

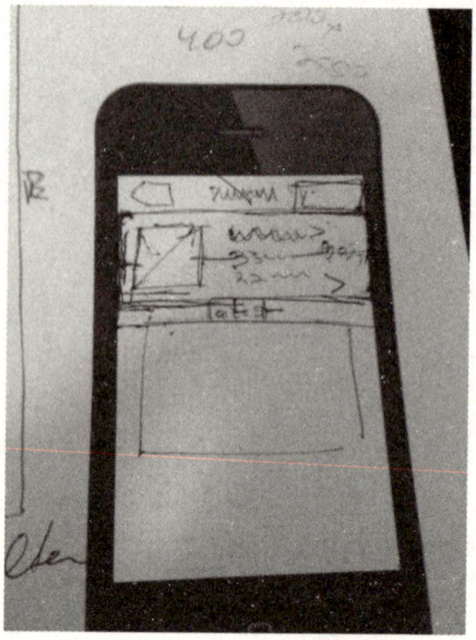

Burbn 项目重新立项后绘制的草图，图片来源：Medium

用户对全新的拍照应用趋之若鹜，图片来源：Medium

更让他们惊讶的事情还在后面。几天之后的凌晨三点，凯文被监视器的警报声惊醒。揉着惺松的睡眼来到屏幕前，他发现这并非系统误报，而是来自日本的流量正在快速吞噬服务器的带宽。原来，这款日趋火爆的应用已经趁他们在睡梦中的时候，悄然“燃烧”到了地球的另一头，在亚洲扩散起来。几天之内，来自世界各地的照片被陆陆续续上传上来。这其中既有旖旎壮阔的非洲草原，也有静谧安详的北欧田园，甚至还有人拍下了北极科考的独家画面。一时间整个平台上包罗万象，汇聚了来自世界各个角落的精彩缩影。这款应用的用户量继续稳步攀升，一个月后，竟然成功吸引到了100万用户。

原本隶属复杂产品中的一个功能子集，最终以其简单的概念和聚焦的特性赢得了用户的青睐。事后凯文曾在媒体采访中公开表示，“Burbn出师不利，是一个错误的开始。但世界上最好的公司都曾经脱胎于其他产品。你需要的是发现，让它进化成别的东西。”

2012年4月，在创立仅551天后，这款应用被Facebook以10亿美元的天价收购。截止2014年12月，其估值达到350亿美元，不到3年时间便增值了35倍，用户量突破3亿。如今，已鲜有人记得当初的Burbn。但它经过改造后的重生之作，你一定多少有所了解。没错，这便是日后大红大紫的照片分享社区——Instagram。

2.2 PMF，探寻产品与市场的完美契合

1983年，雅达利（Atari）公司确信消费者会购买带有外星人（ET）题材的任何游戏，于是就匆忙生产了数百万张外星人游戏《城市传说》（Urban Legent）的卡带。其结果是，这批滞销的卡带最终被埋在了新墨西哥州的沙漠中。

时过境迁，但类似的错误即便在今天也总有人重蹈覆辙。比如，在很多人心中，创业的目标就是“把我脑海中的那个产品做出来”。在他们的想象中，这必将是一个全世界人人想要的产品。似乎接下来就该顺理成章地迎接用户的蜂拥而至，至于用户增长和营收提升都只是时间问题。然而他们忽略了一点：这一切美好愿望必须首先建立在这样的前提之下——市场愿意接纳这款产品。换句话说，如果鏖战数月的创业成果最终无法打动市场，那么几个月的努力就白费了。真正的浪费不是上班刷微博，不是开给员工高于市场标准的工资，也不是没有谈到最优惠的广告报价。真正的浪费是在错误的方向大踏步地高歌猛进，走得越远，就越与成功背道而驰。在如今这个技术井喷的时代，一样东西“能不能造出来”早已不是问题，该冷静追问的是这样东西究竟“该不该造出来”。成功地执行一项没有意义的计划是导致失败的致命原因。

创业是一场关于适者生存的进化。根据哈佛商学院教授席卡·郭什（Shikhar Ghosh）的研究显示，在美国风险投资进入的初创企业中，四分之三会以破产告终。而美国市场研究公司CB Insights通过分析101家科技创业公司的失败案例，总结出了创业失败的20大主要原因，其中“没有市场需求”以42%的绝对占比成为首要因素。因此，创业团队早期的首要任务，就是找到产品与市场的契合点，而不

是盲目地大干快上，如无头苍蝇般乱撞。

马克·安德森（Marc Andreessen）将“产品与市场相契合”的这一状态称为PMF（Product/Market Fit）。在达成PMF之前，过早的推广和过多的优化都是不必要的。当你试图在产品上增加一些功能以确保它的“完整性”和对某些极端情况的应对能力时，这意味着只能推迟正式进入真实市场接受用户检验的时间。产品达成PMF之前最重要的任务是从一小部分早期用户那里获得反馈，并以最低成本持续改进产品。每一次迭代不一定尽善尽美，调整的过程也可能损失一些旧版本的拥护者。好在产品早期做调整的消极影响范围有限，人们可能并没有你想象中那么重视你，因此在这个阶段快速试错也并不至于带来毁灭性的打击。这就是创业公司船小好掉头的优势所在。

Instagram 脱胎于无人问津的地理位置签到应用，最终却做成了照片分享领域当之无愧的王者，这一切得益于凯文·斯特罗姆和迈克·克雷格在产品方向陷入绝境后的果决转型。与之相似的还有国内一款名为“足记”的应用。在探寻如何让用户发现电影取景地的过程中，足记始终保持着不温不火的状态，而在某次版本更新中产品经理妙手偶得的“大片”效果滤镜，虽然入口深、问题多，却不妨依然让它火爆了一把，一个月内就口口相传获得了一百万用户。

足记应用的“大片”效果滤镜

美国版“大众点评”Yelp在2004年创办之初旨在提供基于电子邮件的交友服务，结果反响平平，一部分用户却乐于它来给本地商户写点评，于是Yelp决定从“朋友黄页”转型成“商户黄页”，自此找到了发展的黄金快车道，一跃成为行业翘楚；创立于

2005 年的 YouTube 曾经只是聚焦在视频约会这一小众市场的"Tune In Hook Up"，当发现流量增长难以为继后，创始人决定服务于更大众的需求——在线视频分享，很快改旗易帜的 YouTube 掀起了网络视频的新浪潮，甚至威胁到了传统电视行业。至于被雅虎收购的著名照片分享社区 Flickr，则曾经是一款失败的在线角色扮演游戏的衍生副产品；更有趣的是，Flickr 的创始人在之后的一段全新的游戏创业过程中二度遭遇失败，却又鬼使神差地在该项目基础上孵化出了在线协作工具 Slack。这样的例子不胜枚举。

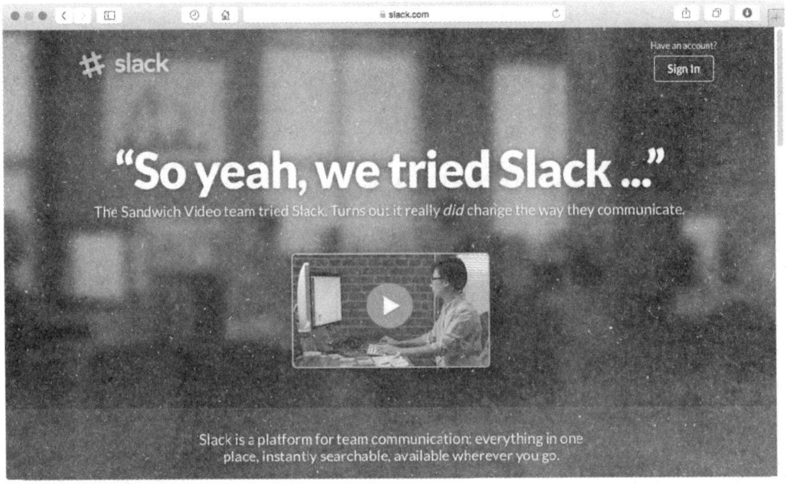

意外地成功脱胎于游戏的在线协作工具 Slack

在中国，那些如今如雷贯耳的名字，同样也曾经历过艰苦卓绝的早期探索。QQ 在创业早期从事网络寻呼机业务。在寻呼机市场江河日下时，用户增长愈发遭遇瓶颈，马化腾一度想以 60 万元的价格将其出售；百度在成为最大的中文独立搜索引擎之前，曾甘居幕后为其他门户网站提供搜索技术；盛大网络在依靠网络游戏发家致富前，做的是网络虚拟社区"史丹莫"；化妆品限时特卖网站聚美优品，以团购网站的早期形态在"百团大战"期间苦苦寻觅业务支撑点；此外还有从独立论坛系统成功转型为页游公司的动网、从视频网站转型为在线直播平台的六间房、从网络聊天室转型为棋牌游戏的博雅互动等，不一而足。他们在与市场的角力中经受残酷洗礼，最终通过调整或转型，达成了 PMF 阶段，迎来了市场的认可和商业的成功。

互联网是快速试错和收集信息的平台，也是一个公正的仲裁者，永远能反映客观的市场动向。聪明的团队应当从产品每一次调整所带来的反馈中汲取营养，不断强化优势，及时纠正错误 ，找到适合自己的 PMF 状态，成为被市场接受的玩家，而不是因循守旧地沉沦在既有的产品创意中，完全罔顾市场的需求和反馈。

《神秘的程序员们之创业传奇》，作者：西乔

2.3 拒绝昂贵的失败

让我们再来看一则国内的失败案例。2014 年 3 月，如果你走在上海市最大的地铁换乘站之一——徐家汇站内，视线一定会被四周环绕的蓝色巨幅广告吸引。广告的视觉主体元素酷似日本动漫形象哆啦 A 梦标志性的“四次元空间袋”，在这个包罗万象的神奇口袋内，随时能掏出千变万化的道具，替废柴主人公克服种种窘境。

做广告的是一款名叫“叮咚小区”的移动应用。它主推社区 O2O 概念，以“超赞的小区生活便利服务站”为宣传口号，试图为住在同一个小区的用户建立起线下的社交联系，而切入点则选择做线上的小区实用分类信息——正如哆啦 A 梦那排忧解难的神奇口袋。

叮咚小区的宣传图

庞大的野心必须以殷实的资本做后盾。短短数月内，叮咚小区便暴风骤雨般迅速攻陷了北京、上海等地的地铁站、路边广告、写字楼显示屏，成为公众视线中无法忽略的强势存在。据悉，仅上海核心商圈地铁站一个月的广告投放费用就高达 1500 万元。叮咚小区之所以敢于如此阔绰地大笔砸钱，底气来自于不久前对外声称的高达 1 亿元的融资。

创始人梁昌霖在接受媒体采访时称，“做社交，用户是最重要的，而且难攻易守。一旦占领阵地，就可以构筑越来越宽的护城河，打造壁垒，在未来的竞争中保持先发优势。线下扩张一定要快，先让用户知道社区 O2O 的战场是我们的，再慢慢改造产品。上海有一万多个小区，如果我们一个一个小区地找业主、物业、商家，这得等到何年何月。简单来说，我认为我的模式需要这么多钱。”天价的投资金额似乎昭示出资本市场的看好，也彰显着叮咚小区的自傲。

从筹划到上线，叮咚小区只花了 3 个月时间。为了提高业务铺开速度，最初的物业和商家信息基本都是从网上抓取的。至于用户的来源，则简单粗暴地直接通过大规模的线下广告投放。他们还特地组建了 100 多人的地推团队，将上海划作片区，5 人负责一个片区，到人流量密集的商场、写字楼做线下活动，以便签、U 盘、圆珠笔等小赠品换取路人的安装激活。一切都在资本的推动下大跃进式地疯狂推进着。在“唯快不破”的互联网节奏下，叮咚小区短时间内跑马圈地成功攻占下这个领域仿佛是预期的，需要的只是投入产出比的简单换算和耗费一些时间耐心等待。至于不够财大气粗的竞争对手们，只能坐以待毙。

但请等一等，让我们暂且抛开浮夸喧嚣的吆喝炒作，回过头来看一眼产品本身。

出于职业习惯和强烈的好奇心，笔者于第一时间扫描了地铁广告上的二维码下载体验——结果与预想中落差极大。想要使用叮咚小区，首先必须通过手机号码注册。姗姗来迟的验证短信让整个注册流程变得一波三折，也让原本的满心期待凉透半截。登录后的交互显然还没有经过悉心打磨，难于点选的按钮和令人费解的菜单令我不得不怀疑自己的手脑协调性。任何一个简单的操作都可能引发程序崩溃闪退。随意点击某个小区，界面上有条不紊地陈列出“号码通”、“服务站”、“二手市场”、“拼车”、“宠物”、“家政”、“家教”等互不相关的垂直服务入口，贪大求全的结果是难以专精的定位和内容深度的缺失，你很难在某一个板块下看到有价值的信息，更多发帖只停留在一个简单的联系电话，下面回复寥寥，氛围惨淡有如鬼城。用户很难据此建立起信任。更加反人类的是，想使用小区内的所有功能，必须先“激活”该小区，激活的条件是该小区内的注册人数达到100人——敢情是想让我挨家挨户地敲门给邻居安装？这一道道横亘在前的门槛，让原本跃跃欲试的早期用户们望而却步，甚至在网上言辞激烈地谩骂抨击，大呼上当。各家应用下载市场上的一星差评似乎也不足以平息网友的怒火。

叮咚小区界面上多而杂的功能入口

在笔者看来，这是一款从需求把握到策略设计都存在硬伤的产品。它像是杂糅了58同城式分类信息服务和BBS论坛发帖两个产品形态的移动端产品，却又什么都不是。产品团队错误地忽略了冷启动阶段的难度，认为平台的兴盛可以一蹴而就，实际上却让乘兴而来的早期尝鲜者空手而归。加之操作环节的体验如此糟糕，于是愠怒的人们卸载得干脆利落，流失得头也不回，也就毫不奇怪。如果这一切尚且控制在小范围内，叮咚小区迅速调整产品，或许有一息尚存的机会。但最致命的是，豪掷千金地大干快上，只是在更快更广地累积负面评价，加速它的垮塌。这就如同强行让一辆残破的二手车在高速公路上以全速冲刺，开得越快就越容易倾覆散架。叮咚小区的线下推广步子已然迈得太大，整个局面危如累卵。

不出所料，半年后噩耗传来：媒体曝出叮咚小区资金链断裂，几近破产，北京和上海的公司裁员70%，且投资人决定不再追加投资。旗开得胜、无往不利的开头，戛然而止于泯然众人的结局。不到一年时间，人们就亲眼见证了一款产品昙花一现后便盛极而衰的全过程。这一切无不让人唏嘘哗然，却又在意料之中。复盘叮咚小区的失败，得到的却是极其简单的结论：缺乏成熟产品做依托，再强力的推广也无济于事。在展开野心勃勃的扩张计划前，还是先小心地为产品验证市场，确保达到 PMF 状态再大肆铺开为宜。就叮咚小区而言，更加稳妥的做法，或许是先选取几个目标小区试点推广、跟踪反馈，尽可能收束繁杂的功能而有所专攻，待达到一定的满意度和留存率后，再考虑大面积推广。这的确会额外耗费一些时间，但并不等于浪费时间。叮咚小区用1亿元的昂贵失败，为我们证明了 PMF 的重要性。

2.4 需求，催生产品的第一原动力

许多产品依靠创始人的灵机一动或是个人兴趣做起来，但更多成功的产品是需求分析后有的放矢的产物。根据统计，产品开发中40%～60%的问题都是在制定需求方向阶段埋下的“祸根”。在测试及运营阶段发现需求方向的问题，解决的代价是制定需求方向中发现问题的68～200倍。让产品与市场契合，归根到底就是产品提供的服务能够切实满足用户的某方面需求。

为此，开发团队应当设法去主动了解用户。Gmail 团队曾经进行过一次名为“你不是用户”的内部演示，援引大量用户数据阐释产品团队做出每一项决策的具体援引：之所以去除某些功能，是因为大多数 Gmail 用户没有相关需求，从来都不使用它们。例如，所谓的“典型 Gmail 用户”是指那些平均每天收到5封邮件、其中大多数只是垃圾广告而无需回复的用户。在谷歌，工程师如果以自己的立场来理解用户需求，很容易陷入误区，因为一个普通的谷歌员工平均每天会收到的邮件数量是450封，其中大部分不仅需要阅读，还得回复。

如何进行用户需求分析呢？一个适合作为创业项目的需求来源，需要考虑如下这些因素。

1．需求是真实存在的还是伪需求

张小龙在产品培训中提到一则 QQ 邮箱附件功能的设计案例。起初产品人员做了一个新特性，能将用户收到的所有邮件里的附件单列出来，显示在一处。如果一屏加

载不够，还能继续向下翻页，附件根据分组排列，一目了然。但上线后发现，用户找附件时并不会一个一个地看过去，因为实在是太多了，根本不可能看完，也没有分组查看的需要。虽然这个东西很高级，但需求本身并不存在。果然，产品上线一天后用户的使用情况确实没什么增长。这个功能随后就被撤下了。由此可见，需求应当源自客观实际，而非主观臆断。相比产品经理灵光一现的锦上添花，扎实地满足既有需求的雪中送炭或许更为可贵。

2．判别需求是否属于刚需

需求有真伪，而真实需求里也分为刚性需求和非刚性需求（弹性需求）。经济学中，刚需指商品供求关系中受价格影响较小的需求，可理解为人们日常生活中不可或缺的必需品。在著名心理学家亚伯拉罕·马斯洛（Abraham Maslow）的《人类动机理论》论文里，位于需求金字塔底层的生理和安全需求，代表的正是人类对食物、水、住房、安全的需要，也就是刚需。而在互联网世界，最基本的需求可归纳为对信息的收集、对生产生活资料的获取以及与他人的沟通交流——于是你可以看到国内的三大互联网巨头百度、阿里巴巴、腾讯，正是在这三个领域内分别雄踞一方。选择刚需作为产品切入点，能够减少前期项目风险和后期推广阻力，但面临的竞争也更为惨烈。

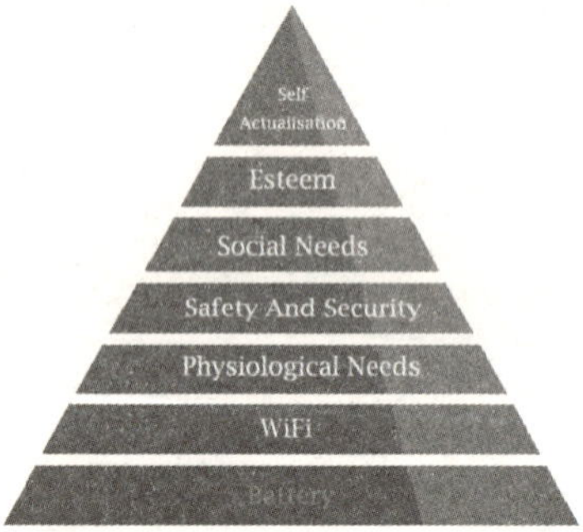

网友戏谑打造的新版“马斯洛需求层次”图，在原本基础上增加了 Wi-Fi 与电池

3．研究需求量是否够大，市场是否够肥

初创企业的价值取决于自身成长性，也就是“能不能做大”。无法规模化，干一票是一票，那是在做买卖；在一定规模后原地踏步，小富即安，也随时面临玻璃天花板的威胁。当你在抱怨自己的产品数据怎么开始增量放缓时，是否意识到由于当初切入的市场太小，已经开始遭遇瓶颈了呢？

雷军在中国企业领袖年会上曾经总结多年经验，称创业“就是要做最肥的市场”。他投资的 YY 最早做的是游戏门户，但雷军觉得这个东西最多只值一亿美金，后来劝李学凌改做直播平台，果然一炮打响，从游戏媒体的红海游向了前景更为广阔的视频直播蓝海。

如何判断需求是否够大呢？通常可采用两种方式。一种是先估计目标用户的基数、消费能力、意愿预算，再把这些数字通过相乘等方式得出一个大概的数字，并与该行业或近似行业的公开报告进行比对验证；另一种则是评估打算进入的市场，原本具有多少产值，而你的产品通过提供更低的价格、更长的使用周期等，能提升多少效率、节省多少成本，从而折算出相对于原产值的全新规模。

除了从常识和公开数据出发外，借助网络上的各类排行榜、搜索热度等，也能对时下大众的需求风向做出评估。例如百度搜索框的自动联想功能，能够基于网民的搜索热度自动补充完整的搜索关键字。另外，百度搜索风云榜和百度指数也是了解国内网民需求分布的风向标。

通过百度的关键词联想就能对网民需求一探究竟

百度指数的年龄风向标

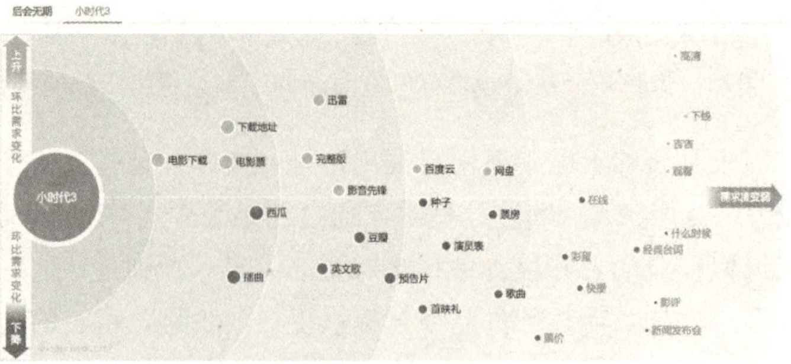

百度指数的需求变化监控

4．衡量需求的变现能力

不管三七二十一，先火速笼络一批用户进来，至于盈利模式暂时搁置一边，是许多早期团队的态度。可惜门庭若市的表象下却不一定都能赚得盆满钵满。即使市场上一些用户量较大的产品，也不得不通过各种手段苦苦探寻变现方法。

例如坐拥数亿用户的搜狗输入法，作为工具型产品的变现能力有限，主要是通过商家关键词植入和弹窗广告来获得收入。为增幅营收，搜狗公司提出了“三级火箭”的产品战略，即先通过输入法来推广搜狗浏览器，再在浏览器中布局搜索和导航入口，继而提高市场占有率和收入规模。曾经坐拥一亿多注册用户的下载服务 VeryCD，在商业化的道路上一度不得要领，直至转型“心动游戏”做了网页游戏《神仙道》才将流量变为了真金白银。

优秀的团队找到匹配自己基因的市场需求，如同灰姑娘穿上合脚的水晶鞋。遗憾的是，市面上并非所有的脚都套在适合的鞋里，也并非所有的鞋都是水晶鞋。在需求分析中寻找适合的市场机会，以此拟定产品方向和发展策略，应当成为每位创业者准备大施拳脚前的第一要务。

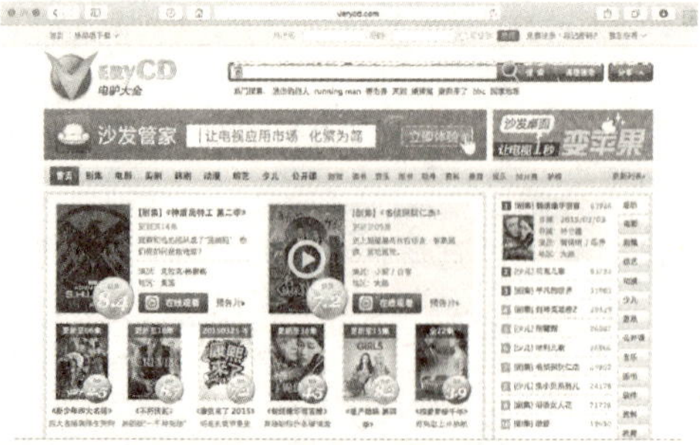

心动游戏转型前的下载服务 VeryCD

2.5 用最小化可行产品验证需求

什么是最小化可行产品

在市场不确定的情况下，贸然倾尽全公司之力，投入资源大规模进入是危险的。验证产品方向是否可行，可以通过“更聪明”的办法来完成。这就是硅谷作家埃里克•莱斯（Eric Ries）在其创业学著作《精益创业》中提出的“最小化可行产品（Minimum Viable Product，简称 MVP）”概念。

《精益创业》作者埃里克·莱斯，图片来源：《连线》杂志

简单地说，精益创业是指开发团队通过提供最小化可行产品获取用户反馈，在此基础上持续快速迭代（或谋求转型），直至产品达到 PMF 阶段。它包含如下三个要素。

1. 最小化可行产品：即所谓的 MVP（Minimum Viable Product）是指将产品原型用最简洁的实现方式开发出来，过滤掉冗余杂音和高级特性，快速投放市场让目标用户上手使用，然后通过不断地听取反馈掌握有价值的信息，由此对产品原型迭代优化，尽早达到 PMF 状态。其中，“最简洁的产品原型”可以是产品界面的设计图，可以是带有简单交互功能的胚胎原型，甚至可以是一段视频、一个公众号。MVP 的优势在于节约成本、调转灵活，能够直观地被目标用户感知到，有助于激发真实意见。它并不意味着“便宜”、“难看”或是“核心功能残破”，而应是能帮助用户完成任务的最小功能合集。除此以外对需要认知的内容没有直接帮助的一切功能或流程都应当暂时放弃。MVP 的目的并不是为了回答产品设计是否优雅、技术实现是否高效这样具体的功能问题，或是过度许诺未来将承担的重任，而是用于解答商业产品开发中最重要的两个问题：一是价值假设，这款产品是否能够满足用户的需求？二是增长假设，用户是否愿意为产品买单？

2. 用户反馈：指通过直接或间接方式，从产品的最终用户那里获得针对该产品的意见。反馈的内容包括用户对产品的整体感觉、是否喜欢/需要某项功能特性、想要添加哪些新功能、某些流程是否合理顺畅等。对精益创业者而言，用户的反馈应当作为产品开发中决策的根本依据。

3. 快速迭代："天下武功，唯快不破"。快速迭代就是要尽早发布，并针对用户提出的反馈以最快的速度进行调整，融合到新版本中。尽早发布，意味着产品获得更好的时间窗口和机会，能更快地验证想法并发现错误的部分，避免隔靴搔痒和战略偏差。不要等认为产品"完美"之后才发布。再完美的产品，如果没有人使用，那便无从称之为完美。快速迭代，则是鼓励开发者尽快将创意呈现在用户面前，而不是沉浸在闭门造车的节奏中。相比在实现产品前先口头向潜在用户宣讲你的创意，开发出的 MVP 能够用于实际演示和测试，有助于直观地被用户感知到，继而激发出真实的意见，帮助创业者尽早开启"开发—测量—认知"的反馈循环。

Facebook 的马克·扎克伯格办公桌上放有"保持专注、持续交付"的座右铭

著名产品的 MVP 案例

说到这里，让我们来看一些公司开发最小化可行产品的独特方式。

1. Dropbox：同步云存储服务 Dropbox 的创意始于创始人德鲁·休斯顿（Drew

Houston）自己上下班时的痛点：无法用移动设备获取电脑中的文件。为此他希望招募一群天才来共同实现这个有些前卫的想法。但他并没有急于马上动手开发，因为这需要克服重大的技术障碍，且投入成本暂时无法预估。取而代之的是，他选择在目标人群高度集中的新闻推荐平台 Digg.com 上发布了一则充满极客俚语的宣传视频，一本正经地向科技爱好者“虚构”了 Dropbox 的产品功能，以此判断是否有人为这个创意买账。结果这段 3 分钟的视频引发了网友的兴趣，经过投票很快便蹿升到当日热文榜单首位，吸引了几十万人访问视频中显示的着陆页。愿意排队等候产品问世的用户数量从 5000 人猛增至 75000 人。正是在这样积极的反馈下，德鲁·休斯顿才最终确定要让 Dropbox 诞生。

Dropbox 的 MVP 演示视频

2．Groupon：团购服务鼻祖 Groupon 的创始人安德鲁·梅森（Andrew Mason）原本希望将公司做成一个“集体行动平台”，把用户聚在一起解决为公益事业筹款或是抵制侵权零售商的问题，但市场太过狭窄。于是他决定转型做团购。团购版的 Groupon 最初相当粗糙，使用的是开源的博客程序 WordPress 搭建，商品详情由运营人员一个字一个字手动输入连表单和在线咨询也没有。安德鲁·梅森又用现成的排版软件 FileMaker 制作 PDF 礼券，再通过 AppleScript 脚本发送电子邮件将礼券派送出去，一切都那么的“手工作坊”。验证成果表明，用户明显更喜欢这次转型，很快 Groupon 一天内就能卖出 500 份礼券商品。于是他才将部分环节纳入了自动化执行范畴。

3．Zappos：鞋类电商平台 Zappos 于 1999 年刚刚起步时，创始人尼克·斯威姆（Nick Swinmurn）并没有建立自己的仓储和物流基地，而是跑到隔壁鞋店拍摄了一批鞋子的照片挂到了网站上。当有人在网上下单时，他再去把鞋子买回来并寄出，通过这种方法来验证人们通过网上购买鞋子的需求。事实证明，他的确赶上了电子商务的早班车，业务也随着网民数量的增加和消费结构的升级而剧增。

鞋类电商平台 Zappos

4. 大众点评：大众点评的创始人张涛最早花了 3 天时间做出了一个简单的网站页面。当时他没有跟任何饭店签协议，而是直接将旅游手册里的 1000 多家饭店信息添加到了网站上，就为验证一件事：人们在饭店吃完饭，是否有足够的动力和意愿到网上点评？这次成功的验证成为大众点评日后商业模式的起点。此外，在验证是否有必要通过技术将声讯电话的语音内容转换成文本显示出来时，他们先选出了两位客服人员“假装”成声讯电话，实则在后台手动输入用户的语音内容。这避免了在效果未知的情况下耗费数月开发出一套失败系统的风险。

5. Hyperlapse：2014 年，被 Facebook 收购的 Instagram 发布了一款名为 Hyperlapse 的延时摄影应用。当你打开这个应用，就会立刻开始录制视频，录制完成后可以设置 2 倍到 12 倍于原始视频的延时速率。成品视频会保存到相机胶卷中，你可以将它分享到 Instagram 或 Facebook 上。没错，拍摄、设置速度并分享，以上就是它的全部操作，最快只需要三次点击就能走完整个流程。它既没有高级编辑功能也无需申请账号登录，这省却了至少四倍的界面设计时间和六倍的代码开发时间，这还不包括平台适配和测试维护所耗费的精力。

6. 微信游戏：为了快速验证游戏策划是否可行，曾负责腾讯微信国民级手游“天天系列”的天美艺游工作室美术负责人 Vivi 创造出了“暴力拼图法”，即在美术和动画定稿方案正式交付之前，就先用其他近似的图片依据策划“拼凑”出一幅要素视觉稿。具有良好美术素养的制作人和策划员工完全可以通过拼图,感受到最终的效果，一旦发现方案不可行便“尽快放弃,不再纠结”。

Instagram 推出的 Hyperlapse

从某种层面来说，开发最小化可行产品可能会增加一定的额外工作量（但这并不代表不必要），因此创业者在进行规划时，必须明确目标，坚定地砍掉与验证产品无关的任何附件模块。好的设计，更多源自于减法，而非加法。以小为始、保持迭代，才是创业团队保持生存活力与竞争优势的不二法门。

看 Sendwithus 如何用“钓鱼网站”验证市场

Sendwithus 是美国的一家电子邮件营销公司，致力于为网络营销者提升事务性邮件（如重置密码、感谢注册、商品导购）的转化率。据公司的联合创始人马特 • 哈里斯（Matt Harris）透露，建立该公司的想法源于在小公司担任开发人员时，需要经常为不同的变量而改动邮件模板，缺少像大公司那样自动化的专业邮件管理系统。于是他开发出了 Sendwithus，希望让不懂技术的用户也能轻松地完成邮件的优化。用户只需要登录网站，从现成的测试模板中选择一套或是自主上传，再进行简单的 A/B 测试配置，系统就会开始发送，事后根据收集到的反馈数据得出报表，告诉用户怎样写邮件更容易打动收件人。

其实在项目早期，哈里斯对自己即将着手建立的产品功能没有任何具体概念。为了研究潜在用户究竟需要哪些功能，并且收集到尽可能多的种子用户联系方式，他们想出了一个妙招——在尚未实际着手开发前，先虚拟了一个的“钓鱼网站”，作为验证市场需求的最小化可行产品。这个虚拟的网站叫“Sendwithus Zero”。登录该网站，用户将看到一个像模像样（但明显没有美化过）的网站管理后台，左边栏提供了“写邮件”、“优化”、“重定向”、“顾客管理”、“API 配置”的一级入口，点击后还将展开对应的二级入口。右侧是页面的主体内容，包括功能介绍、邮件预览、导出设置和各种发送选项，整个布局井然有序。

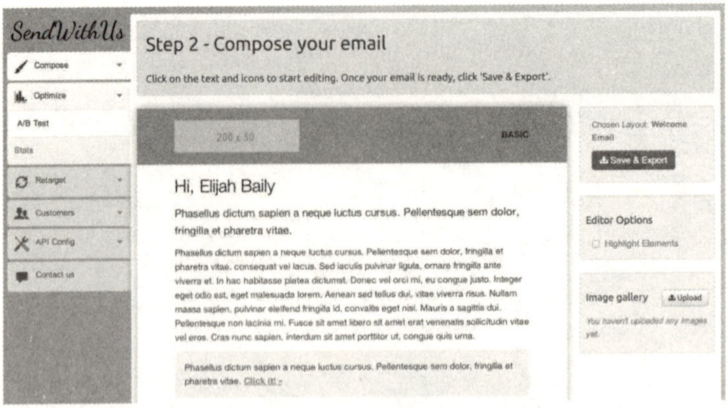

Sendwithus Zero 伪造网站

别看网站做得煞有介事，其实，页面中所有的按钮都仅仅是摆设，没有被赋予实际功能。当用户点击某一按钮试图使用该功能时，得到的唯一反馈就是蹦出一个消息框，告知用户："您想要使用这个功能是吗？我们也觉得这是个不错的需求，并且正在努力实现它。请您留下电子邮箱，并告知您目前正在使用哪家竞品的服务。我们会在第一时间通知您产品上线了。"同时 Sendwithus Zero 会记录下用户的这一次点击，作为对功能需求的一次投票。结合 Google Analytics 的鼠标点击追踪功能，Sendwithus Zero 能够定性与定量相结合地反映出用户的真实意图。

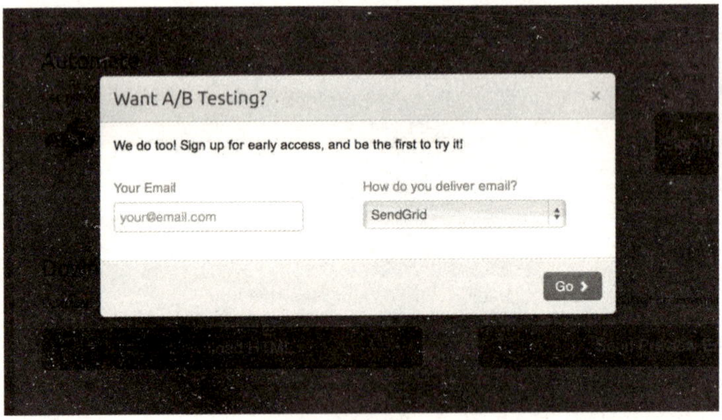

Sendwithus Zero 的 A/B 测试按钮不提供实际功能，只用于吸引订阅

在完成 Sendwithus Zero 的搭建后，两位创始人将该网址尽可能地散播了出去。24 小时内，为尝鲜而来的独立访问者数达到了 803 人，平均每人访问 3.53 个页面。在所有反馈中，呼声最高的功能分别是提供 API 和 A/B 测试模板，这两项的合计支持人数占到所有访客总量的一半。另外有 92 人留下了自己的联系邮箱，他们成为了日

后 Sendwithus 正式上线时最早的一批种子用户。

Sendwithus 为了开发这样一款最小化可行产品，投入的成本是怎样的呢？据官方博客介绍，所有的响应式邮件模板来自于设计公司 ZURB 的无偿提供，静态页面内的富文本编辑框使用开源的 CKEditor 和 HTML ContentEditable 搭建。至于页面设计是花费 18 美元购买的现成 bootstrap 主题，网站徽标则随意选了款字体。整个网站则架设在亚马逊的免费云服务套餐之上。满打满算下来只花费了 28 美元，用了一周时间——相比花费数月开发出功能齐全的完整网站，这实在是太值了。不久后，得到市场认可的 Sendwithus 获得了 230 万美元的天使投资。

基于微信的 MVP 开发策略

受开发环境、分发渠道、审核规则等因素影响，开发和验证一款移动应用往往比网站的成本更高，周期更久。一个新鲜出炉的产品构想，从着手开发到正式上线，短则只需几天，长则可达数月，过程中可能受到来自内外部的干扰因素，影响发布进度。有没有更巧妙的办法，快速地在移动平台上验证产品构想呢？其实，使用微信公众平台开发最小化可行产品就是一种不错的方式。

在此先简单介绍一下微信公众平台的交互原理。用户在自己的移动设备上安装了微信，关注公众号并发送某种类型的消息（图片、文字、地理位置等）请求后，这一请求经由微信服务器的处理，转换成特定格式的转发请求，传递到开发者自定义的后台处理服务器上（执行一个 PHP 脚本），开发者可在此阶段进行天马行空的发挥，如根据地理位置推送当地天气、根据文字推送固定客服回复；处理完毕的响应信息传回给微信服务器，再经由微信服务器处理成转发响应，最终传递回用户移动设备的微信界面上，以图片、文字或图文的形式显示出来。简单地说，微信公众账号承担了连接输入/输出方的“二传手”的作用，由它来统一获取用户的行为，并给出相应的服务器反应。

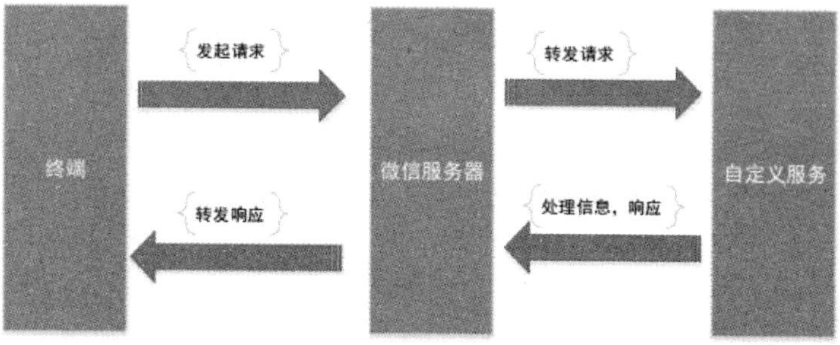

微信公众平台的开发基本交互原理，图片来源：停留的风

之所以推荐用微信公众平台开发移动端的最小化可行产品，原因如下。

1. 开发成本低。微信公众平台的开发者模式，允许开发者通过开放的接口接入自己的服务器，响应公众号粉丝的输入。掌握 PHP、HTML5 等网站开发知识就能够实现各种媲美原生应用的酷炫交互功能。你也完全可以将设计精美应用界面的时间省下来，用微信聊天窗口里一来一回的简单问答作为基础互动。相比动辄数万元的应用开发，成本可压缩在十分之一到五分之一。

2. 无须适配。移动平台的适配是开发过程中绕不开的恼人障碍，某些碎片化平台的适配工作甚至可能占到研发工作量的 40%以上。而依托于微信，则可将这部分工作量完全省去（或者说由微信的研发工程师代劳了），无需在意某些特定机型的用户无法使用。

3. 分发方便。引导用户去特定市场，下载动辄几 MB 的应用安装，并完成一长串的注册登录流程，这会让你的潜在用户望而生畏。在微信公众平台内建一个 MVP，则几乎省去了这块成本，无安装门槛，推广成本也极低。此外，维护微信平台的功能如同维护网站，可以随时上线、下线，不需要让用户下载升级安装包。

4. 便于收集反馈。微信本身就是个沟通工具，你可以明确地知道每个用户的身份，查询他们的互动记录。用户也习惯于直接以对话的方式提交意见，这比要求用户去应用内的反馈模块或是专门撰写一封电子邮件更加高效。

5. 数据得以沉淀。通过微信公众平台开发 MVP，获得的初期数据信息是可以提交到自己的服务器上的，不会随着 MVP 的废弃而不再具备效用。换句话说，微信内的数据与日后开发的应用数据是能够复用和互通的。这比一般的静态 MVP 更有长效价值。

下面我们来看一些用微信公众平台进行 MVP 验证的案例。

聚美优品的移动开发团队在探索如何实现“陪用户一起变美”的目标时，其中一个备选方案叫“女神进化史”，即鼓励用户分享自己变美前后的对比照片给大家看，并且这些上传的照片可以按照热度排序。这是一个听上去颇有噱头的想法，但实现该方案需要投入开发、推广、运营团队的人力，还得找到一批愿意晒照片的高质量女性来解决冷启动。经过讨论，团队决定先开发 MVP 验证创意是否可行。他们利用聚美优品的微信公众账号发布了一篇文章，内容是“女神”变美前后的照片和方法，文末鼓励广大粉丝参与分享自己的照片并附上活动详情链接。经过观测，事实很残酷，虽然有 22.51%的人对这篇文章感兴趣，但没有人点击链接查看活动细则，更别提参与和传播了。这次失败的尝试让聚美优品团队认识到：女性用户对这类分享“女神”照片的活动兴趣不大，或许她们并不愿意晒出自己真正的丑照。最终这个方案作罢，团队并没有把宝贵的资源投入在一个不靠谱的方向上。

参与此类晒照活动意愿最强的用户通常都是真正意义上的“女神”

“悠泊”是一家致力于解决大街上停车难问题的代客泊车服务，在将产品构想落实成移动应用之前，他们花费了一周时间开发出了微信上的 MVP，以此来验证一个基本假设：用户是否愿意把自己的车托付给别人？

悠泊 VIP 停车服务

悠泊在早期 MVP 版本中共提供了四个基本功能：“一键停车”、“我要取车”、“查看车辆状态”以及“绑定手机”号。开发完成后的第一周，他们没有向外推，而是邀请了公司内部和邻居公司的所有有车一族来体验。这个版本被他们自己戏称为“产检”版。通过一周时间收集和处理这批种子用户的反馈，产品得到了优化。第二周，他们决定举着印有微信公众号二维码的牌子到附近特别堵车的医院门口去招揽真实用户试用。结果，第一天就在朝阳医院门口接到了 10 个订单。在这场线下推广中，微信成功地扮演了简易入口的角色：几乎人人都安装，个个会扫码，关注一个服务号的操作成本近乎为零。

通过微信的快速验证，客户群体的特征渐渐显现：开 30 万以上车型的用户占比很高，约为 70%。令悠泊团队喜出望外的是，这些早期用户们普遍反馈很好，都希望类似的服务能够常驻医院门口，以消除他们开车来医院的“停车恐惧症”。直到这一阶段，悠泊才正式将微信上的 MVP 开发成了原生的 iPhone 原生应用。

悠泊地推团队在医院附近举牌宣传微信公众号二维码

微信“产检”版　　微信正式版　　悠泊原生iPhone APP

悠泊产品从微信“产检”版进化为 iPhone 原生应用的界面轨迹

回顾用微信做 MVP 的策略，悠泊团队事后也总结出一些值得关注的问题。

首先，当初为了追求实现速度，牺牲了产品的拓展性。如果当初多花一些时间设计通用的架构和 API，那么到后面再做原生应用的时候能够减少很多返工时间。

其次，微信的地理定位准确度受到不同机型和网络的影响，一旦出现偏差会影响到服务品质。小团队没法像滴滴打车那样获得来自平台官方的应用级支持，这就需要在订单确认和服务沟通上下功夫。

最后，在项目运行期间出现了服务器突然宕机的紧急情况。由于悠泊使用的DNSPod有DNS轮查，于是他们迅速购入一台新服务器作为另一个节点，前端用DNS轮查将用户分配到不同的服务器上，实时监控不可用节点进行解析重定向和MySQL分布式处理，最终才有惊无险地维持住了服务的可用性。

悠泊的联合创始人赵珏映认为，如果当时没有把激烈的讨论付诸行动，通过微信开发的MVP来快速验证，那么悠泊今天不会健康地“顺产”出来。当你纠结一个产品是否能被市场接受的时候，可以尝试跳出“一定要做个应用”的思路，采用现在已经存在的轮子，为自己抢来一些时间和先机。

MVP的三大必备模块

如果问开发一个MVP必须具备哪些模块，那么我会不假思索地告诉你：除了待验证的基本功能外，反馈渠道、公告看板、自动升级和使用行为统计这四件事必须纳入考量。

1．反馈渠道：请尽可能为你的MVP用户提供产品内部的反馈机制（如网站顶部的留言板入口、移动应用中的提交反馈页面），而不仅是在产品体外设置独立的反馈渠道（如微博、微信、QQ）。用户希望在遇到问题的那一刻尽快将自己的疑惑、惊诧与愤懑传递给开发团队。这些最终采取了行动的少数派用户，极有可能出于两种初衷：第一，他们的确遇到了棘手的麻烦；第二，他们真的是你产品的忠实粉丝，以苛求的眼光审视任何一个不完美的细节，热忱地为团队带来改善意见。无论遇到哪一种，都决不能令其失望，倘若反馈渠道的门槛过高，会令他们望而生畏，提反馈的冲动也随之烟消云散。

2．官方公告：包括群体公告和针对单个用户的定向消息通道。公告看板的目的是向用户传递来自产品官方的声音，包括团队动态、运营公示、反馈回复，以及应对突发情况的紧急通知和危机公关等。对于网站而言，公告看板的具体实现形式可以是首页的一条醒目的横幅、个人中心的系统消息或是群发的邮件，而客户端及移动应用内的公告则可能更加醒目，如能够轻易占据用户注意力的推送通知（Push Notification）。并非每个用户都有看公告的习惯，然而对于试图主动了解官方信息的用户而言，找到入口的方式必须简单易行。

3. 自动升级：网站的优势是随时部署，用户打开浏览器看到的永远是最新的内容。相比之下，客户端和移动应用的用户是经过漫长的链条转化而来的。如果用户每次获取新版本都要再一次经历手动搜索、下载和安装的过程，许多偷懒的用户宁愿选择继续维持在老版本，而最终看不到我们呕心沥血迭代出的升级版。这与我们快速迭代的开发策略背道而驰。最佳策略是在产品启动时提示用户有可用的新版本，当用户确认升级后，通过内置的下载模块在后台完成更新，整个过程无需用户介入，而是“傻瓜式”地完成。

笔者曾参与开发“云诺网盘”的 iOS 客户端任务。当时我们的团队过于专注于产品核心功能的实现，而忽略了加入用户反馈的收集模块、推送通知提醒和自动升级提示。这一疏漏对日后新版本的推广造成了麻烦：当 iOS 客户端配合网站改版完成一次重大迭代后，我们几乎无法告知这批 iOS 用户前去升级，只能眼巴巴地盼着他们上门来发现更新的消息。无奈之下，我们尝试向所有填写了联系邮箱的用户发送邮件，但到达率有限，后台数据显示的升级率依然非常低。这个前期隐患导致的后续影响是，在相当长的一段时间内，我们不得不维持旧版的应用接口，向下兼容用户的数据格式，并耗费大量额外经历保证新老用户体验的一致性。

之后在参与动漫阅读应用“高能贩”的开发中，我们吸取了教训，在最小化可用产品阶段就植入了这三大模块：在“关于”页面加入了“意见反馈”的入口；在代码里接入了友盟的推送通知和自动升级组件。于是在产品以周为单位快速迭代的早期阶段，新版本分发到大部分活跃用户手中通常只需要两到三天。这有助于让我们极早判断新版本是否稳定可靠，以及不同版本改动对用户行为数据的影响。

除了上述提到的模块之外，针对不同用户设置不同的后台功能开关，进行新功能的灰度发布，也是避免失败的一种方式。腾讯微信有一套动态运营的完整方法论，设计有大量的后台开关，每次完成新功能时，总是先让一小部分用户先使用，待效果好再放大受众范围，效果不好则折叠甚至删除。运行下来发现，大约有 70%的想法最终未能通过市场的检验，真正让所有用户看到的功能可能不到 30%。同样地，后台开关设计还能运用于提交市场审核时避免不必要的意外挫折，如暂时屏蔽掉可能带来审核麻烦的敏感版块。

2.6 产品早期是否需要适配新的平台环境

本着精益创业、快速迭代的交付理念，许多团队在选择开发技术和适配的平台环境时，会优先选择较为成熟的现成方案，而不是重复发明轮子，冒做第一个吃螃蟹人的风险。这固然是一种保守稳健的打法。但还有一种与此相反的论调，认为创业者应尽早适配新的平台环境，以获得来自平台方的特殊扶持，如首发推荐（以印象笔记为代表的一批优秀产品就一直采用这种策略）。两种策略的取舍因人而异。后者意味着需要担负一定的试错成本，通常更适于对技术风向判断独到且有一定研发能力的团队。

在“产品早期是否需要适配新的平台环境”这个问题上，笔者曾亲身经历下面的案例。

2014 年 9 月末的某天中午，与往常一样我与同事下楼吃饭，路过商业街的中庭广场，发现一家新推出的应用正在做线下推广。凑上前一瞧，这是一款做 O2O 餐饮服务优惠券的产品，名叫“多啦口袋”。它主打“合买”的概念，越多人订购就越能享受低价。现场准备了无线 Wi-Fi，只要下载了他们的应用，通过社交网络注册成功之后，就能在现场展台领取纪念奖品。作为一枚爱尝鲜的“好奇宝宝”，我不但自己第一时间下载安装了这款应用，也怂恿身边的同事纷纷尝试。大家按部就班地走完注册流程，领回各自的手机链、防尘塞小礼品。试用中，有人发现附近有家奶茶店的优惠券特别便宜，只要支付 1 元钱就能兑换价值 24 元的奶茶一杯，于是我们四个人当场决定合买。整个移动支付流程还算顺畅，合买获得的优惠券很快出现在我们的个人账号页面内。四人来到奶茶店柜台前，掏出手机，打开订单页面，点击购得的优惠券，按下“使用”按钮。结果悲剧出现了，四人无一例外地出现了应用崩溃，经多次尝试，问题重现率为 100%。奶茶店的伙计见状也只能干着急，因为根据规定，如果无法在移动端成功提交数据，那么他们也就不能提供兑换。本着不到黄河不死心的较真态度，我拨通了印在柜台机器上的客服电话，联络了该应用的团队。向接电话的产品经理阐明情况后，问题最终得到定位——原来我们这四位同事的 iPhone 不约而同都升级了苹果前不久刚发布的 iOS 8 操作系统，这个崩溃问题只在 iOS 8 下出现，在市场上绝大部分尚未升级的 iOS 7 手机上并没有，所以他们也就没有重视。

这是一起严重的产品事故。付费推广获得的用户，在首次体验产品流程时，卡死在最终的转化环节，用户付了钱却无法享受到相应的服务。那些像我们一样，因地发生兴趣继而立即尝试的人，往往是一群敢冒险、爱尝鲜的种子用户。这些人会第一时间试用各种新版产品、升级操作系统、更新运行环境。如果新上线的产品着力于对这批尝鲜者进行测试推广，却没跟上他们升级的步伐、对新平台进行适当测试和优化，则极有可能发现产品与系统环境造成冲突，或与其他产品不兼容，影响使用体验，让前期的辛苦准备付诸东流。

复盘这个案例，有几件事本可以做得更好：一、先优化产品，待核心流程在目标人群的主流运行环境中跑通，再公开发布；二、对可能造成严重影响的问题，事先通知用户，降低预期，减小因心理落差造成的不满；三、提前准备补救措施（特别是这种涉及付费的产品）和公关说辞，降低用户怨气，弥补经济损失，甚至可以给予一定奖励；四、在产品中设置方便的反馈渠道。

2.7 “行胜于言”的用户调研

在探寻 PMF 的过程中，直接面对面访谈或发布在线调研问卷固然十分重要，但切不可当成产品决策的唯一依据。有时候用户看似坦率而真诚的意见并不完全体现他们内心的真实想法和需求，极可能是受到了测试环境、提问方式、个人利益或其他干扰因素的影响。

试想，若你询问某个被调研者：假设我们的收费功能，由每月 18 元涨到每月 20 元，你是否还会继续付费？一部分人定会不假思索地表示，价格的上涨绝对会令他们抵触。但如果观察产品的实际统计数据，你就会发现调价后总收入并无太大差异，原来愿意付费的人照旧付费，而原本还在犹豫不决的人会因价格上涨而坚信“一分钱一分货”转化成付费用户。很显然，被调研者在回答时带有一定的倾向性，他们只是单纯地不希望你涨价，这并不代表他们缺少这份购买力和意愿。还有些时候，你雄心万丈地公布一堆开发计划，还没发布就受到用户们的强烈期待，但当功能实际开发完毕上线后，却发现鲜少有人会真正用到——既然是免费的，人们总是希望得到的越多越好，不管实际上是不是真的需要。

以笔者曾参与的社交应用项目“追 TA”为例讲述用户调研的重要性。

像很多其他移动社交产品一样，追 TA 具有点对点的聊天机制，以及消息已读或未读状态的标记。对普通女性用户而言，偶尔收到来自异性的搭讪并无不妥。但对于那些“女神”（至少从头像和基本资料来看给人这样的第一印象）而言，每天收到的搭讪如雪片一般从天而降，经常塞爆屏幕，根本无暇一一回复。为此我们计划在新版本中加入“一键标为已读”按钮，也找来两位身边的女性朋友征询意见，回答自然是支持的——谁也不想整天被一大群陌生人骚扰。但当“一键标为已读”上线后，使用频度远低于预期，这让我们非常纳闷，反复确认这不是 Bug 造成的。在后来召集的一次典型用户群访中，我们邀请到6位关系亲密的闺蜜，观察她们的正常操作情况，结合提问，终于悟出了原因所在。原来，女性往往有自己的小圈子，私下会交流情感动态、淘宝美妆之类的话题。有时闺蜜之间会为了炫耀自己的异性缘，故作抱怨地指着手机屏幕上大堆的未读消息，感叹最近频受骚扰，煞为头痛，并借此享受来自闺蜜的艳羡目光。于是之前困扰我们的谜团得以解开：比起防骚扰的需求，向他人炫耀自己魅力的需求优先级更高。

另一则类似的例子是在设计注册页面时，几乎100%的被调研者都认为用户资料的真实性非常重要。为了净化应用内的生态环境，大家普遍愿意在首次使用时强制填写详尽的个人信息。结果可想而知，当人们尚未建立起对产品的第一印象、无法放心地将交托信任前，一上来便妄图让其填写个人资料（有些还相对私密），只会造成恐慌与怀疑，吓退人们。更聪明的方案是设法先让用户匿名“玩”起来，在经过一阵摸索与熟悉后，逐步引导用户留下真实信息，提高互动质量。

用户说了什么固然重要，但更多心思应当花在分析他们做了什么。这就像是你询问100个人是否愿意为了健康而去健身房锻炼，有99个人会予以肯定的答复，但当真到了要掏钱的时候，他们就会畏首畏尾；即便真的花钱办了健身房的会员卡，最后能坚持下来的人也寥寥无几。避免被用户口头意见带到沟里的另一种方法是，不要问他们喜欢什么，而是看他们是否愿意为某项功能付费。一般而言，产生付费意愿需要经过更多的思想斗争。如果需要真金白银的付出，仍然没有阻挡住他们使用的热情，那么这部分用户意见的权重就要高于那些“动口不动手”的免费评论家们。付费的过程增进了用户与产品团队之间的关系，他们会觉得有责任提出自己期望的功能与使用建议，开始更加“认真”地使用你的产品。这也许就是某些产品敢于理直气壮地向免费用户说不的原因之一吧。

第3章
获取用户

“在现代商业世界里，当一个才华横溢的创造者是没用的，除非你能同时把你创造的东西推销出去。”

——大卫·奥格威

3.1 筛选你的种子用户

种子用户与冷启动

我知道有些读者朋友拿到本书后会立刻翻到这里，因为实在太渴望获取用户了。不过在此我还是建议你先翻回上一章，确保你的产品达到 PMF 状态。如果你已经顺利地挺过了这个环节，千辛万苦验证出商业模式可行，产品方向有增长的潜力，那么再接着读下去。

让我们先来谈谈“冷启动”。“冷启动”原本是数据挖掘领域的一个专业术语，运用到产品运营中，指在产品之初尚未形成完善的生态体系并能提供足够多可消费内容的情况下，从零开始导入第一批用户和制造内容的过程。选择高质量的早期用户加入和建立充足的数据沉淀，将可作为引燃产品持续增长的燎原之火，为日后发展奠定良好基础。而一旦冷启动解决不好，很可能埋下后续运营的隐患。在大公司中做产品，鲜少有冷启动的烦恼。这是因为大公司牢牢把持着互联网最核心的渠道资源，拥有较强的线上线下整合能力，掌握了海量的一手用户数据和接触渠道。一款新产品上线之后，只需要找准想要推送的用户群并占据曝光量足够大的广告位，就能迅速让产品在目标用户中铺开。从这个层面讲，在大公司担任产品职位是幸福的，自己的作品将分发到海量用户手中，烙上“国民级”的印记。

但对于缺钱、缺人、缺资源的中小型创业团队而言，冷启动就没那么容易了。去哪里寻找第一批吃螃蟹的人呢？在高质量的用户和高质量的内容之间，究竟应当先有鸡还是先有蛋？这就要考验我们寻找“种子用户”（Seed Users）的能力了。之所以称为种子用户，大抵包括以下三层含义：第一，这批人数量少，获取不易；第二，他们进入产品的阶段较早；第三，种子用户如同种子一样孕育着希望，具有成长为参天大树的可能性。早期种子用户的质量将决定产品初期的氛围、运营走向，影响产品日后的发展策略。早期用户选得不够精准，可能会影响产品发展的速度和路径。他们应当是你精挑细选登上产品这艘诺亚方舟的客人，一路上伴随你迎战风浪，挺过创业初期的阴风晦雨，共赴柳暗花明的崭新未来。

在互联网产品筛选种子用户的案例中，Facebook 的做法广为人知。这家起源于哈佛大学校园的全球最大社交网站，在上线之初仅对常青藤大学的学生开放，随后逐渐向附近学校乃至全美、全世界拓展。这一聪明的策略帮助其在初期积累了大量的高质量种子用户，也勾起了外部世界融入这个精英社交圈的兴趣，为日后向普罗大众扩张奠定了牢靠的基础。

在面向大众的社交产品中，高质量的女性往往是重要的种子用户群体。微信的张小龙曾经说过：如果你不了解女性，你将失去一半以上的用户（在他的推荐书单中包含《女性的起源》这样专门从进化学角度探讨女性的著作）。对于女性用户而言，营造良好的社区氛围，能使她们获得安全感与归属感，因此更加愿意展示自我，不吝与其他人的交流互动。而活跃的女性用户群体，则能激发带动更多的男性用户涌入进来，参与社区另一半的构建。于是社交生态就这样建立了起来。有的交友产品深谙此中之道，还会专门深入艺术高校花钱雇佣美女们来使用产品，希望通过打美女牌带给其他新用户们良好的第一印象。

在号称“得屌丝者得天下的”互联网行业，知乎早期的发展策略走的是反其道而行之的精英路线。它采用了严格的邀请和审核机制，李开复、徐小平、雷军等互联网大佬和一批投资圈、媒体圈的从业者成为了它的种子用户。这从根源上奠定了知乎的调性，也使它在圈内迅速成为话题产品，一码难求。有幸受邀加入知乎的用户们谨言慎行，创造了一批高质量的内容。

知乎早期不提供开放注册，只有受邀者才能登录访问

动漫爱好者的聚集地——哔哩哔哩弹幕视频网为了过滤出高质量的早期内容贡献者，维持社区的健康生态，采用了一套答题机制来拦截不够“资深”的动漫爱好者，滤出真正了解和热爱动漫作品的达人。每次系统会随机从题库中抽选出 100 道题，这些题目颇有一定难度，想要答对 60 道题从而晋级绝非易事。

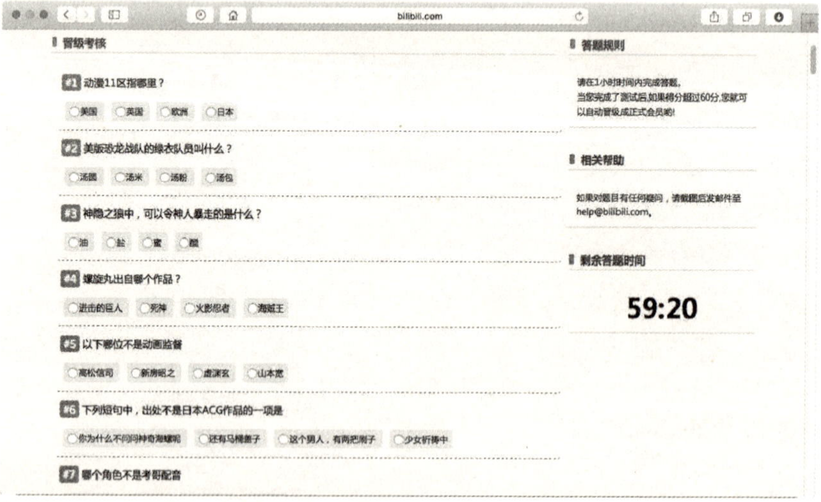

哔哩哔哩弹幕视频网的 100 道题晋级考核

小米公司早在自家手机推出前，就通过发布 MIUI 积累到一批种子用户。当时小米的做法是从竞品的网站精心筛选并主动邀请来一批人，请他们试用仍在不断完善中的 MIUI，听取反馈意见，并将他们留在自家的论坛里。2010 年 8 月 16 日，MIUI 第一版内测正式开启时，小米特地将这 100 个种子用户的 ID 写到了开机画面上以表达谢意。这 100 个用户被小米亲切地称为“100 个梦想的赞助商”，还以此为题材专门拍摄了微电影。

小米“100 个梦想赞助商”开机画面

警惕“产品蝗虫”

产品早期用户不都是的“种子用户”，也可能是“产品蝗虫”。所谓产品蝗虫，是指那些产品目标用户以外的围观群体，他们往往并非冲着满足自身需求来使用你的产品，而只是单纯好奇的观光客、寻找项目的投资人或是来做竞品调研的产品经理。

你可能有过如下经历：一款针对女性的产品，在发布初期注册的都是大老爷们；新上线的评论系统功能丰富，却看到一堆人拿它来发“test”、“呵呵”、“试一下发帖”；需要邀请码才能注册的网站，后台日志里一半的 IP 来自竞争对手公司内网……如果雾里看花，不仔细甄别这些产品蝗虫的存在，那么可能会误判产品发展势头，导致以下后果。

首先，他们占用了原本属于目标用户的名额。如果你的产品采用邀请机制，但目标人群的传播能力很弱，反倒是一天到晚挂在网上的产品蝗虫在第一时间把手头的邀请码扩散给其他同业者，那么邀请就成了一种排斥目标用户的阻碍。

其次，他们会对社区生态造成伤害。以女性社区为例，原本希望闺蜜之间踊跃上传美妆自拍 、交流扮靓心得，结果捧场的都是大老爷们，回复内容尽是“求交往”、“能不能留个微信呀”、“MM 你真漂亮有没有男朋友”，势必会让女性感觉受到骚扰，不敢再轻易发表任何内容，或者直接转身离开。

再次，他们喜欢提意见，且言必称“用户体验”。有些产品蝗虫，由于不了解项目规划的背景、意图、战略规划和实际困难，会对一些细枝末节横加指点，侃侃而谈。他们不去试图分析产品的方向和价值在哪里，而对一个当下可能并不那么重要的细节紧抠不放，甚至会抛出“这个按钮如果不用红色根本没人会看见”、“要是不给我标签功能我就不用你们产品了”这样的意见。

最后，他们的行为也会对产品决策产生误导。混杂在真实用户之中的产品蝗虫，会干扰产品行为数据统计的准确性，聆听他们的错误反馈会令产品日后的发展方向陷入尴尬的境地。

3.2 从最笨的事情做起

对增长黑客而言，能巧取捷径“抄快车道”固然爽快，但这也绝非常态，更多时候则要求创业者们沉下心来走近用户，完成一件件看上去费力又缓慢的“脏活累活”。那些在起步阶段稳扎稳打奠定下坚实基础的创业公司，通常都极其重视对早期用户的深耕细作。他们深谙“磨刀不误砍柴工”的道理，并不惧怕一步一个脚印地从最笨的事情做起，而是力争在这个阶段不断刷新对用户的理解。

在创立聚美优品之前，三位联合创始人先后尝试过游戏广告和团购项目。在业务不见起色、天使投资捉襟见肘的低谷中，三人一拍大腿，决定切入女性电商，从化妆品中谋求生存的机会。他们用两天时间迅速设计了新标志，把网站雏形搭建起来。由于没有预算邀请达人来参与宣传，更无法砸钱大规模地搞市场营销，于是几个做互联网的大老爷们开始自己研究起化妆品的使用心得。创始人戴雨森在人人网上注册了一个女性马甲，伪装成具有多年BB霜使用经验的美妆达人，写了一篇软文告诉大家BB霜是什么，有多少种，如何判别优劣及选购等。这篇文章获得了几十万次阅读。当时顺着文末推广链接一路找来的顾客，为他们贡献了几十万的销售额。

聚美优品创始人陈欧和戴雨森

女人是视觉性的动物。那时候，其他的化妆品网站依靠供应商资源的强势，从价格上打压对手，忽略了网站的用户体验，许多宣传图既不清晰也不真实。为了激发网站访客的购买欲，聚美优品的几位创始人在办公室里单独辟出了一个工位，架起白色的隔板，把所有的化妆品摆在这个简易的"摄影棚"中，一件一件用照相机拍摄下来，并在电脑中精细修图，才传到页面上，配合口语化的商品描述，营造出一种值得推荐的品质感。

作为被美国著名创业孵化器Y Combinator孵化的第一家中国团队，Strikingly能帮助用户简单快速地创建美观、适应移动端网站的在线工具。在产品上线之初，Strikingly并不急于铺开大范围的推广，而是专注于找到一百个"超级粉丝"，做出他们真正热爱的产品。筛选超级粉丝的方法很简单，就是一个个询问用户：如果明天没有Strikingly的产品了，你的感觉会如何？如果有用户回答称自己的工作或生活将受到很大影响，并且愿意通过付费等方式让网站维持下去，这个人就是超级粉丝。

为此Strikingly寻访了公司周围所有的学校社团和创业公司，邀请他们用自己的产品。创始人David Chen在Facebook上添加了2000多名用户，每天泡在Facebook上和他们聊天，聆听产品反馈。有时候，他们也会邀请用户出来喝茶聊天，成为生活中的挚友。在一次出席东京的演讲时，David索性住到了用户的家里，并在那里举办了第一个“超级粉丝”的聚会。这些超级用户不但在产品初期贡献了许多宝贵意见，还把产品主动介绍给其他人，甚至尽责地顶替客服团队解答他人在使用中的困扰。这一切让前期付出大量精力在用户关系维护上的 Strikingly 团队成员们极为感动。

Strikingly 的 David Chen 与东京的“超级粉丝”们在天台合照

网易旗下的有道云笔记，在推出协作版产品时首先拉来公司内部的 50 个员工每天高强度使用，不断提需求和反馈问题。在产品形态初见端倪后，他们又发布了小范围使用版，邀请来近百位意见领袖和旧版本的核心用户体验。随后的公测版正式对外发布阶段，有道云协作团队制作了一个审核流程严格的内测邀请页面，通过论坛和邮件抛出橄榄枝，一天之内收到了 14000 多个参与测试的请求。所有获得邀请的用户在专门搭建的反馈协作群里提问质询，接受产品经理和技术人员的实时回复解答。这批种子用户后来成为了有道云协作的义务推广员，就连骨灰级的竞品用户最后也纷纷选择倒戈。

有道云笔记团队合照

同样从“笨”办法做起的还有国外的共享经济代表——从事房屋出租服务的Airbnb。2009年时，他们每周的营收仅为200美元，公司的发展遭遇瓶颈。创始人一一翻阅网站上房源的配图，发现那些随便用手机拍出来的照片根本不具有什么吸引力，难怪顾客不愿意买单。他们试着向房东传达照片质量的重要性，也曾想过做一个拍照的教学手册来帮助房东们提升拍照水平，但都不太奏效。最后，他们索性租了一台昂贵的相机，挨家挨户上门去帮房东拍照，替他们把挂在网站上的旧照片更换成漂亮的新照片。一周之后，效果立竿见影，网站的营收立刻从200美元上涨到了400美元。

Airbnb上展示的房间照片给访客以美的感受

走访和了解用户，掌握真实需求，是一件复杂困难的事情。就像1000个人心中有1000个哈姆雷特一样，不同人对产品的需求和评判标准不尽相同。从最笨的事情做起的过程，同时也是走进用户内心的过程。将用户视作活生生的个体，通过面对面的沟通，吸纳意见并获得鼓舞，帮助许多初创公司走过了从零开始举步维艰的阶段。

3.3 社交红利：蕴藏在开放平台下的流量矿藏

如何从社交网络获取海量用户

2013年8月，曾经开发出风靡全国的社交游戏——开心农场的五分钟公司，正式断开了该游戏与人人网的服务器连接。至此这款生命周期长达五年半的页游宣告终结，不少曾经设定闹钟凌晨爬起来陪家人同事偷菜的老玩家们，纷纷在网上留言，怀念当年一起疯狂的日子。

作为一款曾经为开心网带来惊人流量的游戏，开心农场曾在 2008 年 4 月发布的半年内，累计贡献了超过 600 万注册用户。凭借“朋友买卖”、“抢车位”等游戏，开心网获得了爆发式增长，在学生与白领中渗透尤其迅猛。

几乎在同一时点，大洋彼岸的另一家游戏公司 Zynga 凭借与 Facebook 的深度整合，取得了同样值得瞩目的成就。这是一家创建于 2007 年 7 月的公司，总部位于旧金山 Potrero Hill 附近的 Chip Factory。有过三次惨痛失败创业经历、曾遭遇过将近 20 个项目失败的马克·平卡斯（Mark Pincus），以自己的斗牛犬为新公司命名。这一次重新起航，他敏锐嗅到了一个月前 Facebook 在 F8 大会上公布的开放平台计划的潜在机会，并且孤注一掷地将赌注押在了自身业务与平台的整合上。

Zynga 的创始人马克·平卡斯

Zynga 相继发布了德州扑克、黑帮战争、美版开心农场、好友填字等社交游戏。开心农场上线一周后活跃用户达到 270 万人，随后的城堡小镇将纪录刷新至 500 万人，而前线小镇更是在 2010 年 6 月 9 日发布后的大约五周时间里，将活跃用户数拉升至了 2000 万人。这一款又一款旗舰产品不仅占据了超过一半的 Facebook 游戏用户，最夸张的时候甚至霸占了热门游戏排行榜前 10 名中的 9 个席位。在获得首轮融资的 2008 至 2011 年间，Zynga 的营收增长了 58 倍，年化增长率达 177%，月均活跃用户从 2009 年三季度的 0.99 亿人增长至 2012 年 5 月的 2.65 亿人，日收入轻松突破千万美元。随后顺理成章地上市，使之步入平视 EA、动视等游戏巨头的行列。

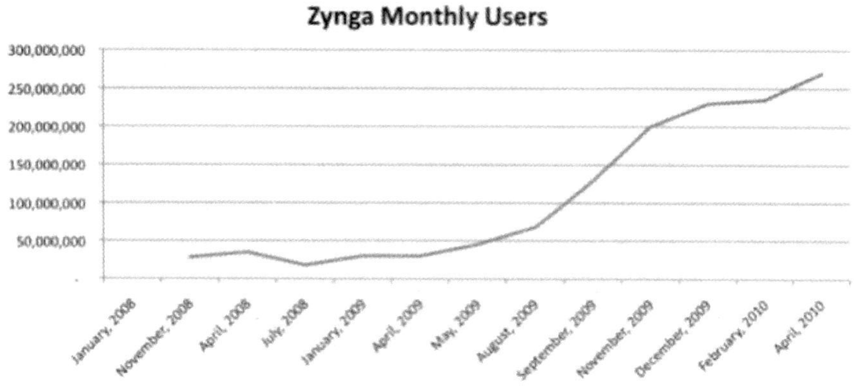

科技评论者 Steven Carpenter 绘制的 Zynga 月活跃用户增长曲线

不同于传统的页游，Zynga 发布的游戏并不注重输赢的竞技性，而将重点放在“人际互动”和“关系传导”。它们从一开始就是奔着尽可能地从平台上获取用户的目标而去。这使它与 Facebook 的关系如同共生体，只需很小的前期投入就能享受充分的流量红利，但同时对平台的依赖度也极高。

在 Zynga 旗下的一款名叫“咖啡世界”的游戏中，由玩家扮演的老板既可以通过花钱购买广告宣传，也能够通过免费向好友派发食物而将一间小餐馆发展成深受欢迎的大饭店；在开心农场中，玩家操作自己穿着整洁的虚拟角色，在怀旧舒缓的美国乡村音乐里，与朋友们切磋种植作物的心得；在德州扑克里，每天有数百万人与他们的好友互动，享受一掷千金的快感；而在收购“你画我猜”后，人们在与朋友的涂鸦中乐此不疲，Zynga 整体的日活跃用户量一度飙涨了 25%。

所有这些游戏有一个共同点：邀请好友加入就能获得游戏中的虚拟货币或稀缺资源，这让点击一个简单的“邀请”按钮显得诱惑十足。而当新游戏上线时，Zynga 也会以现有的热门游戏来交叉推广。

Zynga 通过即时反馈的互动奖励、物品交换的自然流通，快速将自己的产品从种子用户辐射到了更广泛的人群中，从具有庞大用户基数的 Facebook 攫取了可观的用户量。凭借 Zynga 这样顶尖的游戏开发商加入，Facebook 活跃用户量激增，一年后全面超越 MySpace 成为了全球第一的社交网络。

Pincus 在一次采访中说道：“2007 年，当我们作为一家专门制作 Facebook 应用的公司时，所有人都在嘲笑我们。那时候我们的生死全都取决于 Facebook 所做的任何改变。”但伴随着 Facebook 的高速发展，Zynga 以急速火箭般的势头一飞冲天，这种从现成大平台上“薅羊毛”来为自己“织毛衣”的做法，让它成为了开放平台早期最大的受益者之一。

玩家在另一款典型 Zynga 风格的社交游戏《厨师城市》中扮演美食店主

与 Zynga 类似的还有全球最大的流媒体音乐服务之一的 Spotify。在 2011 年 F8 大会上，Facebook 宣布将与 Spotify 合作，后者的新增用户必须使用 Facebook 账号才能登录。这虽然让一部分用户感到不满，但却着实让 Spotify 在一周之内新增了 100 万用户，六周后更达到 400 万用户。此外，支付服务 Paypal 早期的用户增长也得益于与 eBay 的深度整合。

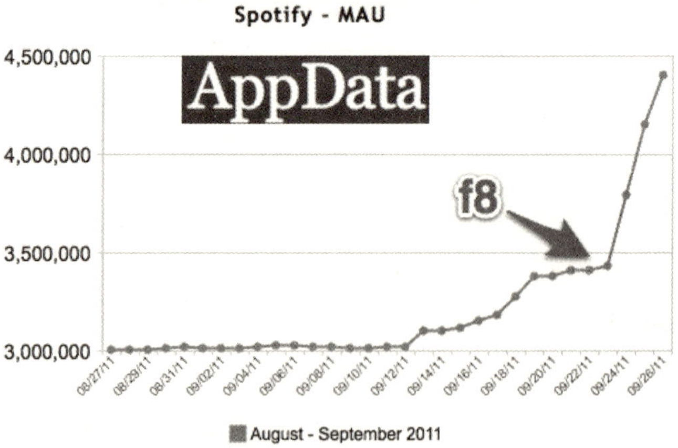

AppData 绘制的 Spotify 活跃用户曲线，在整合 Facebook 后增长明显

平台级的社会化网站，不仅为每一个鲜活的线下个体建立了赛博空间内对应的映射，同时也为人们创造了自我表达、情绪宣泄的出口，完成从“自我”到“本我”去伪存真的过程。人们在社交网络上花费的时间与日俱增，由此带来庞大活跃的用户量、成熟的关系链和丰富的行为数据，为初创公司获取目标用户创造了条件。

新浪微博开放平台的开发者页面

如果说 Web2.0 以前的早期互联网产品的成功很大程度上是依赖于对时机的把握和资本的投入，那么在今天许多横空出世的明星产品，则是选择先在社交网络引发热潮。看一个产品团队是否有经验、一款产品有无“明星相”，只要考察它的产品设计中是否加入了解决冷启动问题的社交传播机制，就能略知一二。

移动应用的分享与回流

移动互联网的爆发和开放平台向小屏幕的全面延伸，也为手机应用的创业者们带来了更多便利。

“啪啪”是前盛大边锋董事长兼总裁许朝军离职创业后，继轻博客“点点网”后推出的第二款产品，专攻手机上的图片+声音垂直社区。从上线伊始，啪啪就凭借充满话题性的名字、花样百出的运营活动和众多明星大腕驻场，赢得了年轻人的喜爱，仅半年时间用户便突破了千万人。

主打图片+声音的移动应用啪啪

啪啪得以迅速风靡的一个重要因素是成功引爆了社交网络。这背后是对早期账号体系和传播机制设计的深思熟虑。啪啪起初并没有提供独立的账号注册登录功能，必须用现成的第三方社交网络账号登录，如新浪微博和 QQ 账号。对此许朝军的解释是，第一，用户可以快速进入到产品中来；第二，用户记不得那么多的账号。其实，还有一个更重要的原因：在降低开发成本的同时，使用社交账号登录能让用户的每一个行为被更轻易地分享到社交网络平台中，引起回流。

2012 年年底，啪啪与腾讯 QQ 互联团队合作，接入了 QQ 登录，能够一键将有趣的内容分享到腾讯旗下的 QQ 空间和微博。数据显示，合作后的一个月内，啪啪为 QQ 空间、腾讯微博累积带来了总计 260 余万次内容输出和互动（包括 QQ 空间上的 60 万条同步分享、3.7 万条转发、67 万次喜欢，以及腾讯微博上的 58 万条同步分享、1.5 万条转发和 67 万次喜欢）。通过啪啪发布的内容在微博中的点击次数最高飙升到 200 万次，平均每个分享能带来 20 次播放，点击互动率相比平台上的其他内容高出 16 倍，下载转化率提升 3.8 倍。

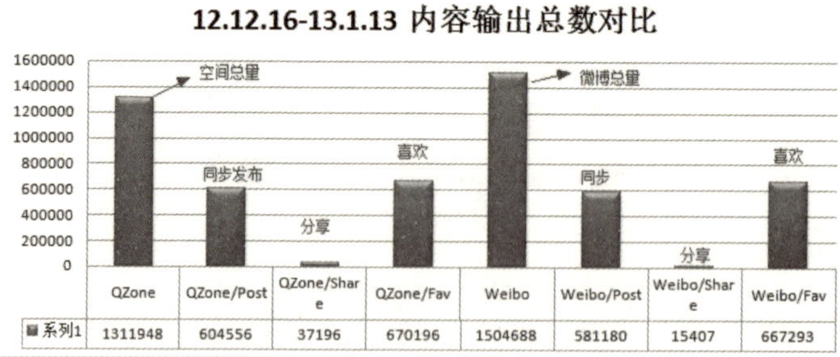

	QZone	QZone/Post	QZone/Share	QZone/Fav	Weibo	Weibo/Post	Weibo/Share	Weibo/Fav
系列1	1311948	604556	37196	670196	1504688	581180	15407	667293

啪啪为社交网络输出的内容贡献量，图片来源：徐志斌《社交红利》微信公众号

继啪啪之后，我们看到越来越多的早期产品选择暂时搁置设计独立账号体系的计划，而是选择以接入第三方社交网络平台的方式，深挖关系链的潜力。比如唱吧、抬

杠、美拍，这些应用都斩获了不菲的社交红利。

3.4 用数据抓取“借鸡下蛋”

人工采集和录入标准化的数据是一项耗时费力的工作。聪明的增长黑客自然能想到办法来一劳永逸，那就是数据抓取。实际上，很多产品在开创之初，都是先从照搬别人开始的。这样做的优势在于保证自己的产品与先发竞品在数据层面保持在同一水平线。但决定开始抓取前需要深思熟虑，防止侵犯他人权益。

2010 年 9 月底，微软正式宣布终结空间主页服务（Windows Live Spaces）。在国外，3000 万用户将被强制迁移到主流的独立博客服务平台 WordPress.com。而在国内，微软选择与新浪合作，计划在“十一”国庆假期后向用户提供官方迁移工具，将用户日志、图片、评论、朋友关系等无缝转至新浪博客。

消息公布后，网易博客反应迅速，立即抢在新浪行动之前宣布特别开启“一键搬家”的绿色通道，欢迎 Live Spaces 的用户选择网易博客安家。整个搬家操作只需两步：先输入原 Live Space 空间地址，再输入网易博客账号及密码，就能进入搬家程序，系统自动导入日志。

网易博客的搬家工具

其实这个功能早先一直存在，技术实现也并不复杂。基于通用的 RSS（Really Simple Syndication）标准，各家网站对外输出的博客内容能够轻易被别家抓取和解析。只是网易赶在这个时间节点对其进行了强化宣传，给寻求出路的微软空间主页用户带来了福音。

QQ 邮箱推出的第三方邮件代收功能，让用户只需一个统一入口就能收发国内外其他邮箱的邮件。它采用的也是国际通用的 SMTP、IMAP 和 POP3 邮件收发协议。

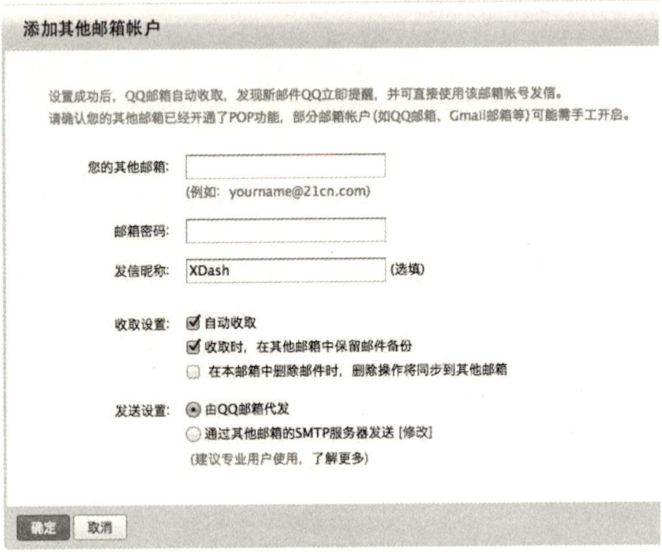

QQ 邮箱可添加其他邮箱账户代收

话说回来，如果没有现成的通用协议和 API，想做抓取可就得费一番脑筋了。

笔者曾经参与过一款移动交友产品“追 TA”，其基本玩法类似国外的 Tinder：向用户展示一张又一张附近异性的高清大图，如果用户对某异性产生好感，可以点“喜欢”按钮寻求配对。

为了推广产品，我们不但号召团队内部成员群起注册，更拉上了亲朋好友，这才好不容易在短短一两天内凑足了几十名种子用户。可实际使用过一圈后发现，这么多用户远远不够玩。为了让早期邀请进来的朋友有事可做，我们决定通过技术手段先从外部抓取一批照片，虚拟成真实用户的样子放到应用里。那么去哪里抓取照片呢？时尚网站都是帅哥美女，放进来显得太假，我们需要普通网民的头像，最好是素人素颜。测试过新浪微博、人人网和某婚恋网站后，我们发现这些网站可抓取的头像照片通常都小于 200x200，放在追 TA 里看起来太小，所以得要大图。

经过一番寻找，我们将目光锁定在了当时发展得如火如荼的某手机 K 歌应用上。在这款应用中，用户唱歌后可以将自己的作品发布到微博上，其他人点击链接就能到歌曲页面收听。而正是这个歌曲的发布页面，包含有一张 640x640 的用户头像大图，绝大多数都是真实头像。这正是我们想要的。

包含用户头像大图的待抓取页面

通过浏览器查看头像图片 URL，形如 http://aliimg.xxxapp.com/cache/photo/194402263_640_640.jpg。这一串链接结构非常清晰，很明显的是其中的 194402263 代表的是这个用户的唯一标识符。我们尝试更改 194402263 这一串数字，以探寻它的上边界和下边界，最终找到了在某一数字范围内，每次步距加 1，就会得到一张不同的用户头像。这些图片完全可通过浏览器或其他方式直接下载，没有做任何防盗链处理——简直就是为抓取而生。

万事齐备，马上开工。无须任何第三方工具，打开 Mac 的终端，输入如下指令：

```
curl -O http://aliimg.changba.com/cache/photo/[260929610- 26093
9610]_640_640.jpg
```

只见终端欢快地跑了起来，开始为我们下载用户标识符在 260929610 到 260939610 之间的这 10000 多张照片。

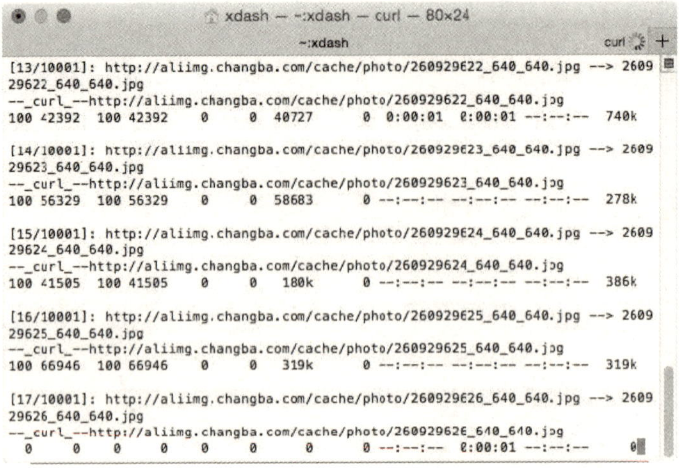

在 Mac 命令行下用 curl 命令抓取头像大图

抓取完成后，进入终端对应的当前路径，就能看到被抓取的照片了。

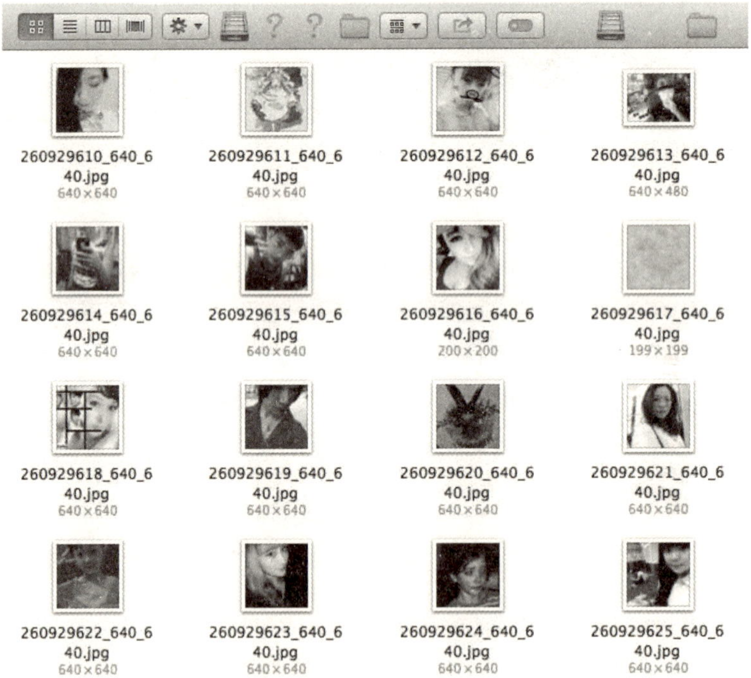

抓取获得的头像大图

当然，纯粹依靠机器自动抓取的照片，不一定全都可用，还是需要投入少量人工干预来遴选剔除。这个过程耗费了两名员工半天时间，但比起手动一张张找图凑够一万张，效率已大幅提升。

最终所有图片选定完毕，我们将这些抓取来的照片上传至服务器，虚拟成真实用户随机地分布到地图上，作为给种子用户体验试玩的测试数据，成功地延长了使用时长。当然，产品内部生态滚动起来之后，我们删除了这些假用户。

在这则案例中，使用的是最简单的命令行指令。如果你的抓取需求更复杂，还可以自行撰写脚本，或使用网上开源的第三方工具。再次提醒一下，敬请正确使用这些网络上的开放内容，尊重原作者及其相关版权方的权益。

3.5 内容营销：打造持续输出的传播引擎

讲用户爱听的故事

2012 年六月某天凌晨三点，在洛杉矶 UCLA 数学系的一个角落里，35 岁的克里斯·麦克金雷（Chris McKinlay）正聚精会神地盯着计算机屏幕，翘首期待收到来自 OkCupid 的新邮件。OkCupid 是一家约会网站，依靠收集用户信息来撮合配对，每个注册用户需要随机回答 350 道左右的问题，涵盖政治、宗教、家庭观、爱情观、喜欢的电影书籍等。系统会根据答案自动计算用户间的匹配程度，优先将合适的对象推荐出来。至今单身的麦克金雷是它的忠实用户。

不同于其他 4000 万美国本土用户的被动等待，身为数学家的 McKinlay 决定将 OkCupid 的算法挪为己用，用巧妙的方式主动吸引目标女性的注意。他申请了 12 个账户，胡乱填写了一堆资料，随后又编写了一个 Python 脚本，自动搜索网站上符合个人要求的 25 至 45 岁异性恋及双性恋女性，最终获得了一千多条数据。由于访问过于频繁，他的脚本遭到了 OkCupid 反作弊系统的屏蔽。于是麦克金雷又征得神经学家朋友萨姆·托里斯（Sam Torrisi）同意，在他的手机上安装了一个监控软件，根据监控获得的数据，重新编写了个程序自动模拟 Sam 的点击率和打击速度来欺骗 OkCupid。三周内，新脚本又收集到了数万个女性样本。

麦克金雷选择了贝尔实验室的 K-Modes 算法来给这些女人分类，2 万个来自洛杉矶的待选女性被自动分成了七组。为了进一步缩小目标的范围，他又写了个程序，自动在对方的主页留下脚印。这样，当姑娘们登录到 OkCupid 之后就会发现，有个速配指数超高的男人前来关注过自己，双方的互动交流就这样开始了。很快，麦克金雷的收件箱就被塞爆了，每天不停有美女主动前来问候闲聊。

最终，聪明而幸运的麦克金雷找到了人生的另一半，一位同样来自 UCLA 的美术专业硕士生。

这是一段技术宅用代码拯救自己人生的励志故事。麦克金雷将它写成了《最佳丘比特：掌握 OkCupid 背后的逻辑》一书，在亚马逊上收获了一边倒的好评。《时代》杂志、《商业周刊》、《连线》杂志和众多科技爱好者聚集的站点都进行了报道，网友们竞相转发热议。在谷歌中搜索"Chris McKinlay"的名字，有将近 40 万条结果。作为故事发生的主战场，OkCupid 也不失时机地帮忙叫卖这本书，保守估计其品牌也因此获得了数千万次曝光量。

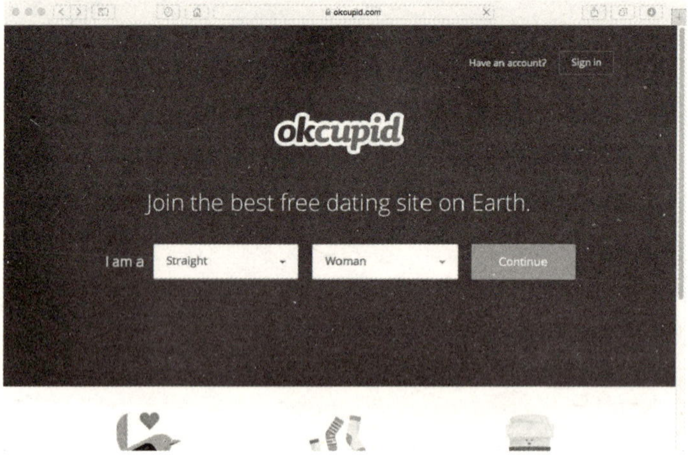

OkCupid 网站

在"内容为王"的眼球经济时代，争夺用户有限注意力的有效方法之一就是持续输出内容，依靠内容来渗透和维系，从而获得潜在用户的认可关注。一篇爆红网络的帖子、一段让人泪流满面的视频、一组被千万人疯转的图片，虽然创作成本不高，却能启动持续传播的引擎，有些甚至经久不衰。这就是所谓的"内容营销"，也是获取新增用户屡试不爽的长效手段。

根据美国内容营销协会（Content Marketing Institute）的定义，内容营销是"一种通过生产发布有价值的、与目标人群有关联的、持续性的内容来吸引目标人群，改变或强化目标人群的行为，以产生商业转化为目的的营销方式。"用有价值的、持续且相关的内容来满足用户需求或扫除烦恼，不仅保证了内容自身的传播力，也有助于培养受众对品牌的信任度和忠诚度。产品通过为用户持续性地生产高质量的内容，才能在用户心中建立权威。

上面提到的 OkCupid，就是一家善于制造内容来吸引用户的典型代表。从 2009 年创办伊始，创始人萨姆·亚根（Sam Yagan）就决心将自己与市场上现存的其他竞品（当时主要是 Match.com 和 eHarmoney）区别开来。他采用的策略是通过内容营销的方式，来“影响那些有影响力的人”（Influence the Influencers）。

网络上，老套的“约会小贴士”早已铺天盖地。亚根深谙网民心理，他创建了官方博客 OkTrends，长期创作和输出高质量、有趣且极具设计感的信息图表。在一篇名为《资料照片中的四大秘密》的帖子中，亚根用翔实的数据总结出露脸、微笑、女性胸部以上以及男性身着上衫的资料照片，更容易收获最佳的第一印象；在另一篇《你的长相与收件数量的关系》的文章里，作者以网友真实头像照片举例，揭示了一个血淋淋的真理：那些面容姣好的女性通常能获得 5 倍于普通面容女性、28 倍于中下面容女性的收件数量；而最为热门的一篇《美貌中的数学》，则更是拿知名女星开涮，用数据聚落图煞有介事地向网民揭示自己的长相在大众审美中属于哪一派，以及怎样通过调整自拍角度来赢取更高的平均分。这些极具阅读性、娱乐性和传播性的博文，每一篇都成为了广为流传的“爆款”，甚至漂洋过海被翻译成了中文在微信朋友圈里大肆散播。

OkCupid 分析得出女性容貌与月度消息接收量之间的关系

不同拍照角度在异性眼中的评分对比

从 2010 年 8 月至 2011 年 4 月，OkTrends 上的每篇文章平均获得了 32500 次 Facebook 点赞和 4222 条 Twiiter 的转发，最高的一篇博文回复量近千，成为早期新用户流量贡献的首要来源。亚根在采访中说，“我们从不太刻意运营社交网络。对我们而言，流行自下而上产生，我们只需要专注于创作让人们喜爱的内容，剩下的就等着 Twitter 和 Facebook 上的人去主动传播。”

与之类似的成功案例还有为企业提供在线数据分析服务的 KISSmetrics。通过征集和发布用户案例以及网络调研信息图表，它成功地打造了专业的品牌形象，也赢来了大量潜在用户。据测算，所有这些内容累积贡献了 250 万次访问量。

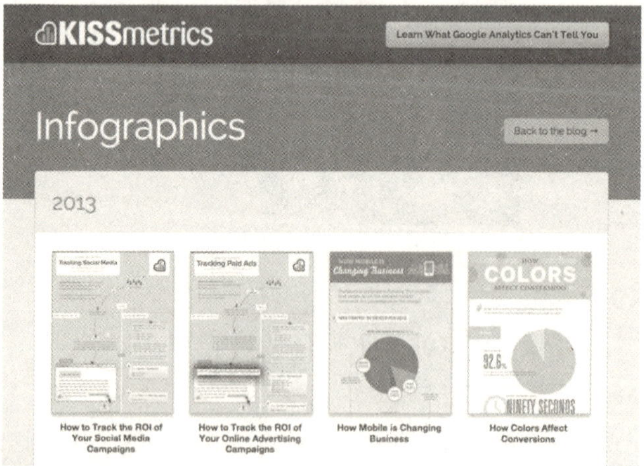

KISSmetrics 提供的网络调研信息图

内容营销的作用主要分为三方面：吸引流量、培养潜在用户、劝诱转化。

1．吸引流量

通过内容营销来散播链接，换取点击回流，并凭借带链接的高质量内容被转载而优化网站在搜索引擎的排名。在上述提到的 KISSmetrics 中，依靠内容为网站整体贡献的流量份额达到了 82%。

2．培养潜在用户

根据消费者行为学的经典认知模型 AIDMA，消费者从接触信息到最后购买，会经历 Attention（引起注意）、Interest（引起兴趣）、Desire（唤起欲望）、Memory（留下记忆）、Action（购买行为）五个阶段。另有研究显示，消费者从接触新产品，到最终完成转化（下载、购买）之间，平均需要经过七次重复提醒。这很好理解，人们对陌生的事物总是抱持谨慎观望的态度，而对反复接触到的熟悉事物则更能产生好感和信任。内容营销通过持续输出内容来反复“刷存在感”，在潜在用户的脑海中植入根深蒂固的印象。这就如同“今年过节不收礼”的广告轰炸虽然遭人反感，但当你走进一家保健品店，四下环顾不知道该选购什么时，最终还是挑选了脑白金。

3．劝诱转化

劝诱转化的方式既包括直接在内容中引导用户去做某事，如访问网站、关注微信公众账号、订阅视频播客，也包括在回流页面进行诱导，如必须登录注册才能看到完整原文。

内容营销的注意事项

在内容营销中，有以下几点事项需要注意。

1．知道你的目标受众是谁

内容营销不是人云亦云地照搬网络热帖，更不是肆意刷屏博取眼球，而是基于用户定位基础之上的精准触及。用户选择倾听你（通过订阅邮件列表、关注微博或微信公众账号、关注社交网络主页）是带着对内容的期望而来的。应当尽可能展现与他们相关的内容，而不是逮着什么发什么。我们时常看见在微博上，许多女性产品官方微博或情感类营销账号会发送“早安”“晚安”这样的内容，附带一张艺术风景图片。另有一些微博运营者则不明就里地有样学样，全然不顾自己手头打理的是科技网站或开发工具，与这些小资情调没有半毛钱关系。如果说什么是最棒的内容，那就是在对的时间出现在对的人面前。

2．打造一台内容持续输出的引擎

试图通过偶尔一两次“核爆炸”级的热门内容来换取长久关注是不现实的。你应当打造一台内容引擎，持续稳定地输出高质量内容。

在国内，以知乎为代表的分享社区利用网友的“认知盈余”彻底释放知识的价值，网友们讨论的范围上至天文地理，下至鸡毛蒜皮，许多精妙而不失幽默的回答令人不禁击节赞叹。知乎的运营编辑们每天将平台上高质量的回答（如“在《龙珠》的世界观里，地球的科技水平如何？”、“我们看一眼广告值多少钱？创造了多少价值？”、“《星际穿越》里布兰德教授写在黑板上的公式是什么公式？”）整理成长微博输出。这些精心筛选的内容引起了网友的转发和回流。

知乎将有趣且有传播力的内容整理输出到微博上

此外，知乎还开设了知乎专栏，邀请行业领袖和高产作者入驻，脱离问答形式的束缚，随时随地“有感而发”地创作内容。这同样起到了内容引擎的作用。

3．撰写耸动的标题

标题会最先映入受众眼帘，通常在被分享时也是会直接展示出的部分，重要性不言而喻。在国外，Upworthy 针对每一篇帖子会撰写至少 25 条不同的标题，随后通过 A/B 测试来选出效果最好的一条正式发布。上线两年，他们获得了 8800 万次访问。Upworthy 总结出的标题技巧包括：不要在标题里透露全部内容、抛出疑问而不是总结陈词、反复修改直到满意等。

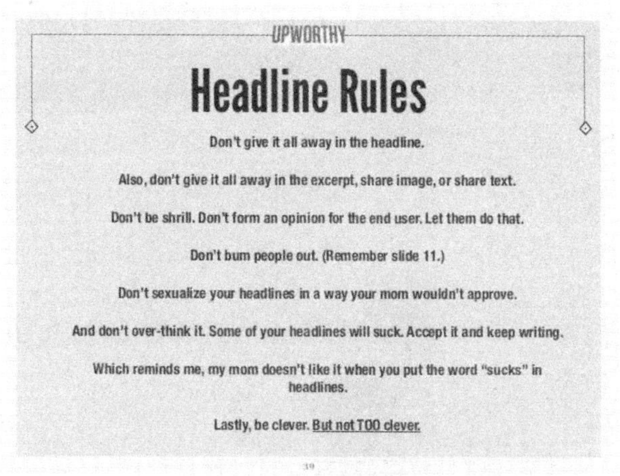

Upworthy 总结的文章标题法则

4．保证文章长度

KISSmetrics 的联合创始人尼尔·帕特尔（Neil Patel）发布的一项针对 Google 搜索排名与被收录文章长度关系的调查数据显示，一般排在前十名的文章需要包括至少 2000 个单词。更多字数通常意味着更大的信息量，也与包含的链接数成正比。在社交网络中，人们会更倾向于分享字数较多的专业长文，尽管他们可能根本没有仔细阅读过。病毒内容提供商 Buzzsumo 的调查结果与 KISSmetrics 近似，他们认为文章篇幅在 3000 字至 10000 字的范围内最容易获得人们的主动分享。

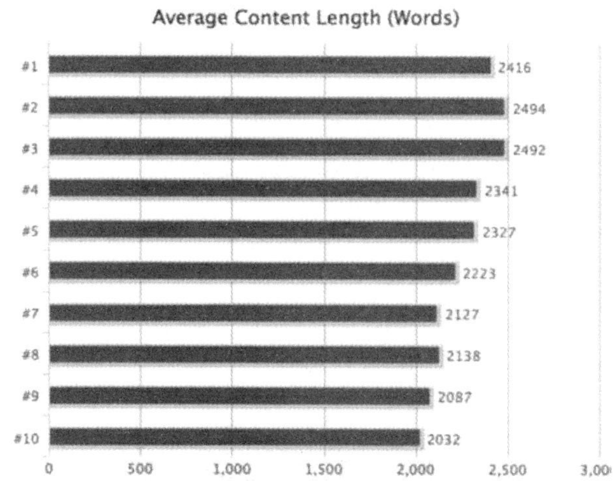

KISSmetrics 认为阅读量领先的文章通常至少包含 2000 个单词

5．鼓励受众参与互动

应当尽量鼓励受众由单纯的内容消费者晋级为内容的制造和传播者，从而延长内容的半衰期。例如，可以在网页下方放置社交网络的分享按钮、在视频里怂恿粉丝关注 Facebook 主页，或是用现成的 WP Socializer、Click To Tweet、JiaThis 等插件来为网站增加社交元素。

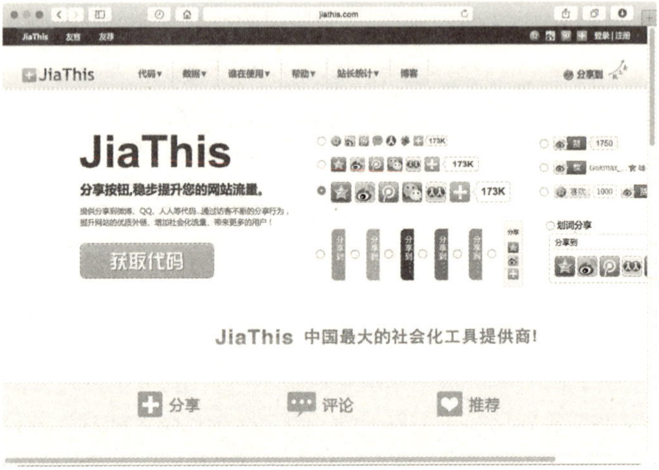

国内社会化分享按钮提供商 JiaThis

简书的创始人林立在考察自身内容运营的效果时，发现一篇逻辑上有明显漏洞的文章《如何坚持每天写一千字》成为了当周的热门主题。随之而来的是史无前例的讨论量。于是他特地撰文复盘这件事："原作者很显然明白数量和质量的关系，但是他决不能在这篇文章中提及这点。作者选择了有意回避质量这件事，只谈数量。如果作者在原文中加了文章质量的考量，这篇文章就不好看了，不像现在这样直接而有力了。更重要的是，留一个漏洞，就可以引起围绕这个漏洞的讨论，而原作者的文章则在不断的讨论中得到了更广泛的传播。"

6．选择合适的发布渠道

初创团队自建发布渠道的成本过高，选择本身具备一定影响力的媒介代发效果可能更好。另外，电子书是一种传播能力很强的营销载体。亚马逊的 Kindle 电子书商店里有 31%的销售额来自网络写手自主出版的电子内容，许多聪明的自媒体人和产品团队选择以发布和销售电子书的形式来推广自己的产品服务。写手们在亚马逊 KDP（Kindle

Direct Publishing）上传自己的著作，就可以将植入自己产品信息和链接的内容投递到千万读者中。还有人用先收费，再调价成免费的促销方式来吸引目标受众的关注。

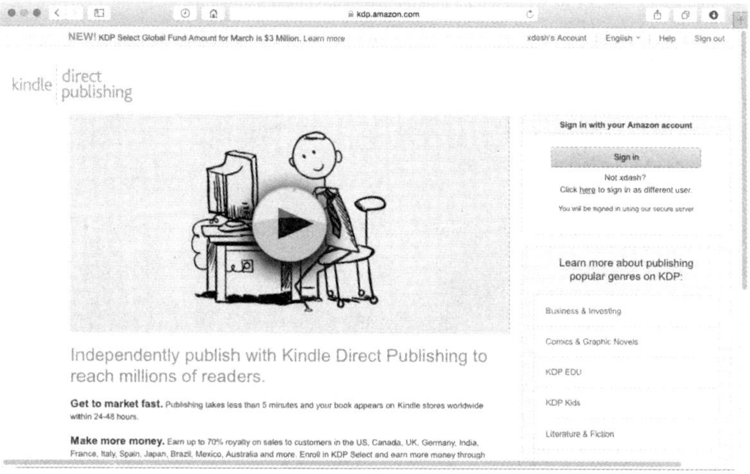

亚马逊 Kindle Direct Publishing 服务

据国外自媒体人克里斯·古斯力（Chris Guthrie）测试，他上传的电子内容在获得2000次下载后迅速冲到了排行榜的119位，每月带来3000余次网站独立访问。在国内，虽然缺少像亚马逊这样强有力的原创电子内容分销渠道，不过多看阅读、豆瓣也已经为内容营销提供了良好平台。

当万事齐备，你只缺一个好故事。

3.6 搜索引擎和应用商店的优化营销

搜索引擎优化

有了优质的内容，接下来要做的就是让人们发现你的内容。搜索引擎无疑是网络上最主流的信息获取渠道。“如果你在谷歌上无法被搜到，那么你就不存在。” 现实就是这样残酷。

康奈尔大学的教授托尔斯坦·乔亚吉姆斯（Thorsten Joachims）曾和他的同事开展一项针对搜索引擎的研究，试图探寻出搜索结果排序对点击量的影响。第一次试验中，有 42%的用户点击了第一条结果，8%的用户点击了第二条结果。接着研究人员进行了第二个测试，他们通过脚本偷偷交换了刚才前两条搜索结果的排序，换句话说，原本排在第二的结果排到了第一位，而第一的结果则下降到了第二位。这一次，34%的用户点击了第一条结果，12%的用户点击了第二条。

这组对照实验的结论之一是，比起准确率搜索排序对网民的影响更强。有87%的网民会利用搜索引擎查找需要的信息，而这之中又有近70%的搜索者会直接在自然排名的第一页找到自己想看的东西。排序越靠前，优势越明显。利用搜索引擎的排序规则，通过人为手段来干预目标页面排名的手法，称为搜索引擎优化（SEO，Search Engine Optimization），它能获取更多自然流量，带动网站自我增长。常用的搜索引擎优化方式包括提高关键词的密度和权重、增加长尾关键词数量、建立外链、优化页面结构等。一般来说，搭建清晰直观的页面结构、填充符合主题的高质量内容、维持有规律的更新、尽可能获取高权重网站的链接推荐，能获得更佳的搜索引擎排名。与搜索引擎优化类似的概念还有搜索引擎营销（SEM，Search Engine Marketing），通常会涉及付费收录和购买排名等方式。

这里列举几则搜索引擎优化的“增长”案例。

1．Facebook 针对用户资料页面的优化

2007 年 9 月，Facebook 刚开始做 SEO 那会儿，尽管团队尝试着优化了用户资料页面的结构和文案，但却并没能带来多少流量。负责用户增长和推广业务的埃里克斯·舒尔茨（Alex Schultz）开始思考问题的症结所在。他发现，如果想要看任何公开的用户资料页面，只能点击页面底部的链接，再通过一个不起眼的入口拐弯抹角地找到目标页面。这样的页面结构似乎在向搜索引擎暗示：好吧，这个页面肯定是有意被藏得这么深的，估计没什么价值，就不给排名了，于是被抓取索引和赋予权重特别差。

舒尔茨决定带领团队进行改善，他们增加了一个站点地图（Site Map），谷歌等搜索引擎可以顺着这个站点地图迅速到达其中链接的每个用户个人资料页面，提高它们的搜索权重。Facebook 通过 SEO 将站外的自然流量扩大了 100 倍。

2．Twitter 主动优化

2014 年上半年，Twitter 的产品总监特莱沃·奥布雷恩（Trevor O'Brien）组织团队对站内的搜索引擎友好度进行了优化，定期自动将一段时间内最热门的 5 万余个标签（Hashtag）提交给搜索引擎。这项优化让站外未登录（包括未注册和注册后登出）用户的访问量提高了 10 倍，从 750 万人骤升到了 7500 万人。

3．RapGenius 通过贾斯汀・比伯增加搜索曝光

歌词百科服务 RapGenius 在自己的社交网络主页发布消息，邀请热心网友成为官方博客的客座嘉宾，推荐自己喜爱的音乐和歌手，条件是必须先在自己的个人主页中加入几行 RapGenius 的宣传 HTML 代码。代码的内容是美国著名流行歌手贾斯汀・比伯的音乐专辑名称和每一首歌对应的 RapGenius 页面。

2013 年，贾斯汀・比伯凭借超高人气的作品和颇具争议的私生活在搜索引擎上成为了被搜索次数最多的美国男歌手。借助他的爆红，RapGenius 从搜索引擎得到的流量支撑起了整个平台。其中 80%的访客搜索的仅是两首最热门作品《Get Lucky》和《Holy Grail》——这很符合二八法则。

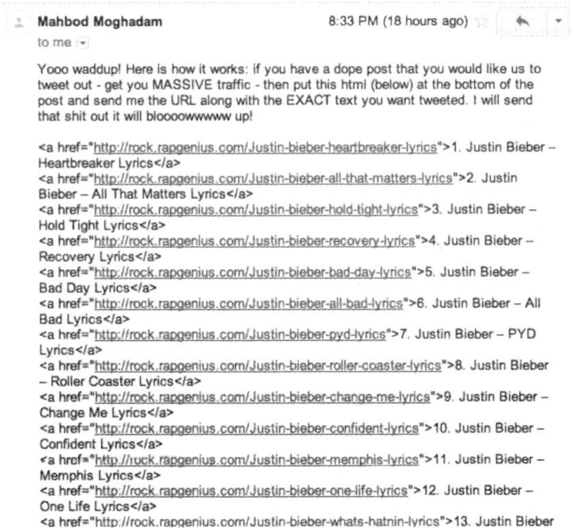
Mahbod Moghadam 8:33 PM (18 hours ago)
to me

Yooo waddup! Here is how it works: if you have a dope post that you would like us to tweet out - get you MASSIVE traffic - then put this html (below) at the bottom of the post and send me the URL along with the EXACT text you want tweeted. I will send that shit out it will bloooowwwww up!

<a href="http://rock.rapgenius.com/Justin-bieber-heartbreaker-lyrics">1. Justin Bieber – Heartbreaker Lyrics</a>
<a href="http://rock.rapgenius.com/Justin-bieber-all-that-matters-lyrics">2. Justin Bieber – All That Matters Lyrics</a>
<a href="http://rock.rapgenius.com/Justin-bieber-hold-tight-lyrics">3. Justin Bieber – Hold Tight Lyrics</a>
<a href="http://rock.rapgenius.com/Justin-bieber-recovery-lyrics">4. Justin Bieber – Recovery Lyrics</a>
<a href="http://rock.rapgenius.com/Justin-bieber-bad-day-lyrics">5. Justin Bieber – Bad Day Lyrics</a>
<a href="http://rock.rapgenius.com/Justin-bieber-all-bad-lyrics">6. Justin Bieber – All Bad Lyrics</a>
<a href="http://rock.rapgenius.com/Justin-bieber-pyd-lyrics">7. Justin Bieber – PYD Lyrics</a>
<a href="http://rock.rapgenius.com/Justin-bieber-roller-coaster-lyrics">8. Justin Bieber – Roller Coaster Lyrics</a>
<a href="http://rock.rapgenius.com/Justin-bieber-change-me-lyrics">9. Justin Bieber – Change Me Lyrics</a>
<a href="http://rock.rapgenius.com/Justin-bieber-confident-lyrics">10. Justin Bieber – Confident Lyrics</a>
<a hrof="http://ruck.rapgenius.com/Justin-bieber-memphis-lyrics">11. Justin Bieber – Memphis Lyrics</a>
<a href="http://rock.rapgenius.com/Justin-bieber-one-life-lyrics">12. Justin Bieber – One Life Lyrics</a>
<a href="http://rock.rapgenius.com/Justin-bieber-whats-hatnin-lyrics">13. Justin Bieber

包含贾斯汀・比伯关键词的 SEO 代码

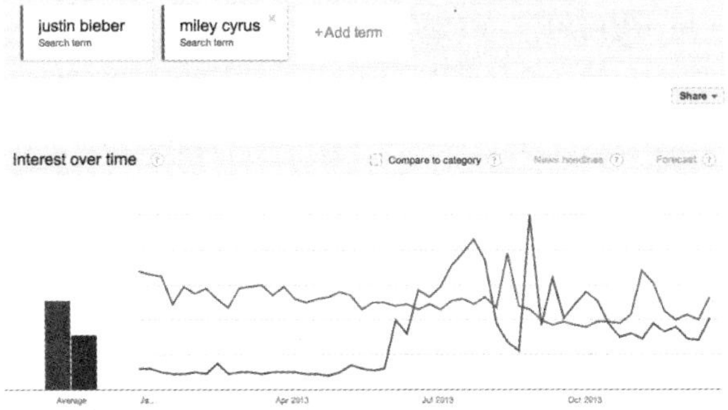

2013 年贾斯汀・比伯新专辑热门关注度曲线

4．TechCrunch 通过维基百科建立反向链接

美国知名科技博客 TechCrunch 以其敏锐的行业嗅觉和迅捷的报道速度，成为国际互联网公司的动向曝光窗。在 TechCrunch 早期，为了建立更多的高质量反向链接，吸引感兴趣的潜在读者点击，他们每次刊发一篇针对某家公司或某款产品的评论报道，就会在维基百科相应词条下的“参考资料”及“外部链接”区域加上自己站内的文章链接。久而久之，网民通过维基百科搜索互联网公司时屡屡会看到来自 TechCrunch 的报道。这一举措令 TechCrunch 树立了行业权威，也源源不断地导入了精准的行业流量。

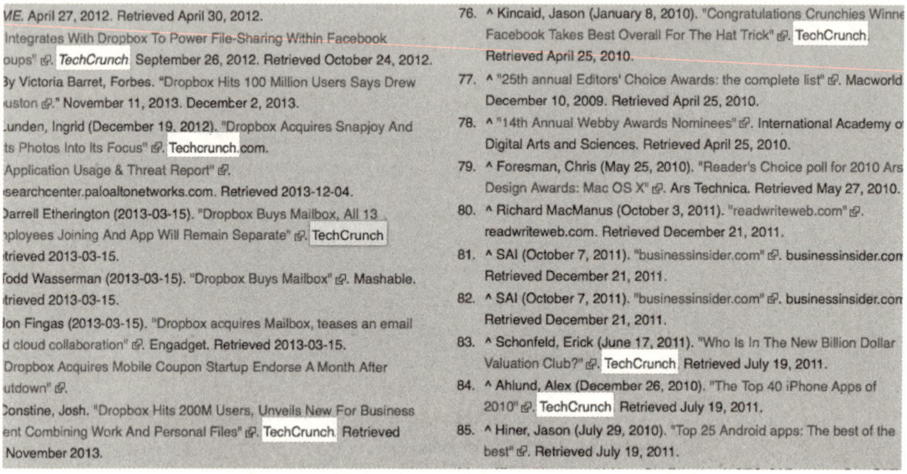
ME. April 27, 2012. Retrieved April 30, 2012.
Integrates With Dropbox To Power File-Sharing Within Facebook
oups". TechCrunch. September 26, 2012. Retrieved October 24, 2012.
By Victoria Barret, Forbes. "Dropbox Hits 100 Million Users Says Drew
uston." November 11, 2013. December 2, 2013.
Lunden, Ingrid (December 19, 2012). "Dropbox Acquires Snapjoy And
ts Photos Into Its Focus". Techcrunch.com.
Application Usage & Threat Report".
searchcenter.paloaltonetworks.com. Retrieved 2013-12-04.
Darrell Etherington (2013-03-15). "Dropbox Buys Mailbox, All 13
nployees Joining And App Will Remain Separate". TechCrunch
trieved 2013-03-15.
Todd Wasserman (2013-03-15). "Dropbox Buys Mailbox". Mashable.
trieved 2013-03-15.
Jon Fingas (2013-03-15). "Dropbox acquires Mailbox, teases an email
d cloud collaboration". Engadget. Retrieved 2013-03-15.
Dropbox Acquires Mobile Coupon Startup Endorse A Month After
utdown".
Constine, Josh. "Dropbox Hits 200M Users, Unveils New For Business
ent Combining Work And Personal Files". TechCrunch. Retrieved
November 2013.
76. ^ Kincaid, Jason (January 8, 2010). "Congratulations Crunchies Winne
Facebook Takes Best Overall For The Hat Trick". TechCrunch.
Retrieved April 25, 2010.
77. ^ "25th annual Editors' Choice Awards: the complete list". Macworld.
December 10, 2009. Retrieved April 25, 2010.
78. ^ "14th Annual Webby Awards Nominees". International Academy o
Digital Arts and Sciences. Retrieved April 25, 2010.
79. ^ Foresman, Chris (May 25, 2010). "Reader's Choice poll for 2010 Ars
Design Awards: Mac OS X". Ars Technica. Retrieved May 27, 2010.
80. ^ Richard MacManus (October 3, 2011). "readwriteweb.com".
readwriteweb.com. Retrieved December 21, 2011.
81. ^ SAI (October 7, 2011). "businessinsider.com". businessinsider.com
Retrieved December 21, 2011.
82. ^ SAI (October 7, 2011). "businessinsider.com". businessinsider.com
Retrieved December 21, 2011.
83. ^ Schonfeld, Erick (June 17, 2011). "Who Is In The New Billion Dollar
Valuation Club?". TechCrunch. Retrieved July 19, 2011.
84. ^ Ahlund, Alex (December 26, 2010). "The Top 40 iPhone Apps of
2010". TechCrunch. Retrieved July 19, 2011.
85. ^ Hiner, Jason (July 29, 2010). "Top 25 Android apps: The best of the
best". Retrieved July 19, 2011.

维基百科“Dropbox”词条下出现的 TechCrunch 援引来源

应用商店优化

除了发源于 PC 互联网时代的搜索引擎优化技巧，在当今的移动互联网语境下，又衍生出了针对应用市场的优化手段（ASO，App Store Optimization）。虽然各平台之间存在差异，但针对排名算法的反推与实践思路大致相同，就是通过对关键词的研究、评判维度的猜测、加权策略的利用，让自己的产品在搜索中尽可能获得最大曝光。以下是一些产品的 ASO 例子。

1．大姨吗通过副标题巧堆关键词

国产经期管理应用“大姨吗”在某次 App Store 版本更新中，在应用副标题里堆砌了这样一串文字：“痛经备怀孕美妆颜秀秀恩爱奇 PPS 减脸拍淘艺宝预产

期肥搜酷辣 q 图必备携萌妈妈狐帮东 q 百腾微乐我小清新万年日历频闻优迅度雷私情感程视食社区丽酷内涵谱时尚 q 壁纸”。明眼人一瞧，这就是在利用目标用户可能搜索的其他产品关键词，来为自己导流赚吆喝。但仔细一看，在这一长串内容中，并没有直接出现连续的产品名称（如“淘宝”、“爱奇艺”），而是将那些耳熟能详的品牌全部打散重组。这就规避了与这些品牌的直接纠纷。虽然读起来不通顺，无法表达任何语义，但由于手机屏幕大小的限制，普通用户根本看不到（也不会想去看）这串副标题。

那为什么要这么做呢？原来，App Store 的对中文标题的分词机制做得并不完善，用中文输入的专有品牌名会自动被拆分为一个个独立的“字”，再被搜索引擎索引。例如用户搜索“爱奇艺”，实际上搜索引擎返回的是同时包含“爱”、“奇”、“艺”三个独立关键字的结果，至于出现的先后顺序、中间是否穿插了其他字符并不在意。于是大姨吗副标题中堆砌的这组被打散重组的产品名称，实际上起到了与标准写法几乎等同的搜索匹配效果，从而巧借东风，吸引到了额外的搜索流量。

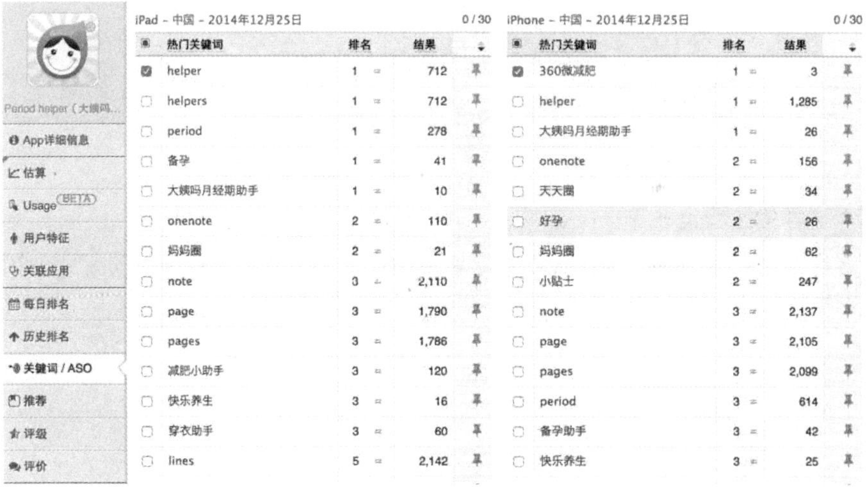

热门关键词	排名	结果
helper	1	712
helpers	1	712
period	1	278
备孕	1	41
大姨吗月经期助手	1	10
onenote	2	110
妈妈圈	2	21
note	3	2,110
page	3	1,790
pages	3	1,786
减肥小助手	3	120
快乐养生	3	16
穿衣助手	3	60
lines	5	2,142

热门关键词	排名	结果
360微减肥	1	3
helper	1	1,285
大姨吗月经期助手	1	26
onenote	2	156
天天圈	2	34
好孕	2	26
妈妈圈	2	62
小贴士	2	247
note	3	2,137
page	3	2,105
pages	3	2,099
period	3	614
备孕助手	3	42
快乐养生	3	25

第三方数据追踪服务 App Annie 监控到大姨吗的 ASO 关键词排名

2．Circa 引导高满意度的用户为应用评分

新闻资讯阅读应用 Circa 排斥频繁提示用户去应用商店为自己评分的行为。在开发者看来，这简直就是一种骚扰，容易适得其反，使恼羞成怒的用户干脆给个差评了事。相反地，他们想用更聪明的办法来引导用户。Circa 会观察记录用户使用产品的频率，对于那些使用天数达到 3 天以上、启动次数超过 10 次的“活跃用户”，才会成

为他们引导的对象。他们并没有使用阻断用户正常操作的弹窗，而是在新闻资讯的信息流中温柔地询问这些用户“您是否喜欢本产品？”，以此将打扰降到最低。如果用户选择了“喜欢”，则 Circa 的下一步是询问“是否愿意去 App Store 为我们打分？”；当用户再次点击确认，这才会被引导去 App Store 的下载页面，在这种情况下用户就有很大几率留下正面评价。反之，如果在任一环节用户点选了否定，那么 Circa 会邀请用户提交反馈，将使用中的遭遇困惑告诉团队。

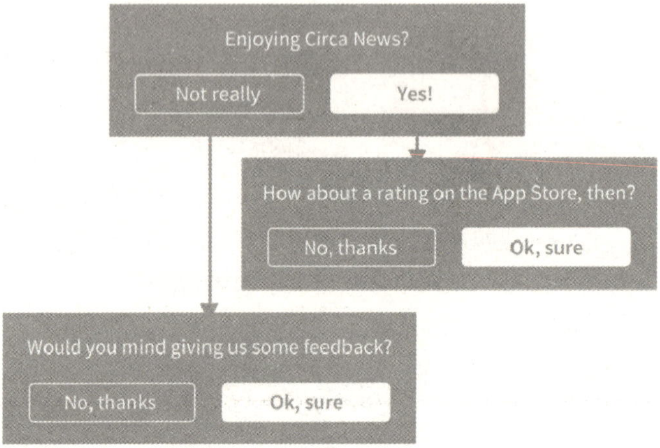

Circa 的评分引导策略，图片来源：Medium

在这样的流程设计下，Circa 在 App Store 的用户评分体现出了超高的满意度，五星好评占到全部 1076 个评论的 89.5%。这帮助提升了其在搜索排名中的权重，也吸引了更多外围用户前来下载。

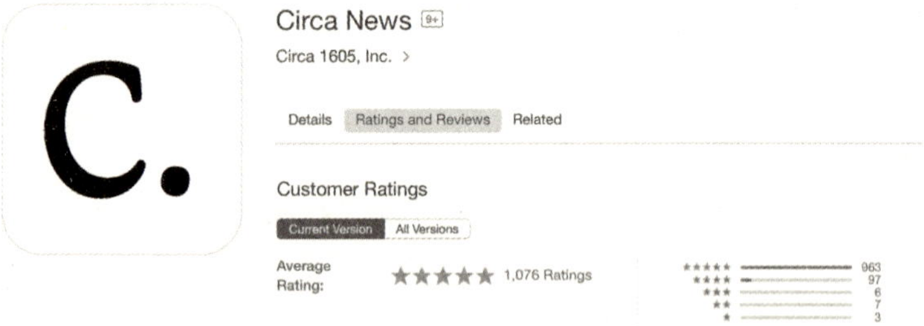

Circa 在 App Store 上的五星好评数，图片来源：Medium

类似地，国内巨头如百度、腾讯也都使用过类似策略——只让满意的人去公开评分，而将那些不满意的差评“内部消化”。尤其是在用户需求得到满足、感受到成功喜悦的时刻（比如到达目的地、看完一本书、下载到稀缺资源）立即提醒用户去评分，成功率相对会比较高。

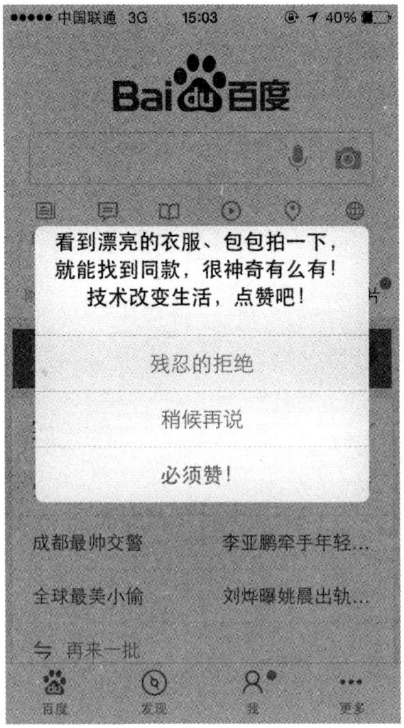

百度应用引导用户评分的弹框，点击“必须赞”跳往 App Store

3．大众点评“更新跑得快”活动

应用市场通常会为新上架或刚更新了版本的应用赋予短时间内的高权重，在此期间，越多下载，排名蹿升越快。为了鼓励用户尽快升级到最新的 V6.2 版，大众点评举办了一次“更新跑得快”活动，所有升级到新版本的用户可以看到自己本次更新的全网速度排名，排名越高就越有机会获得奖品，从 5 元团购券到千元的飞利浦空气净化器不等。在“捡钱”的利益驱动下，用户会在第一时间下载更新，从而推动排名上涨。

3.7 捆绑下载

对一些“小白”用户而言，找到想下载的应用才只是开始，如何管理、优化、更新，对他们来说是更高的门槛。豌豆荚巧妙地通过用户在找的应用来顺势推广自己的客户端产品，在满足用户原本的需求之余，帮助他们发现了更大的天地。他们设计的流程是：当用户在手机里搜索到豌豆荚网页上的一款应用并点击下载时，会先将豌豆荚的移动客户端下载到用户手机上，再在豌豆荚的移动客户里自动开始下载为用户下载该应用，也就是俗称的“捆绑下载”。

实现这一流程的难度在于，网页与客户端之间存在“断链”，如何在尚未获知用户身份的前提下，将用户原本想在网页里下载的那款应用，告诉给豌豆荚的移动客户端呢？

为此聪明的工程师想到了以下解决办法。

1．为每一款热门应用提供一个对应的豌豆荚客户端安装包。这些安装包命名格式统一，例如“最美壁纸”对应的豌豆荚安装包命名为 zmbz_wandoujia. apk，“网易新闻”对应的豌豆荚安装包命名为“wyxw_wandoujia.apk”。

2．假设用户原本想下载“最美壁纸”。在手机里点击“下载最美壁纸”的链接后，系统开始下载的其实是最美壁纸对应的豌豆荚安装包。

3．下载完毕首次启动豌豆荚时，程序会先扫描一遍用户手机 SD 卡，如果发现了名为“zmbz_wandoujia.apk”的文件（也就是用户刚才下载的安装包），就会认为该用户原本是冲着下载“最美壁纸”而来的。于是下载模块立即启动，自动开始下载安装真正的“最美壁纸”。同样，如果发现了“wyxw_ wandoujia.apk”这个文件，则是下载“网易新闻”。

4．为了提高首次启动的扫描效率，程序会优先检测手机原本的下载目录（如 Downloads）和常见下载工具（如 UC 浏览器、QQ 浏览器）的默认目标位置。

这个小技巧通过文件名的巧妙传递，建立起了应用内外部的感知和关联，从而在满足用户原本需求之余，实现了自身的推广。据悉该策略被国内多家主流下载工具使用过。需要注意的是，被“捆绑”的应用本身应当与用户原本想要的东西息息相关、能带来使用上的溢价和体验上的惊喜，并且体积也不宜过大，否则极可能适得其反，招致骂名。

3.8 排排坐，吃果果

你一定有过这样的经验：路过一家不熟悉的餐馆，如果发现门口排队摩肩接踵，店内人满为患，定会激发你的好奇冲动，想亲自体验一下这家店究竟有何与众不同。同样，在网络上如果我们看到某款新问世的产品受到万人追捧，即使原本并不关注，久而久之也会令我们产生一试究竟的想法。这种个人受到外界人群行为的影响，使自己在知觉、判断、认识上表现出符合于公众舆论或多数人的行为方式，就是俗称的“从众心理”。许多商家会有意无意地利用人们的这种从众心理，玩“饥饿营销”，并以此操纵这批排队者的行为。

说起排队，就不能不提 Mailbox。2013 年 2 月正式登陆 App Store 的 Mailbox，以其创新的手势操作和任务管理理念，迅速得到了科技界的关注。为了应对来自全球各地的用户，确保能提供世界级的邮件体验，Mailbox 采用了“先到先得”的排队机制。用户下载运行后，无法立即开始正式使用，而只能看到界面上显示一串醒目的数字，它告诉用户：别急，你前面还有 29468 个人在排队呢。

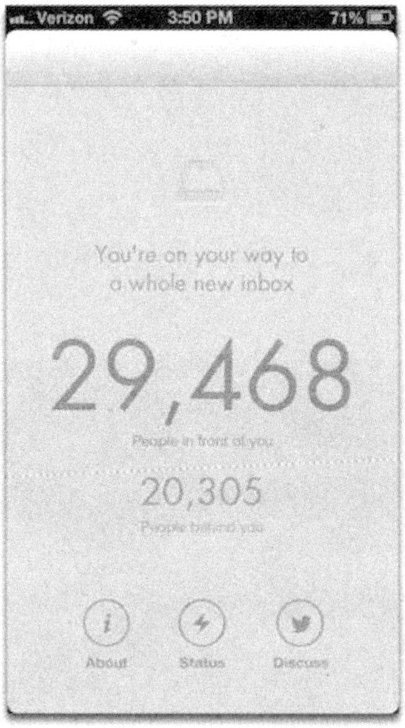

Mailbox 的排队数字界面

这一设计潜藏着一个小心机：如果前面排队的人足够多，这表明自己“选对了”，这么多人力挺代表产品的确受人喜爱；如果排队的人很少，则表明自己离正式获得使用权的那一天非常接近了。无论是哪一种情况，最终都让用户对自己当初的决策做出了正面的肯定和强化——乖乖等下去。如果觉得等待乏味，那么请回头看看排在你身后的两万多人吧：你并不是最惨的那个。为了降低人们等待过程中的无聊和焦虑，

Mailbox 还在界面上放置了“讨论”按钮，鼓励人们到 Twitter 上展开讨论。这也为这款话题产品增加了更多曝光，诱发更多的好奇者加入排队的行列。

Mailbox 的创始人甘特瑞·安德伍德（Gentry Underwood）说，他们原本计划向每个用户收取 3 美元的使用费。但当产品视频在网上播放引来上百万网友热捧后，每天涌入的海量用户让整个团队措手不及——他们隐约感觉到这可能超过当时技术所能承载的极限。但他们又不愿放弃这庞大的市场。于是经过商议，团队最终决定调整策略，将产品改为免费，但同时用排队的方法分批次导入用户，从而确保已经在使用服务的人获得的服务品质不会降低。虽然这在一定程度上造成了部分不愿等待的用户的流失，但比起糟糕的用户体验给产品带来的负面口碑，让用户老老实实排队是当时值得一试的方法。

Mailbox 在推出一个月后就被 Dropbox 宣布收购，而此时的排队人数已然突破了 80 万人。人们对这款突破性的电子邮件客户端表露出超乎寻常的兴趣和耐心。另一个采用了排队策略的案例来自在线股票交易应用 Robinhood。当时其他竞争对手从用户的每单交易中要抽取 7 至 10 美金不等的佣金，而 Robinhood 主打“免费交易”，于是一经推出就有不少追随者。不期而至的火爆给产品的稳定性和安全性带来了考验，为此 Robinhood 在官方网站上放置了大大的邮箱地址输入框，让用户填写邮箱来申请使用资格——当然，得先排个队。

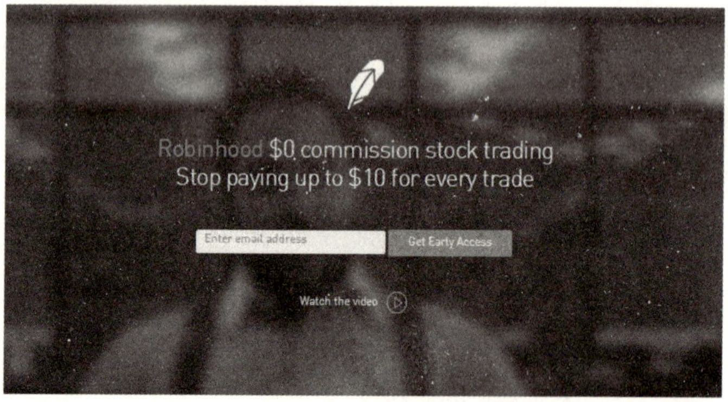

Robinhood 申请排队页面

与 Mailbox 不同的是，Robinhood 在排队过程中增加了“插队”的设计。如果用户通过自己专属的邀请链接，拉其他好友一起加入 Robinhood，就将能在排队名单里提升位置。再懒惰的人也只需要点击两次按钮，就能将邀请链接发布到自己的社交网络上。经测试，一次有效的好友邀请可以帮助用户在排队中提升约 40 万个位置。相比傻站一天只能往前缓慢挪动 1000 来个位置，这 400 倍的效果增量足以激励那些跃跃欲试的排队者采取些行动。Robinhood 这么做不仅增加了曝光，也减少了因缺乏排队耐心而流失的准活跃用户。

在让用户排队方面走得更加极端的例子是 Trak.io。它是一个在线的用户分析服务，通过开放的 API 对用户行为做出准确分析和预判。上线两周后，Trak.io 就遭遇了性能上的考验。在缺乏足够资金升级硬件的情况下，团队无奈宣布对新注册用户采用限制措施，必须排队数周才有可能收到 Trak.io 发来的使用邀请码。

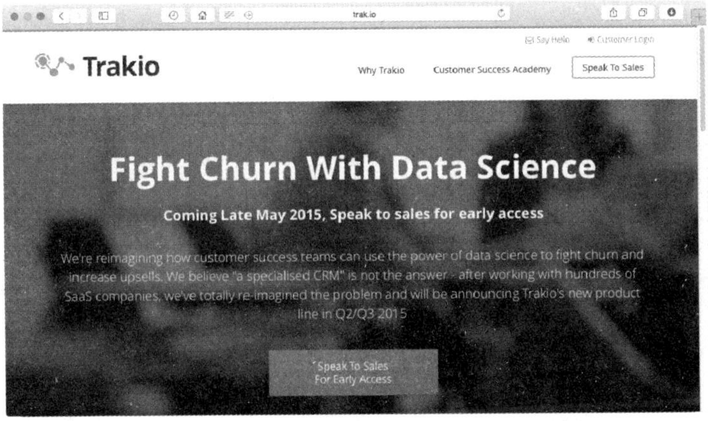

Trak.io 网站

比起 Mailbox 的业界名气和 Robinhood 的金钱回报，名不见经传的 Trak.io 强制让用户排队的做法显得有些底气不足。事实的确给了他们当头一棒，用户大量离开，还有一些人在数周后收到使用邀请码时，甚至忘记了自己当初曾经注册过。“必须让有迫切需要的用户立即使用”这是团队在遭遇挫折后得到的结论。

如何定义“有迫切需要的用户”呢？这就要建立一套筛选机制，让这批用户自动浮出水面。于是，Trak.io 采用了一个非常大胆的做法——让用户付费。如果排队中的用户愿意支付 29 美金，那么就可以立即免除排队，开始使用他们的产品。

这样的做法有几个好处：首先，它弥补了 Trak.io 的运营成本，保证团队有收入用于提高产品稳定性。其次，这些不愿等待、乐意付费的用户有着更迫切的需求，筛选出并服务于这批种子用户，将有助于早期改进产品，帮助公司成长。最后，如果用户在尚未进行任何试用的情况下，仅凭着陆页上的产品描述和网络上的介绍视频就愿意慷慨解囊，这说明产品提供的解决方案确实切中的了用户痛点，具有商业价值，项目还值得继续往下做。

当然，Trak.io 为付费用户提供的服务也胜过免费用户，他们的额外承诺包括 2 个月无限制的使用权、终身 15%的费用折扣、无条件退款、销售工程师的悉心指导以及同 Trak.io 创始人私信交流的机会等。

据 Trak.io 实际测算，在最初的 983 个注册用户中，有 105 人选择了付费，付费转化率高达 11%。而付费用户在忠诚度上也明显表现更好，以下两个数据说明了这一点：第一，发给付费用户的通知邮件的点击转化率可达 90%，相比之下免费用户只有 25%；第二，付费用户更愿意把 Trak.io 推荐给他们的朋友使用（105 名付费用户推荐了 9 名新用户加入），而免费用户在这方面的贡献是 0。

让用户排队，增加了用户等待和使用的成本，也抬高了用户预期的同时。为此创业团队必须为用户提供物超所值的产品，弥补此前的额外付出，抵消高期望值可能造成的落差。如果产品本身并不吸引人，或者在经历等待后发现盼来的是一堆粗制滥造的垃圾，则可能弄巧成拙，引火烧身。

3.9 用嵌入式代码和小挂件让你的品牌无所不在

2005 年之前，全美最炙手可热的社交网站非 MySpace 莫属。这家成立两年的在线服务为全球网民提供了一个集交友、个人信息分享、即时通讯等多种功能于一体的互动平台，每天累计访问量超过 2500 万次，之后于 7 月份被默多克的新闻集团以 5.8 亿美元现金收购，成为名副其实的“生活方式门户”。MySpace 的主要用户都是十几岁的年轻人。在这里，他们可以自由地分享照片、装扮主页、讨论时尚、拥立自己喜爱的歌手和乐团。

然而，看似无所不能的 MySpace 却也存在一个致命的痛点：用户几乎无法分享视频。当时的主流视频网站全都屏蔽了来自 MySpace 的引用请求，因为他们并不甘愿为 MySpace 做嫁衣，承担巨额的服务器带宽开支，自己却获得不到任何流量上的导入。按理说，这么做的确情有可原。但是，偏偏有一家新成立的视频网站要挑战不成文的“行规”，这便是 YouTube。它不仅反其道而行之，没有对用户行为横加干预，反而鼓励用户分享视频到 MySpace，并且提供了方便的一键分享按钮和各种格式的网页嵌入代码。

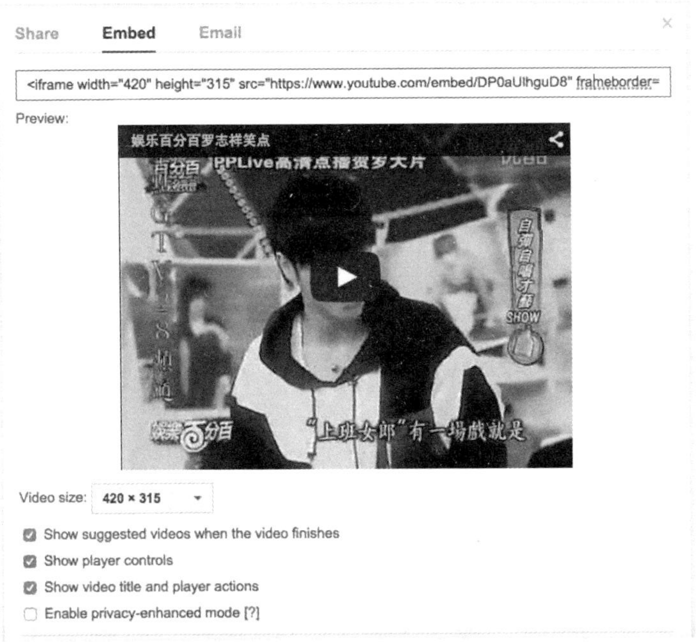

YouTube 提供的站外分享嵌入代码

结果，用户分享出去的视频为 YouTube 带去了海量的曝光与回流，它一路高歌猛进，迅速成为了视频领域举足轻重的新玩家，这让其他同行懊悔不已。

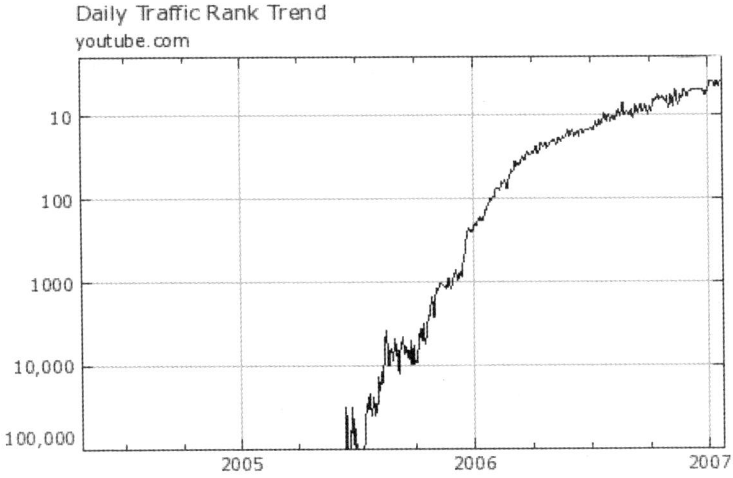

2005 至 2007 年间 YouTube 的流量增长曲线，图片来源：TechCrunch

YouTube 的冒险之举得益于思路的转变和对成本的精确控制。在同类产品吝啬于服务器带宽成本时，YouTube 将其视作品牌曝光的筹码。在网民缺乏其他途径分享视频时，YouTube 就这样自然成为了首选平台，用户的使用习惯和忠诚度也随之建立。在这当中，开放的态度是根本，与其将服务封闭起来，敝帚自珍，不如将其中一部分有价值的内容开放输出给网民，在网民的自发传播中扩张地盘。这成为许多初创公司跑马圈地的一招妙法。

Mixpanel 是一家美国的网站数据跟踪分析公司，使用他们的服务用户需要消耗一定数量的数据点数（Data Points）。它为所有免费用户提供了 25000 点初始数据点数。一旦用户这些点数被消耗完，如果想继续使用，就需要支付每月 150 美元来购买 500000 点。这一高昂的价格诚然并非所有人都能承受，于是 Mixpanel 为那些不愿付费但希望继续使用的用户提供了另一种免费赚取额外数据点数的方式——在自己的空间或博客页面挂置 Mixpanel 的小挂件（Widget），任何人点击这些印有 Mixpanel 标志的挂件，就会被带到 Mixpanel 的着陆页。

这个简单的动作能为用户增加 175000 点数据点数，如果折算成付费的价格，相当于抵扣了 50 美元，对用户而言相当划算。Mixpanel 则依靠这一策略获取到大量的行业内反向链接，对 SEO 排名提升效果明显，也使之在与竞争对手 KISSMetrics 的较量中丝毫不落下风。

Gleam 是另一家美国的在线营销平台提供商，中小型企业可以使用他们的服务创建便于电脑和手机端访问的营销活动页面。为了获取更多的新增用户，Gleam 推出了推广计划，只要用户愿意在自己的网站上添加他们的推广代码，挂出带有“Gleam 强力驱动”标志的小挂件，就能享受月费优惠，甚至免除全部费用。

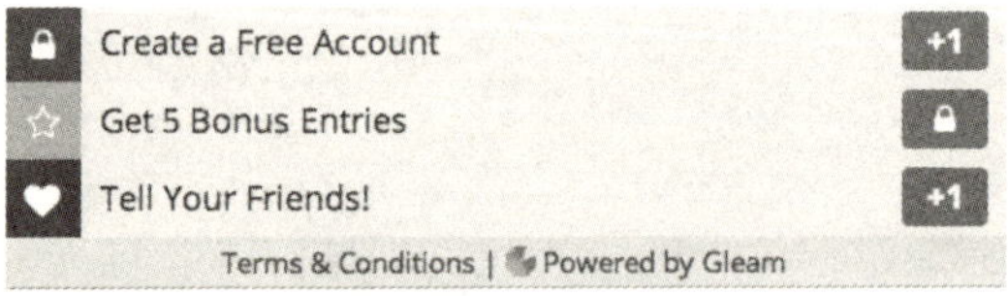

Gleam 提供的网站小挂件

这项推广计划上线后，页面小挂件每个月能为 Gleam 带来约 130 万次展示。顺着链接点击到达网站的用户占比为 0.6%，在这当中又有 3.88%的人最终完成注册。该计划成为了 Gleam 新增用户来源最大的贡献者，其占比达到日新增注册用户总量的 30%。

为了进一步优化挂件的效果，Gleam 团队针对文案进行了为期 60 天的测试。

在原本“Gleam 强力驱动”（Powered by Gleam）的文案基础上，他们尝试了“像这样免费进行测试”（Run a Free Contest Like This）、“开始用 Gleam 助推你的生意”（Start Using Gleam for Your Business）、“还没开始使用 Gleam？”（Not Using Gleam Yet?）等 11 组文案。

测试结果表明，“还没开始使用 Gleam？”最易带来用户的注册转化，成功率高达 17.16%，而其他文案的转化比均在 10%以下。值得一提的是，他们原本已使用一年多的“Gleam 强力驱动”在测试中表现竟然最差，转化率仅为 3.88%，导致五分之四的潜在注册者白白流失掉了。

Phrase Variation	Clicks	Signups	Conv Rate
Gleam Rocks For Competitions	351	15	4.27%
Run a Free Contest Like This	350	23	6.57%
Create a Free Competition	328	18	5.49%
Not Using Gleam Yet?	268	46	**17.16%**
Run Free Giveaways	268	15	5.60%
Run Free Giveaways with Gleam	231	15	6.49%
Run A Free Giveaway	216	11	5.09%
Powered by Gleam	206	8	3.88%
Created With Gleam Competitions	206	12	5.83%
Start Using Gleam For Your Business	188	18	9.57%
Run Your Own Competition	144	13	9.03%
Run Your Own Competition Like This	144	10	6.94%

Gleam 官方博客发布的广告文案与点击注册转化率关系图

最终 Gleam 确定了他们的引流方案，在 Google Analytics 的统计上，我们能明显看出优化后的挂件带来的访问量显著提升。

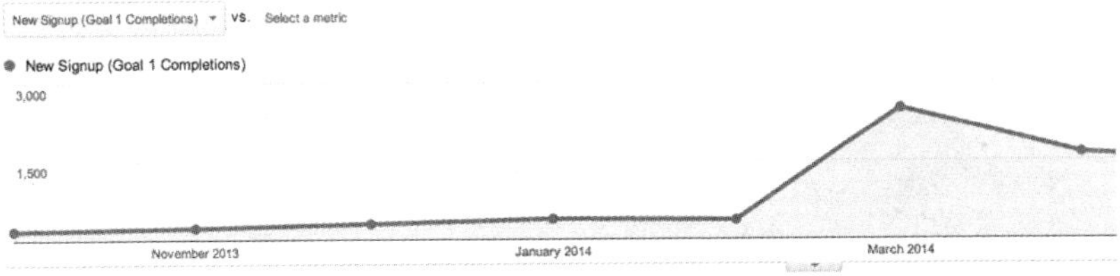

Google Analytics 显示的 Gleam 流量变化图

现在，这套基于小挂件的推广方案每月为 Gleam 带来了 1500 万次曝光量。创始人斯图亚特·麦克凯昂（Stuart McKeown）在采访中说：“通过这次尝试，我们学习到所谓的增长就是设法在产品的曝光量和转化率上双管齐下，尽全力优化。你需要做的就是衡量产品的哪些特性最容易吸引人们的眼球，然后通过测试验证，并使它成为产品的增长引擎。”他的测试成绩表明，提供免费的嵌入式小挂件简单而有效。当你在目标人群的圈子中变得无所不在时，便是人们重新审视你地位的开端。

3.10 宣传报道的文案撰写

互联网行业，对内容消费和新闻资讯的需求量非常大。在这个瞬息万变唯快不破的行当中，每一个人都必须充满紧迫感，实时关注业内动态，参考国际最新模式。于是这个需求催生了一批科技媒体、评论家和自媒体创作者，各自对应一批忠实读者，其中不乏产品经理、关注商业的研发工程师、投资人和各公司的决策者。

这一读者群体的长期在线特性、对网络工具的熟练运用、对新模式新机遇的敏锐嗅觉，以及对意见领袖的关注与信任，促使他们总能在第一时间将行业信息有效地扩散出去。因此，以 Product Hunt 为代表的一批新鲜互联网服务的发掘网站，成为了产品上线之初获得公众曝光与种子用户的绝佳来源。许多公司以主动投稿的方式向编辑自我推销，通过媒体平台的聚光灯亮相在目标用户的视线中。

在给科技媒体投稿的过程中，文案能力是至关重要的。作为增长黑客能力模型中的重要组成部分，文案写作是当代商业社会的基本技能，能综合反映一个人全部的经历、气质、学识、深度思考和以卖出产品或服务为目的、将他们落实成符号表征的能力。优秀的文案要能打破固有的思维定势，以一个委婉动听顺理成章的故事，引导读者按照你的召唤去做。每一次文案阅读都应当视作一次面对面的沟通，撰写者应当以最精炼的文字准确地表达想要表述的内容。

美国传奇的文案作家、广告人约瑟夫·休格曼（Joseph Sugarman）在其撰写的《文案训练手册》（Adweek Copywriting Handbook）一书中，阐述了适用于长文案的“滑梯理论”：优秀的文案，应当让阅读者有种乘坐滑梯的感觉，即顺着你预先铺设的轨道一路顺畅地滑下去，走完全程，到达终点。而标题、副标题、题图的所有作用只在于让读者阅读正文的第一句话；至于正文第一句话的核心价值，则是让读者继续去阅读第二句话，以此类推。在整个阅读中，既要给读者提供足够的信息量而不嫌冗长，又要让你的读者说“是”，让他们在阅读文案时，因你真诚实在的陈述而产生共鸣。

笔者自己撰写科技博客多年，对如何谋篇布局、如何向行业媒体投稿，以及如何赢得编辑青睐算是有一些经验。下面笔者将分享一下自己所总结出的产品宣传报道类文案的写作技巧。

宣传文案是对产品“赤裸裸”的直接介绍。读者既然愿意读下去，就代表他们原本已经对你的产品抱持着一定的兴趣，因此撰文的风格就是不要藏着掖着，尽可能多地展现吸引人之处。写作过程中需要遵循以下准则。

1．熟悉产品

文案应当由对产品及行业较为熟悉的人执笔。在小团队中，核心人员基本都会参与产品形态的定夺和功能的研发，对产品基本都有所了解。但团队内难免也有新入行或是在前期产品策划阶段参与不够紧密的成员，让他们来执笔可能使写出来的东西平淡无味，无法突显出产品的主要特性，甚至有硬伤。还有些技术驱动的团队让研发工程师兼任文案主笔，写出来的东西充满令人费解的技术用语，这种情况应当避免。

2．头脑风暴

一款产品本身或许有诸多特性，除此之外，使用技巧、同类对比、幕后趣事、未来计划等，都是值得一写的宣传素材。尤其是上线的第一篇新闻稿，倾注了之前累积数月的辛勤付出，或许有千言万语迫不及待地想跟读者娓娓道来，但毕竟篇幅和读者的耐心都有限。这就需要对稿件的线索进行梳理，筛选出闪光点，用高度凝练的语言和逻辑流畅的叙事结构将文章脉组织起来，将不那么重要的内容舍弃。

3．谋篇布局

有了足够可写的内容素材后，文章的谋篇布局可以遵循以下顺序：简要概述→话题事件→核心特色→主要功能→团队访谈→未来计划→有奖活动→转化引导。

1）简要概述：用简短而完整的一或两句话导入文章想介绍的产品，让人扫读一下就能知道文章大概想讲什么。有了这一段文字，不仅节约了读者的时间，也在很大程度上让编辑省了事——他们通常要配一段文字作为文章摘要，用于输出在首页、放在 HTML 的描述字段或是发微博。因此文章里配备有现成的段落，可以减少他们的工作量，省时省心自然也就更愿意发稿。建议这段导入文字控制在 100 字以内，因为第一，不会太长，有良好的可读性；第二，用作网页 meta 信息里的 description 字段能确保被任何搜索引擎均完整索引到；第三，一条微博的字数上限是 140 字，空出来的那 40 个字符可以让编辑们插入标题、作者、导言、评论、链接等补充内容。

2）话题事件：引述近期热门话题或行业事件，由此及彼地过渡到产品本身。向热点巧妙“借势”能四两拨千斤地调动起人们对下文的兴趣。假如苹果刚刚发布的新产品增强了语音助手的特性，那么自己的语音识别产品就可以借苹果的东风，宣称语音输入是人机交互领域未来变革的大势所趋，继而引述下文自己的产品的功能介绍；再比如，每到节假日人员流动高峰期，微博上时常有人抱怨航空管制飞机误点，那么航班/高铁管家类产品、租车自驾服务、地图导航服务、在线退订票服务甚至旅游纪念品订购服务，就可以借此自我推销一把。如果实在想不出可以利用的话题事件，也可以从日常生活中的使用场景入手，阐述一个大家普遍涉及的需求或误区。

3）核心特色：也就是俗称的“卖点”。卖点又分为一级卖点和二级卖点，其中一级卖点最好只定义一个，将其充分强化后深深打入用户的脑海中，二级卖点一般有两到三个。如一款音乐播放产品，可将一级卖点定义为“曲库最多最全”，二级卖点是“高清品质免费下载”、“分析你的欣赏品味自动推荐相关作品”、“新专辑第一时间同步首发”。每个卖点可分别展开陈述，但切忌巨细靡遗地写成“说明书”。

4）主要功能：说完自己的独特卖点，还需要向读者打一针强心剂——别人有的我们当然也有。在介绍主要功能时，要注意避免将“基础标配”功能写得太浮夸冗长，读者可不是傻瓜。

5）团队访谈：人们喜欢听故事。团队访谈能将冷冰冰的产品推荐转向带有人情味的轻松交流氛围中，使读者通过字里行间更加了解产品背后团队的风格理念，从而产生认同感。访谈的方式，既可以是创始人跳出来谈自己从何处得到了产品灵感，也可以是产品经理声泪俱下地“控诉”开发过程中遇到的瓶颈困惑，或者设计师阐述理念、美女运营耍宝卖萌等。

6）未来计划：描绘产品未来的规划，既可以解释产品当前版本的不足，向用户表露改进的决心，引发期待，也能够起到烟幕弹的作用，迷惑竞争对手。披露未来计划时有两个忌讳，一是忌画大饼，提出不切实际的发展计划，今天刚上线 1.0 版，马上雄心勃勃昭告天下要推出开放平台；二是忌太过诚实具体，以至于暴露商业机密。比较好的做法是只披露未来一到两个版本内会做的事情。

7）推广活动：阅读到这里时，想必已经有用户开始满世界找下载链接了，但也有一些人处于犹豫之中。这就需要我们推波助澜一把，承诺一些小的奖励，如下载赠金币、好评送话费、注册返五元、推荐升会员……一举将处于摇摆中的潜在用户拉拢到自己的队伍中。

8）转化引导：不要忘记撰写整篇文案的核心目的是为了宣传曝光，带来网站的访问或下载转化。所以要在文末提供强烈的引导提示，包括网址、下载链接、二维码或是其他你认为有价值的方式。记得给所有链接加上点击统计。

以下是一则运用了上述行文技巧的宣传报道。

文案示例：《有道云笔记推出群组协作功能》

网易旗下的云端记事本产品“有道云笔记”即将推出协作版，支持基于多人群组的协同编辑、文件共享、版本控制。

去年差不多这个时候，笔者受邀前往北京奥展国际，参加了网易旗下的有道云笔记2周年新闻发布会。彼时有道云笔记对外宣称的用户量为1500万人。时隔一年，在这次发布会上，据网易有道CEO周枫介绍，有道云笔记目前的总用户量已经突破2400万人，一年内发展了一千万新用户。而其直接竞品Evernote两个月前的全球用户量为一亿，其中亚太地区以3500万用户位列各地区之首。二者差距正在逐步减小。

这次有道云笔记对外发布的全新协作版产品，意味着有道云笔记开始探索以团队资料为中心的沉淀和沟通之路。笔者也有幸第一时间拿到了Mac版体验客户端一探究竟。Mac版有道云笔记协作版的客户端仅1MB多，操作与Web版保持一致。其UI布局上，从左至右依次是群列表、笔记编辑和实时交流三大区域。

在协作方式上，协作版采用了群组管理模式，发起者可创建一个群，并邀请其他朋友加入（邀请方式包括输入对方网易通行证/有道云笔记昵称/网易邀请短链接）。所有加入群的用户可共同针对文件展开编辑，并在右侧的边栏内进行即时图文聊天。新加入群的用户可查看加入之前的聊天记录，以便快速获取关于协作内容的来龙去脉。目前每个用户可创建5个群，每个群的上限为50人。

在笔记组织上，协同笔记独立于个人的云笔记之外，采用多级文件夹结构管理。除了手动创建笔记，还可以从本地上传笔记文件。目前上传微软办公格式系列文件可实现在线预览或下载，但暂时无法编辑。但据内部产品人士透露，在线编辑功能已在内部测试中。除此之外，作为云笔记应用基本的增删改、导入、共享功能均使用流畅。

实际体验下来，笔者认为这是一款实用高效、尤其适合精益型团队的协同工具。它可覆盖的使用场景，包括：媒体从业人员的编稿校稿、互联网产品团队内沟通需求发布策划、在校大学生团队小作业的资料汇编等，非常适合作为在国内网络环境下替代 Google Docs/Slack 的首选。

据有道云笔记的市场负责人徐宇旻介绍，2013 年是中国团队协作产品的元年，许多创业团队拿到投资。2014 年，有越来越多的团队协作产品在产品和资本上都有新的消息，但这些团队协作产品以项目管理平台居多，针对内容协作的较少。同时他们也注意到，90%的付费用户在笔记中记录与工作相关的信息。因此有道云笔记希望将在工作的场景中做得更加专业化，以扩展更大的市场。采访中笔者了解到，有道短期内仍暂无打算做一款垂直领域的产品，而是继续面向广大的普通用户。

对于如何看待竞争对手 Evernote 在团队协作方面的价值，他们认为，目前 Evernote 的 9%的收入来自 Business 版，也许短期内团队协作不会是其发展重点。而从产品形态看，Evernote 的商业版偏向静态的资料管理，比较难应用在高频沟通的协作，也不太适合中国用户。因此有道云笔记希望通过推出协作产品，进一步强化在工作及学习领域的效率工具定位。

有道云笔记协作版的邀请内测阶段预计会持续约两个月，目前 Windows、Mac、Android 和网页上已可使用，iPhone 版预计将于 7 月中旬推出。现在可以通过官方论坛申请内测资格，参与者还有机会获得一年的扩容套餐及德国原状灯塔笔记本。此外，获得内测邀请的同学也可以通过邀请其他人送出协同版的体验资格。

有道云笔记官方网站：https://note.youdao.com/

客户端下载地址：https://note.youdao.com/download.html

3.11 从线下到线上

除了寻找线上的宣传渠道，某些互联网产品因其覆盖人群特点和本地化特征，更适宜采用地面推广的方式。常用的地面推广策略包括派发传单、投放线下广告、设置摊位搞有奖活动等。

创立于 1999 年的携程曾在机场、火车站驻派地推人员，在人们候机等车的闲余时机耐心地解释注册成为携程会员的好处，手把手帮助预订酒店，这在 21 世纪初国内互联网尚不发达时，起到了非常好的效果。校内网（人人网的前身）为拉拢学生群体，最初在校园内推广时采用了接地气的“注册就送鸡腿”策略，引发了以寝室为单位的热烈哄抢。游戏行业的地推成效更甚。在盛大早期发展过程中，陈天桥以网吧为销售终端在全国建设起了强大的游戏推广渠道 E-Sales 体系，在利益分成的驱动下，吸引了超过 10 万家网吧参与到盛大旗下游戏的推广，铸造了传奇系列的辉煌，也让后来者如网易、搜狐、完美世界、巨人等从中汲取经验良多。

初创公司在考虑地推手段时，应综合衡量区域特性、群体渗透、易获得性，用更加巧妙的方式降低成本，提高效果。

Viber 是一款智能手机上的跨平台网络电话及即时通信应用，允许用户彼此免费，收发短信、图片、音频和视频。其服务遍布全球近 200 个国家和地区，主要用户群在欧洲。2010 年 Viber 刚问世时，希望先寻找一个市场来试点推广（Soft Launch）。他们与公关公司 Blonde 2.0 达成一致，最后敲定在以色列首先启动试点。为什么选择西亚这个人口仅 800 余万的国家呢？在 Viber 看来，虽然以色列国家不大，却是测试产品的绝好地点。

Viber 应用

以色列有着中东地区以及西亚最高的平均受教育年数，与日本并列为整个亚洲平均受教育年数最高的国家。以色列人爱好科技，乐于尝试和接受新鲜事物，如果一款产品足够优秀，那么口碑传播也很方便。许多著名的产品如吉列剃须刀，也是选择将以色列作为推出新款剃须刀的试点国家。以色列的官方语言是希伯来语和阿拉伯语，但大部分人也懂英语，所以 Viber 无须针对当地用户提供专门的语言包。另外还有个原因，2010 年时以色列的数据基础设施比其他潜在市场更成熟。统计结果表明，在国际研发花费指数上，以色列是排名第三高的国家，其在科技创新上全球排名为第十一位，高科技出口总额为第十六位。全球顶尖企业，包括英特尔、IBM、微软、惠普、雅虎、Google、升阳微系统等，在以色列都有研发中心。如此高的教育普及程度和科技创新能力，让这里成为了创业的国度和培养种子用户的沃土。这次成功的试点推广，让 Viber 在以色列推出仅 48 小时后，就跃升成为 App Store 排名第一的应用。

在美国，打车应用 Uber 最早在旧金山市低调推出时，当地糟糕的出租车打车体验和经常下雨的环境是使其迅速受到青睐的原因之一。随后 Uber 选择推广到西雅图，多雨的天气同样是“天公作美”；当来到芝加哥，人们丰富的夜生活和数量繁多的体育比赛，更让 Uber 看到了在当地展开地面推广的巨大商业潜力。

Uber 在交通拥堵和气候糟糕的城市给当地居民带来了方便

除了考虑区位优势，产品对目标用户群体的渗透能力也至关重要。手机约会应用 Tinder 于 2012 年 9 月 14 日在美国排名第二的“派对学校”南加州大学正式推出。人们在 Tinder 上迅速通过对方的面容五官、穿着打扮，判断是否符合自己的审美喜好，一旦双方彼此认可，则可以进行下一步交流。这款应用在上线两年后，每天处理的约会评价超过 10 亿次，超过 1200 万人次配对成功，月活跃用户数逼近 5000 万人。

Tinder 应用

让 Tinder 早期获得迅速增长的是贾斯汀·马丁（后来他被授予首席营销官与联合创始人称号）。在南加州大学念书时，马丁曾运营一家派对筹办公司，他发动兄弟会和女生联谊会里的交际能手来销售派对入场券，每卖出十张，就给他们一张免费赠券。通过这段经历，他认识到“如果我们可以先渗透到那些具有社交影响力的人群当中，那么就能以此为基础向其他人扩散开来”。于是他将 Tinder 的测试版发送给了洛杉矶派对圈里最受欢迎的 600 位熟人，并拉拢来一批年轻貌美的长期在线用户。很快，Tinder 每天的配对交互就达到了数万次。

借鉴 Facebook 的经验，马丁又开始在派对圈的“精英学府”里展开地推，除南加州大学外，Tinder 的热度又延烧到了亚利桑那大学、德克萨斯州大学奥斯丁分校等地，不久后就在全美的大学里流行开来。2013 年初，Tinder 用户数量到达 40 万。

影响地推效果的另一个重要因素是产品的易获得性，这需要结合推广的场景，考虑路人的感受。相比在闹市街头随机向路人递塞引诱二维码的广告宣传单，以华尔街日报电子版为代表的免费 Wi-Fi 推广策略似乎更显高阶。自 2012 年 9 月开始，当你漫步在纽约或旧金山的街头，路过包括时代广场、渔人码头、华盛顿公园、切尔西市场等著名景点时，可在智能设备上检索到名为“华尔街日报 Wi-Fi”的开放热点。

进入特定地区后，用户可以搜索到名为“华尔街日报 Wi-Fi”的热点

一旦连接该热点，用户将被带到一个有明显品牌名称的着陆页面。用户在该页面内完成注册（简单地填写用户名、密码、邮箱以及用于后续精准营销的职位字段），就能连接上网，同时立即收到一封邮件，告知用户可以免费获得 4 周的华尔街日报电子版订阅服务。这起到了良好的发展新用户与激活沉睡用户的效果。

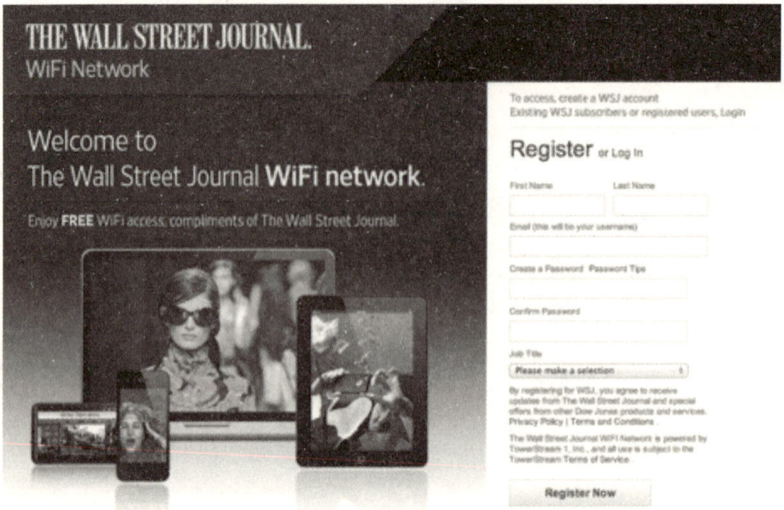

华尔街日报利用 Wi-Fi 推广自己的订阅服务

目前 Wi-Fi 热点已作为下一波互联网入口成为兵家必争之地，硬件服务提供商如迈外迪、JooMe，以及软件平台提供者如 Wi-Fi 万能钥匙、360 免费 Wi-Fi 都在以不同方式切入。如果你在机场等公共场所连入这些运营商提供的免费 Wi-Fi 网络，那么则很有可能在登录成功后看到一批软件和游戏的广告。别怀疑，这将成为地面推广的有效渠道。

3.12 海外扩张

2000 年，一篇题为《到美国去，赚美元》的文章，让程序员周奕成为了圈中追捧热议的话题。作为与求伯君、王选同时代的商用软件作者，曾混迹中关村 8 年的周奕的创业之路并不平坦。他最早推出的名片排版产品“理德轻松排版”虽然市场反响良好，却无奈受盗版影响，加之营销费用走高，一年辛苦下来也难有积累。惨遭滑铁卢的周奕停掉公司，无所事事，对中国软件行业失望至极。

一次偶然的机会，他看到了潜在的市场需求：将 MP3 文件刻录到光盘上，还原成为音乐 CD。在当时全球盗版音乐猖獗、用户纷纷“顶风作案”下载侵权 MP3 的背景下，这个看似逆时代而动的想法，遭到了一些朋友的质疑。但周奕并没有受他人的意见左右。他决定将这个款产品开发出来，并且独创性地采用了多线程的编程办法，一边压缩一边刻录，将整个过程放在内存中执行，而不需要占用额外的硬盘空间。在与国外的 50 余名开发者进行邮件交流后，他确认了海外市场上做“共享软件”的商机，于是决定专攻国际市场。花了几千元注册了 zy2000.com，在美国租用服务器，并开通了网上支付和银行电汇。

接下来发生的事情让当时国内的独立开发者们艳羡不已。周奕的这款 MP3 to CD 订单源源不断，销售额每月以两三倍的势头增长。他为此前往美国，全力以赴投入到英文版的开发和市场推广。每月五万美元的销售额，有 20%用于研发和市场的再投入，剩下的足够他的日常花销。不久，他就为自己购入了一部宝马车，顺理成章地成为了别人眼中优越富足的成功典型。

周奕的经历甚至影响了一代程序员的职业规划，许多程序员开始“开眼看世界”，辞去了枯燥的工作，专心在家折腾起了共享软件。当时国内最大的共享软件开发者讨论社区 CNSW 上，最热门的版块非“走向海外”莫属。

与之类似，目前在国内，一批有想法、有技术并且有商业嗅觉的创业团队，有意识地选择了规避国内市场，而专攻海外。这不仅是由于海外市场有着更完善的支付渠道和信用体系，也是因为其版权保护方面的措施能切实维护企业利益，防止恶性竞争对创新造成的破坏性影响。与其在国内乱象丛生的“黑森林”中搏杀，不如在海外堂堂正正的“竞技场”中角力，这正是他们中绝大多数人抱持的想法。

另外，海外市场也更为广阔、利润丰厚。周奕曾对自己的共享软件 2000 年 8 月份销量情况做出过统计，在全球范围内，他的产品销售情况是：美国（1813 套）、加拿大（98 套）、英国（80 套）、荷兰（32 套）、澳大利亚（32 套）、德国（17 套）、挪威（17 套）、西班牙（16 套）、法国（15 套）；其他销售量在 15 套以下的国家和地区包括：墨西哥、巴西、比利时、意大利、奥地利、瑞士、韩国、新西兰、阿根廷、丹麦、以色列、芬兰、日本、新加坡、南非、爱尔兰、波兰、瑞典、土耳其、阿联酋、智利、哥伦比亚、塞浦路斯、厄瓜多尔、希腊、马里亚娜群岛、尼加拉瓜、巴拿马、葡萄牙、斯洛文尼亚、萨尔瓦多、泰国、乌克兰、乌干达、委内瑞拉——俨然是一片无边界、不打烊的巨大开放市场。

如何在巨大的全球市场里加速扩张布局呢？开设各地办事处，驻派专员，招聘当地员工从头打造本地化的版本？这些方法无疑是用时长，花销大。Facebook 的增长团队想出了一招妙计：他们抽离了核心代码主干，开发出一套支持“多语言包”的国际版框架，允许任何人参与 Facebook 的“当地化”工作，帮助一起翻译和开发当地语言的版本。这项工作避免了直接招聘海外员工的管理成本及进入当地所面临的政策风险，让产品得以在最短的时间内渗透到世界各地。

在进军海外市场的过程中，本土软件开发商也曾有“水土不服”的现象。例如，触宝输入法以国内工具型软件的思路进军海外之初，将产品设定为免费。这在国内看来再正常不过。然而机警的美国用户对此抱有一丝怀疑：虽然这陌生的触宝输入法比自己用过的任何一款输入法产品都顺手，但这么好的东西为什么免费？是不是有什么不可告人的小动作，或者想以此为理由推脱对用户的责任？这些来自市场的质疑令产品负责人眉头紧锁，心想这都哪儿跟哪儿呀。

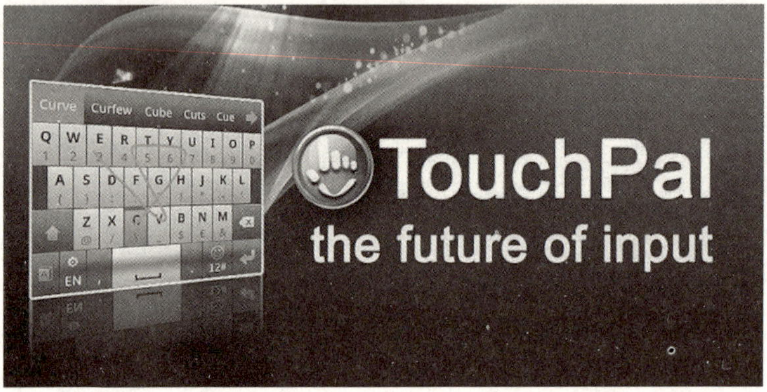

在国际市场大放异彩的国产输入法工具“触宝输入法”

触宝后来采用的解决办法是，专门开发了一些产品核心价值之外的“花瓶”功能（例如换肤）当成收费点，推销给心存疑虑的用户。这样一来，美国民众对触宝的质疑也烟消云散了：看样子这应该是一家有营收、能养活自己的公司，能对用户负责。触宝就这样逐渐赢得了美国市场的芳心。

还有些时候，进军海外也是被逼无奈之举。2012 年之前，傅盛带领下的猎豹公司面临着生死考验。在国内，竞争对手 360 公司以成倍的人力投入严防死守，阻击猎豹在电脑与手机安全方面的扩张，“3Q 大战”之后，国内的安全厂商更是紧锣密鼓筹划结盟或布局事宜，这令猎豹的日子分外难受。这一年，傅盛“特别痛苦”。郁闷中，他率领团队去硅谷考察，寻求增长之道。在国外，他看到美国的手机应用市场最大的品类为游戏、社交、通讯和工具。前三者都有领导企业，头部效应明显，唯独工具品类较为分散，缺乏领导品牌，许多独立程序员开发的产品也往往能独占鳌头，获得动辄几千万的用户。于是 2012 年底，傅盛做了个决定——国际化。

猎豹移动 CEO 傅盛，图片来源：今日头条

为了聚焦精力、单点突破，猎豹的国际化只瞄准 Google Play 这个安卓官方的最大应用市场，其他全部忽略，并且放弃一切预装。他们通过脚本遍历了 Google Play 上所有应用的关键词，发现“清理”、“杀毒”、“电池”、“系统”四个词出现的频次最高，代表大众普遍需求。特别是“清理”一词，搜索量是“电池”的四倍、“反病毒”的十倍。这或许源自全世界各地用户中仍大量使用的低端机型，这些机器对空间的优化和垃圾的清理有先天缺陷，这恰恰给了猎豹施展的机会。

于是本着试探的目的，猎豹抽调三个人力，用几周时间迅速上线了“丑陋无比”的英文版“Clean Master”。谁料想，未经任何推广，上线第一天就获得了 1.5 万下载，远超过投入了更多人力的电池医生产品。傅盛意识到要做一个“移动国际版的 360”，通过清理工具的边缘市场切入，能够避开正面阻击，并且有扩展成为更大市场的可能。于是，他抽调更多人力加入了 Clean Master，甚至壮士断腕般地停掉了电池医生，专注于清理。

一年之内，Clean Master 从 2013 年 1 月的 100 多万月活跃用户，做到了 2014 年 5 月的 1.4 亿用户。这期间，产品累计迭代了 100 多个版本，在 Google Play 上获得了 900 万个投票，平均 4.7 分，超过了包括 Facebook、WhatsApp 等在内的绝大部分顶级应用。猎豹上市前夕，傅盛转述了雷军那句广为传颂的感悟：“不要用战术的勤奋来掩盖战略的懒惰”。这或许是对他当年顶住压力和怀疑、毅然决定走向海外这一战略决策的最好注脚。

如果你因价格战甚至补贴之争而觉得收入增长遥遥无期，不妨试着换个角度，将视野投向海外。有道是“墙外开花墙内香”。希望能有更多国产团队的优秀产品屹立于世界之林，在国际舞台大放异彩。

第 4 章 激发活跃

“鸟不鸣，信长杀之；鸟不鸣，秀吉使鸣之；鸟不鸣，家康待鸣之。”

——日本谚语

4.1 职场社交巨头的用户激活秘诀

LinkedIn 是国际知名的职场社交服务，正式上线于 2003 年。它致力于为职场活动提供更方便的交流社区的理念，让不少具有前瞻性的公司职员、媒体人和猎头看到了它的潜力，成为了早期的种子用户。遗憾的是，起初竟有高达 50%的注册用户是沉默用户，网站的用户量和活跃度增长一度止步不前。毕业于斯坦福大学和牛津大学哲学专业、曾效力于苹果公司及富士通公司的联合创始人雷德 • 霍夫曼（Reid Hoffman）深知用户的数量与结成的关系网络深度直接决定了其价值的大小。为此，他带领团队进行了一连串“增长”的试验，旨在提高每一个用户的潜在联系人数量，从而增强社区黏性，提高用户活跃度和用户增长速度。

他们首先通过 A/B 测试调研了新注册用户愿意邀请的朋友数量。经过反复试验，最终确定了“4”这一魔法数字。当新注册用户到达“邀请好友”页面时，如果系统默认建议用户邀请的朋友数量少于 4 人，则他们很可能会轻易地忽略这一步骤；如果多于4人，则可能会让用户感到焦虑和麻烦；而不偏不倚刚好4人，能实现最大程度的邀请转化率。

LinkedIn 联合创始人雷德·霍夫曼

LinkedIn 早期的邀请方式是向用户的好友发送邮件。最早的邮件文案客套生硬，毫无吸引力。直到他们将文案优化为——“我在浏览人脉网络时看到了你。让我们互加为好友吧，我将很乐意满足你的请求，并提供后续可能的帮助。这将有助于我们组建更强大的人脉网络。”这一简洁有力的叙述，阐明了邀请信发出的原因、希望对方做的事情，特别是给对方带来的潜在价值。这些努力带来了数量可观（但增长缓慢的）病毒传播。

遗憾的是 LinkedIn 也发现，在通过邮件邀请带来的用户里，仅有不到 25%的人会继续主动添加更多联系人，大部分人注册进来之后只原封不动地维持着与他们各自邀请者之间的好友关系，很难再增加新的联系人。

如何才能方便高效地让用户不断更新自己的联系人列表，从而持续保证平台上的活跃度呢？他们发起了新的尝试——允许用户导入自己邮箱通讯录里的联系人（这一策略在今天看来再平常不过，但在 2004 年却是一项创新之举）。

当时通过输入第三方在线邮箱服务的账号密码来导入联系人有一定的难度，用户并没有这样的操作习惯，而且实际上可导入的联系人也并不多。为了解决这一问题，LinkedIn 专门开发了适用于本地邮件收发软件 Outlook 的插件，用户下载安装后，可帮助他们自动导入存储在本地的通讯录联系人。这一举动促使 7%的新用户上传了他们的通讯录，也让邀请朋友加入的比率骤升了 30%。

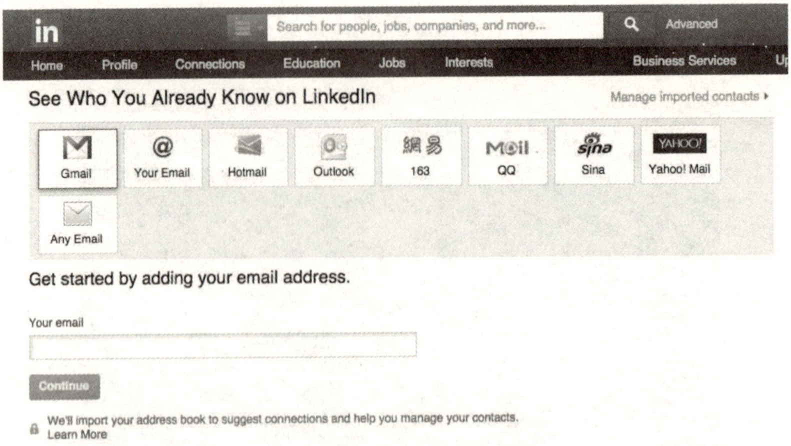

LinkedIn 允许用户导入邮箱联系人增加好友连接

通过现有朋友关系间的邀请与导入依然存在局限。LinkedIn 发现平均每收到 3.2 封邀请邮件，才会产生一次新用户的转化。为此他们又试着在用户的个人资料上做文章，想从中挖掘出更多社交潜力。

当新用户注册时，被邀请填写当前所在的公司与职位，数据显示超过 90%的人都愿意填写。于是 LinkedIn 很聪明地在这一环节增加了联系人推荐——立即列出同样所属该公司的相关用户的名单，新注册者只需要简单地勾选，就能马上与这些潜在的同事建立连接。这个开创性的动作，打破了此前基于现成邮箱联系人的单一连接维度，将存在于线下的同事关系搬到了网上。试验初尝甜头后，LinkedIn 很快又在新用户注册环节增加了“请输入以往公司与职位”的填写。人们能借此对职业生涯进行梳理，与过往的老同事形成交流，并有助于开启新的职业生涯。

LinkedIn 上的以往职业履历功能

这一被称为“重建关系流”（Reconnect Flow）的创意，其聪明之处不仅在于直接有效地增加了新用户的连接数量，还能够美化用户的个人资料页面，对外提供更多有价值的展示信息，这将有助于后续的自然互动。并且，随着新用户的不断注册加入，老用户也会时不时被动地收到新用户的添加好友邀请，这有助于唤回他们，维持活跃。

经过优化，LinkedIn 的 PV 提升了 41%，站内搜索量提升了 33%，用户个人资料页面的信息完成度提升了 38%。人们乐意在注册阶段尽可能多地提供相关信息，否则会感觉自己的档案页面是“不完整”的。尽管上述流程后来被挪到了用户注册完成后，也同样使邀请数量上升了 16%。

以上的整个病毒传播的设计，在 LinkedIn 内部被称为“双重病毒循环”（Double Viral Loop）——新注册用户源源不断地带来更多用户，同时老用户也会时不时回来看看，处理请求，或者主动发起好友邀请。两个循环同时发生，同时奏效。截至 2008 年，LinkedIn 获得了累积 1300 万的注册用户。

2012 年，产品增长负责人埃利奥特・施姆科勒（Elliot Schmukler）为 LinkedIn 带来了新的奇迹。在调研中他发现，随着用户量的增加，成员之间的活跃程度也两极分化日益明显：那些在职场中左右逢源游刃有余的人，往往在网上也有更大优势，于是他们使用 LinkedIn 会更加频繁积极；而原本埋头肯干的默默无闻者，在网上也同样低调内敛，不为人知。这一差异直接带来的影响是：每当 LinkedIn 发送一封通知邮件，告知用户的个人主页被浏览时，那些原本的活跃者点开链接的概率高达 20%，而非活跃者仅有不到 5%愿意响应。

换作别人，可能会去想如何向不活跃者发送更多邮件，或者干脆放弃他们。但埃利奥特的策略更为巧妙——他试图将活跃者与非活跃者联系起来，而纽带则是“声誉”（Endorsement）系统。这个新上线的功能模块能够让用户为任何好友做出评价，给他们贴上擅长领域的标签，如“Web 前端开发”、“企业经营”、“互联网投资”。这些标签将显示在被评价者的个人主页上，并默认根据评判次数降序排列。有了这个功能，即使再内敛、不擅自我包装的人，也能在他人的好意背书下突显出自己不为人知的技能特质，展现出更光鲜的简历，并因此吸引更多人的目光。人都是互利互惠的，一时间彼此互贴标签蔚然成风，那些原本沉寂无名的低调看客们终于也有理由加入了狂欢。

声誉系统上线的这一年，配合其他简约化改革和移动客户端的推出，LinkedIn 迎来突飞猛进的一年。LinkedIn 高级副总裁迪普•尼沙尔（Deep Nishar）在接受 Business Insider

的访谈时，自豪地承认声誉系统将显而易见地成为未来职场人士的推荐信。

LinkedIn 的声誉机制

在十余年的发展过程中，LinkedIn 始终致力于激发用户活跃、连接彼此网络的探寻，也在不同阶段进行了不同的尝试，并适时延续成功的策略、摈弃过时的套路，不断推陈出新，其许多开创性的尝试都被后人沿用在更加广泛的领域，如招聘、二手交易、聊天交友等。

4.2 A/B 测试，网站活跃率提升的法宝

世上总有更好的方案

像 LinkedIn 的升级迭代一样，在互联网产品开发过程中，我们经常面临多种方案的抉择。有些选择轻而易举，例如面向大众的偏理性产品，主色调定位蓝色最权威稳重而广为接受（比如百度、Facebook）；强调安全的服务，绿色是常规之选。

但有些时候，备选方案模棱两可，甚至区别看起来无关紧要，例如某个按钮是用橙色还是红色，摆放的位置偏左还是偏右。面对这种情况，传统解决方式要么是根据设计师的审美来定，要么是一群人共同表决，要么由某个领导拍板决定。无论哪种方式，都不免受到个人主观因素的制约，未必代表的了广大用户在实际使用场景中的认

知。“不识庐山真面目，只缘身在此山中。”通常解决此类情况，最合理的办法之一，就是进行 A/B 测试（A/B Testing）。

所谓 A/B 测试，简单说来就是针对想调研的问题提供两种不同的备选解决方案（比如两个下单页面），然后让一部分用户使用方案 A，另一部分用户使用方案 B，最终通过数据观察对比确定最优方案。在现实生活中，达尔文《物种起源》中提到的物竞天择原理，本质上就是在谈同一物种的不同变体经过外部环境测试后存留延续下的最优结果，也算是一种 A/B 测试。

A/B 测试的基本思想包括：

- 提供两个方案并行测试。
- 不同方案之间只存在一个变量，排除其他干扰因素。
- 以某种标准判定结果优劣，筛出最优方案。

其中第二点，即单变量，需要重点关注。因为某种方案的优劣，不光与方案本身有关，也可能与方案所适配的环境密不可分。

同样一段文案，若涂成黑色，在浅色底上会清楚醒目，在深色底上就可能很费眼力，而将文案改成白色，在深浅不同的底色上的视觉效果恰恰相反。这里我们就不能简单地得出结论，黑色和白色哪种是绝对好的，而只能说在深/浅底色的确定条件下，使用白/黑色方案为文案配色能取得更佳的视觉效果和转化率。

被比较的两个变量本身也不能是复杂变量，而应当是单一变量。如果硬要拿红烧茄子跟干拌土豆拼个高下，哪种美味只能靠评判者味蕾的主观偏好，解决方法是要么都改红烧，要么都换土豆，这样就能对单一的烹制方法或食材素质做出客观评价。

在产品设计中，A/B 测试常用于减少页面障碍、提升转化率、确定改版方案、新功能的小范围测试等。互联网产品中通过 A/B 测试改进产品的成功案例不在少数。例如，国外某开发者社区为了刺激游客注册成会员，在游客的默认头像中写上了“我爱 IE”这样戏谑的字眼——显然这是对有追求的开发者莫大的“侮辱”，这令他们不得不注册会员并更改头像。测试下来注册转化率十分出色。

Airbnb 曾测试过把“保存到心愿单”的收藏图标由星形改为爱心，结果仅凭这一改动就让心愿列表的使用率提升了 30%。

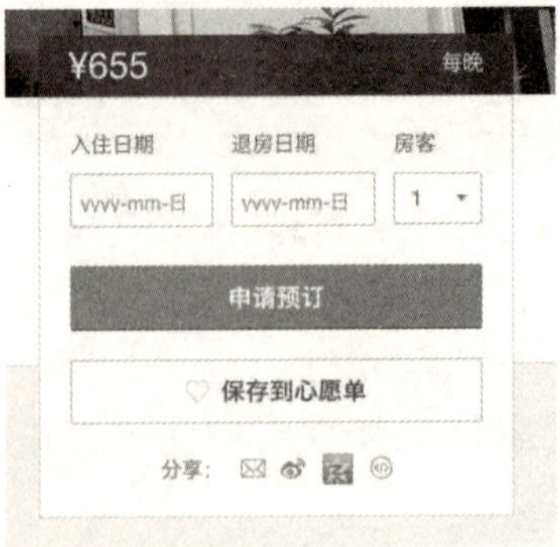

变为爱心图标后的“保存到心愿单”按钮

37Signals 在对旗下 CRM 产品的注册页面标题进行 A/B 测试后，发现“30-day Free Trial on All Accounts”（所有账户享受 30 天免费试用）可以比原来的“Start a Highrise Account”（注册高额回报账户）多带来 30%以上的新用户。他们还试着挑战传统网页必须把所有重要信息都放在第一屏的惯例，做了一个长达 5000 多像素高的展示网页，结果竟成功让注册率增加了 37.5%。

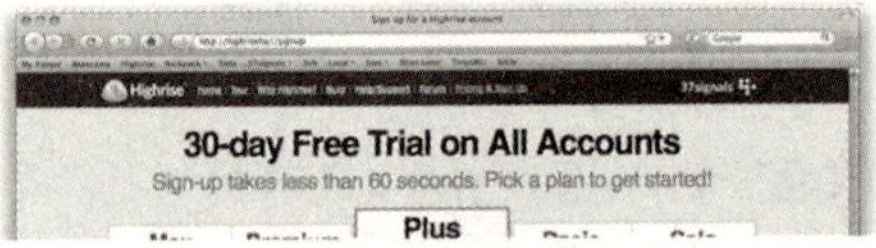

37Signals 旗下产品 Highrise 的注册引导文案

EA 在发布游戏《模拟城市》时，发现删除掉官网顶部的“PRE-ORDER”（预购）广告横幅可使得页面更加干净整洁，并因此使订购量由之前的 5.8%上涨到 10.2%。

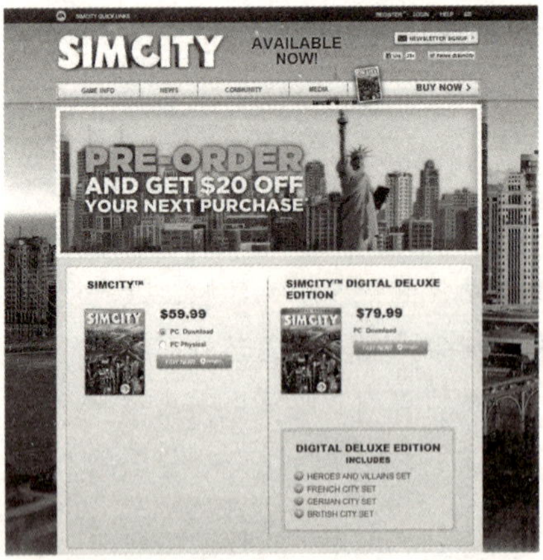

《模拟城市》订购页面测试前的广告文案

电子产品电商网站 ZAGG 对商品详情页面展示的图片进行了调整，以此来分析对消费者将货品加入购物车的影响。他们发现，如果将静态大图替换成演示视频，可以让客单价提高 27%，而如果再将演示视频替换成 360° 的可旋转图片，则又能让客单价提高 12%。也就是说，只是简单地将静态大图改为 360° 图片，就让收入增加了 40%。

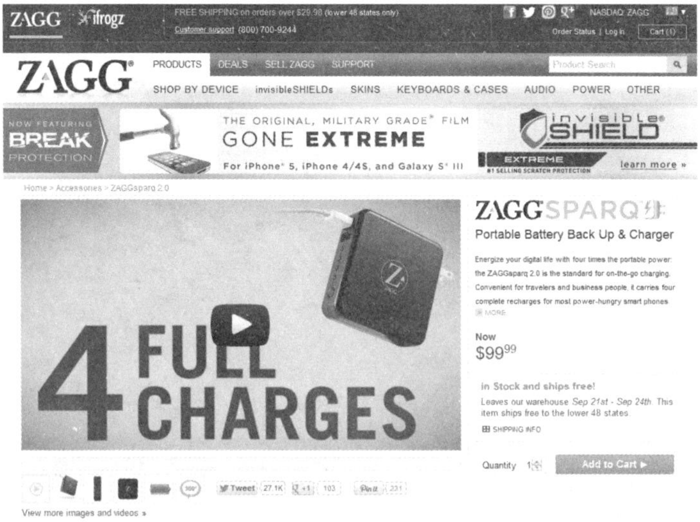

ZAGG 用演示视频来介绍商品

ZAGG 用 360° 可旋转图片来介绍商品

另外，还有营销公司 HubSpot，他们在注册表单上增加了一位女性的照片，以试图丰富页面和增加亲和度。但结果并不如愿，转化率降低了 24%，于是他们还是乖乖改回了原本的纯文字版。

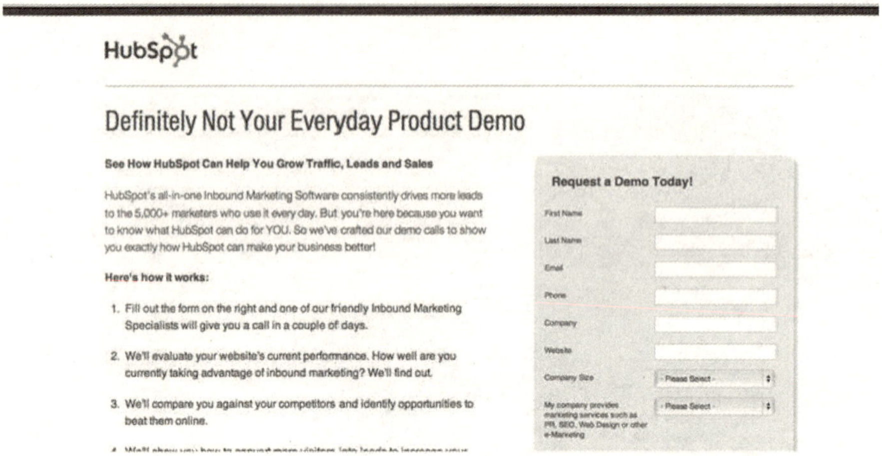

HubSpot 原来的页面，验证表明转化率更高

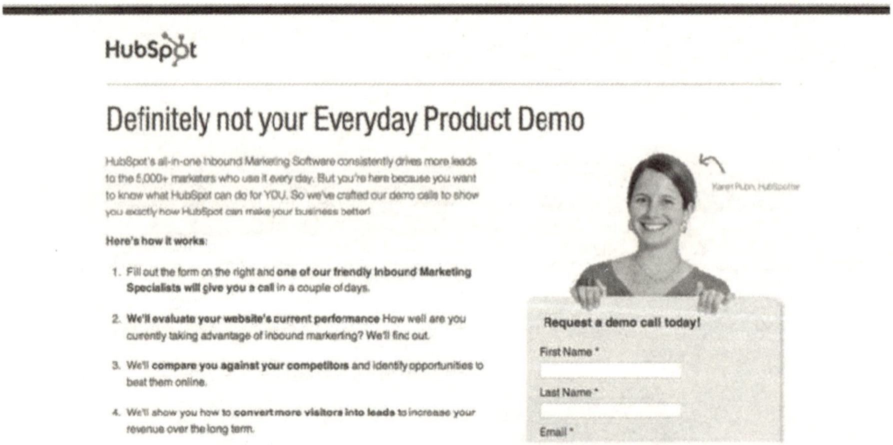

HubSpot 在 A/B 测试中加入女性照片，但实际情况并不理想

除了商业拓展，A/B 测试在总统选举上也是功不可没。2008 年，负责奥巴马竞选数据分析的主管丹·斯洛克（Dan Siroker）测试后发现，原本在“Change”网站上放置的一段精心拍摄的选举视频虽然被寄予厚望，但实际效果却远不如放奥巴马一家的全家福效果好，后者对选举支持率的提升比前者高出 40.6%，价值相当于获得了 6000 万美元捐款。

奥巴马“Change”网站上的全家福

经验主义并不完全可靠，在数据面前任何妄加揣测的评断都可能是不准确的。通过 A/B 测试，产品团队能够获悉哪些对激发用户活跃度有所帮助，哪些又徒劳无功（有时候后者显得更为重要，因为它能终结一场无意义的争吵，或是缩减许多不必要的消耗）。

一次测试或许能带来良好的改善效果，但也绝非意味着提升空间已然消失。微软公司的测试经验表明，在他们做的所有测试中，有三分之一被验证为成功有效，剩下的三分之二平平无奇或压根就是失败的。谷歌在 2009 年做了 12000 多次测试，但其中只有 10%带来了业务变化。产品不息，测试不止。永远不要满足于当下的结果，因为世界上总有更好的解决方案。

OkDork 的 A/B 测试实战

诺亚·卡根（Noah Kagan）曾是 Facebook 的第 30 号员工，在离开前东家后，他创办了自己的营销服务公司 OkDork.com。2014 年，他围绕提升网站的邮箱订阅转化率这一目标，针对页面进行了一系列的 A/B 测试和改进，成功将订阅人数从 1.2 万人提升到了 5 万人。他是如何做到的呢？

首先，通过统计工具，他确认了首页是网站流量来源最主要的入口。但原先的首页内容繁杂，既有文章更新，又有历史存档，还有网站介绍、站内搜索、各种页面入口，以及注册登录按钮。让用户留下邮箱地址的输入框藏在很不起眼的角落，很容易被其他元素抢走风头。当时网站的订阅转化率约为 3%。

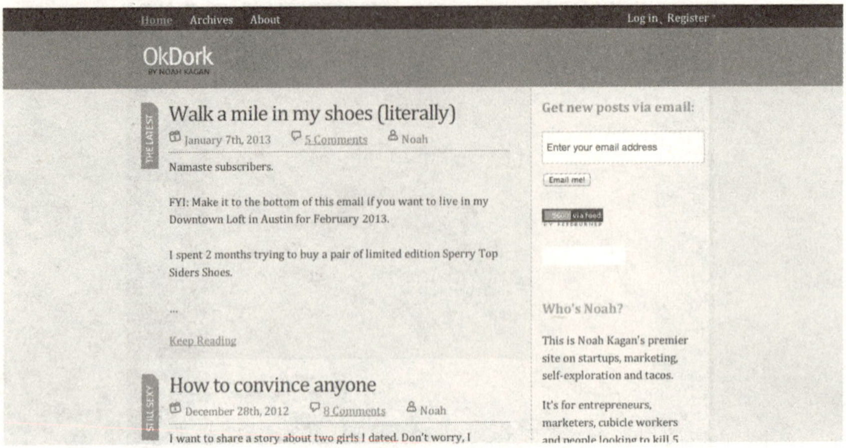

OkDork.com 改版前的原始页面

为了明确地引导订阅，在参考一些同类网站后，诺亚激进地做出了第一版改进：用户必须先完成注册，才能正式进入网站查看内容。

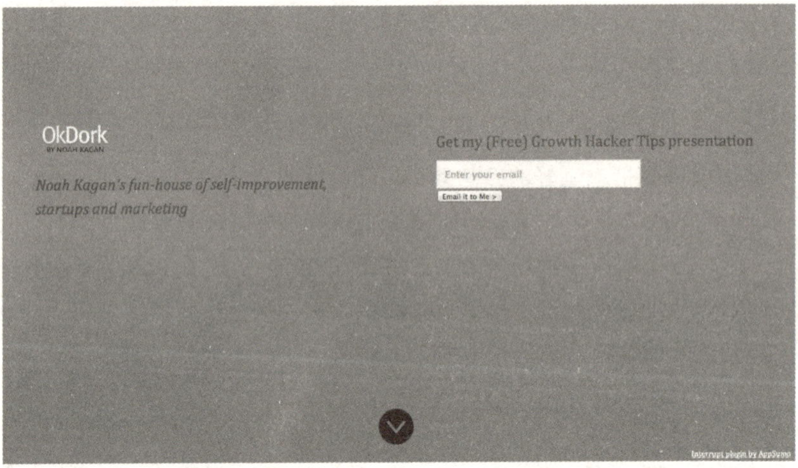

用户必须订阅才能查看 OkDork.com 内容

这个页面虽然简单粗暴，但也在无形之中拦住了一些不愿订阅的访客，A/B 测试的结果表明，订阅转化率的确因此提升到了 5%，几乎快翻倍了。

于是，他继续优化这个页面，设计了更加漂亮大气且具有人情味的页面，调大了引导字体和邮箱输入框的面积。同时，他意识到真正打动访客订阅的是网站能带给他们的好处。由于来到该页面的人大多是创业者或者市场营销人员，他们关心的是如何让企业获得用户增长，因此他特别增加文案强调了订阅的好处。

增加人物、放大输入框并完善引导文案后的网站

为了赢得用户信任，诺亚又增加了来自其他用户的好评作为权威背书：

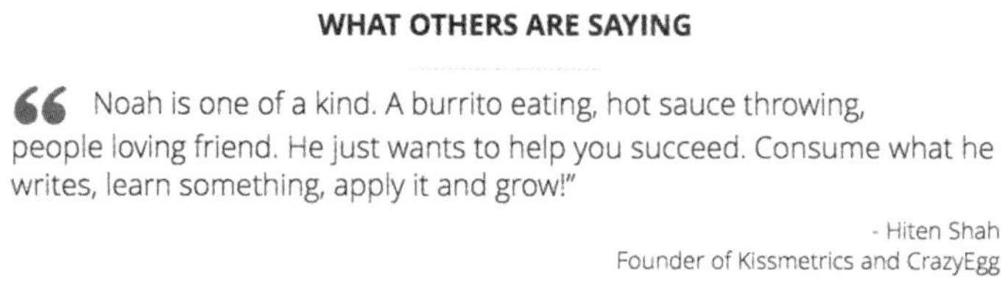

来自 Kissmetrics 和 CrazyEgg 创始人的好评背书

最后，根据 Google Analytics 的点击行为热点图，诺亚发现网站顶部的导航栏对用户的订阅行为也是一种干扰，许多人会将注意力分散给“博客”（Blog）入口。于是他索性将整个导航栏都去掉了。

点击行为热点图显示导航中的“博客”正在分散用户注意力

经过这番折腾，诺亚发现全新设计的首页转化率提升到了 8%，经过几个月的积累，他提前达到了预想的订阅数目标。

诺亚成功的 A/B 测试带给我们的启发是，一个功能明确、转化率较高的网站，必须让用户在第一时间明白它的作用和价值，并且用最醒目的方式呈现出接下来要做的动作，尽可能排除与核心目标无关的其他要素，减少无意义的视觉干扰，即“别让用户思考”。

然而，开发人员也不要过于依赖 A/B 测试，陷入一点一滴的变更中而忽略了更大的突破性变化。曾在谷歌供职的设计师道格拉斯 • 伯曼（Douglas Bowman）曾说：谷歌为了找出在两种蓝色方案中哪一种更好，索性测试了 41 种不同的蓝色来做比较。对与时间赛跑的创业团队而言，这样的精力付出简直太过奢侈。如果你的产品还没达到零点几个百分比的下降都意味着几百万美元损失的地步的话，还是多花些时间在那些真正有跃进式提升的地方吧。

4.3 移动应用的 A/B 测试

方寸之间的用户激活术

由于网站在线部署灵活机动，对其进行 A/B 测试的方法论相对成熟。而移动产品的需求验证流程通常要经过开发、上线、验证、迭代的漫长过程，由于官方市场审核与用户自行更新这两个环节相对不可控，因此整个周期较长，从提交应用到正式上线甚至可达数周，产品策划失误导致的犯错成本将极高。

究竟移动应用内是否有方法进行 A/B 测试？曾任百姓网高级产品经理的谭嘉明介绍说，现在很多 C/S 架构的客户端，越来越像一个纯粹的容器，接收来自服务端下发的内容然后在界面上展现出来。特别是引入 HTML5 特性后，许多功能不再需要借助原生控件就能实现，使服务端对客户端的控制更加游刃有余，基于此对移动应用进行 A/B 测试，快速验证某些需求成为了可能。

百姓网的后台核心架构就根据移动客户端的功能进行了高度抽象化，划分出分类、列表、详情三大模块，而前台则是纯 HTML5 容器，基于手机设备的特性进行相应的界面及交互设计。产品经理可以通过后台灵活配置三大模块内的元素组件，像搭积木一样生成千变万化的组合，实现特定的前台功能。例如图中所示的列表界面，里面的信息样式、筛选内容、显示标签等，都能在服务端配置。至于平台和硬件自身的特性，如地理位置、推送通知等，则以模块化的方法平滑地嵌入到调用它们的位置。这样做的好处很快显露出来。

某次广告部的同事提出需求，希望能将付费购买了增值服务的广告主信息在列表页面置顶。就此需求，百姓网内部产品团队分成两派展开了激烈争论。以谭嘉明为代表的甲方认为，这个增值服务信息在为期一个月的展示期内会始终存在，手机屏幕空间就那么大，用户每天进来都看到这个东西，会觉得没有新鲜感，为什么这里的信息长期不更新；以市场部为代表的乙方则觉得，用户一定会往下滚屏，滚下去就能看到更多信息了，操作其实很简单。

抽象划分出的分类、列表、详情三大模块

各自成理，一时间谁也说服不了谁。谭嘉明甚至在想，是否有必要大动干戈，直接把这里的交互改掉，例如根据免费与付费的区别将页面改为标签分栏，或是给用户提供强大但复杂的高级筛选工具。可广告部却等不起，他们希望尽快上线，因为这是对广告主的捆绑销售，丝毫不能怠慢。

经过一番思考，团队成员决定通过控制服务器下发的信息，对用户行为进行 A/B 测试。他们将用户根据 UDID 分为两组，一组下发带有固顶付费信息的列表，另一组则下发付费信息不固顶的列表，以此考察两个核心数据：一是从列表页面到付费信息详情页面的转化率，二是下拉获取下一屏列表条目的事件数。

结论让负责产品的同事大跌眼镜：固顶展示付费信息这一改动，对用户的影响几乎可以忽略不计。核心数据相差的量级在千分位之后，其他数据也同样如此。因此对产品而言，这一改动完全可以接受。但从商业角度考量，这却能为广告主带来更多的增值服务位置，提高盈收。

由此可见，在移动平台对联网产品进行 A/B 测试的思路，与网页内的测试思路其实是一样的，关键是如何基于现有业务去设计客户端产品的架构，以适应快速变化的业务，用高效手段验证。

左图：带有固顶付费的列表；右图：不带固顶付费的列表

但谭嘉明也特别强调，移动端的 A/B 测试不要过于依赖架构，否则看似灵活配置的架构也会束缚创造力或提供不够准确的结论。

他以百姓网曾走过的弯路举例。2014 年年初，百姓网的招聘类目曾上线了一个简历功能。用户可以在此留下个人的详细信息，向雇主完整呈现自己的能力与价值。在此之前，“投递简历”按钮的位置摆放的是“拨打电话”，只需点一下就能立即给雇主拨过去。之所以这样改动，是因为 A/B 测试发现，将“拨打电话”换成“投递简历”后，同一个位置的按钮点击次数没有下降，而完整的简历比一通电话看上去更正式，提供的信息含金量也更高。

改动上线后，客服收到了大量的用户反馈，许多用户都抱怨“为什么不能直接拨打电话”。经过深入访谈，产品组理解了用户行为背后的动机：由于百姓网提供了面向大众的海量求职招聘岗位，从低端到高端职位都有所覆盖，有些门槛较低的职位如销售、厨师等，其实一个电话就能谈拢，让用户花时间填简历反而会贻误时机，担心职位被人抢走。而在此前的产品架构上，同样的位置只能摆放一个按钮，改为“投递简历”后用户不得不去点击，才会造成点击量与之前的“拨打电话”不相上下的假象。换句话说，由于需求量足够大、足够刚性，用户是被胁迫去点击的。

于是产品组对架构做了优化，允许在原先的位置摆放两个按钮，“拨打电话”和“投递简历”同时存在，这才让需求得以平衡。之后的数据显示，两个按钮的点击量相当，不同人群面向不同岗位时，有的人在意获取面试机会的效率，有的人则认为有简历更正规。之前的弯路正是由于架构限制了 A/B 测试的方法，使导出的结论无法反映出实际情况。

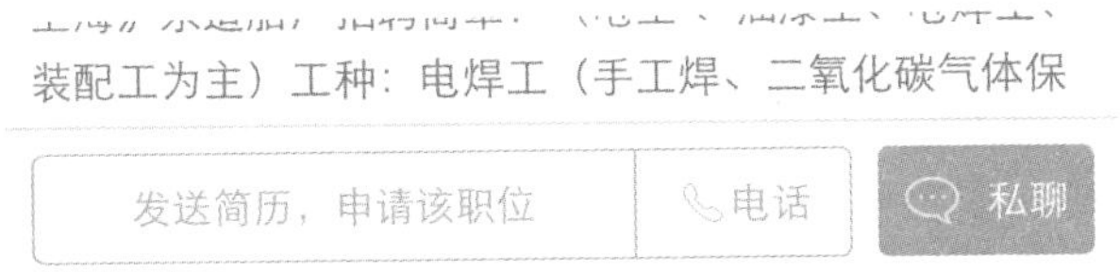

页面摆放投递简历按钮

页面摆放拨打电话按钮

在复盘移动端的 A/B 测试方法对工作的帮助时，百姓网的移动产品负责人韩时佳说：“在移动产品开发过程中，当你提出一个开发代价略大的需求时，如何说服开发同事这是一件值得做的事情？除了刷脸抱大腿请吃饭之外，服务端可配置的 A/B 测试这个轻量级且快速有效的论证工具，将是一件利器。当然用好它的前提是，在设计产品的架构时，就要把各组件的灵活性都尽可能考虑周到。”

如何在移动场景下影响用户决策

移动应用的使用场景有别于传统端坐于电脑前的 PC 互联网使用，用户们时间更碎片、思考时间更短、注意力也更为涣散。于是也会出现与以往惯性思维认知相反的例子。一般我们都认为“少”即是“多”，给用户更多选项会让他们迷失方向，而呈现更少的内容能让他们的注意力保持聚焦，引导他们完成某些特定的转化行为，提升特定按钮的点击率和特定功能的使用活跃度。然而通过 A/B 测试发现，也存在某些意料之外却情理之中的情况。

在国外某款类似 Tinder 的交友应用的早期数据分析过程中，产品团队发现一个有趣的现象：当显示配对异性照片的主界面上只放有一个可点击的“喜欢”按钮时，该按钮平均每天的点击数约为 7000 次（不喜欢则直接滑走照片查看下一张）；后来进行 A/B 测试，新增了一个“不喜欢”按钮，在其他因素维持不变的前提下，这个版本每天“喜欢”的点击数可以上涨到 12000 次左右。

看似画蛇添足的按钮，反而刺激了用户参与的活跃度。造成这一现象的背后原理，被称作“诱饵效应”。丹·艾瑞里在《怪诞行为学》一书中描述过类似的实验：《经济学人》杂志曾经制定了一个看似荒谬的定价规则——电子版 59 美元，纸质版 125 美元，电子版+纸质版合计 125 美元。猛一看，单独的纸质版似乎同样画蛇添足，根本没有人会放弃相同价位却额外增加了电子版的更优选择。但实际上，纸质版这一选项的存在打破了原本另外两项的平衡，让天性懒惰的人们下意识地跟着感觉走，倾向于选择看似更加“便宜”的电子版+纸质版，而完全忽略了理性的判断：我是否真的需要《经济学人》杂志？光买电子版能不能满足我？纸质版真的值额外的 60 多美元吗？

作为一种“诱饵”存在的额外选项，锚定了人们的心理评估标准，将思维局限在惯性框架之内，影响人们快速做出可能是与理性背道而驰的判断。人们吝啬于分配有限的认知能力，只想不费什么脑力就做出选择。这在移动应用的使用场景下尤其明显，并且为激发用户提供了更多可能。

在前面这款类似 Tinder 的应用中，当原本只有“喜欢”按钮时，用户看到相貌一般、模棱两可的照片时，会本着“看看再说”的心态滑到下一张，不产生按钮点击；当加入“不喜欢”按钮后，原本对某张照片秉持“无所谓”态度的人得到了更明确的行为召唤，产品的界面引导他在两种截然不同的评判之间快速做出选择，要么喜欢要么不喜欢，不存在什么中间状态，也不给你思考的时间。于是按钮的点击次数就上去了。

同理，迅雷在引导移动用户升级到“VIP 尊享版”时，通过 A/B 测试发现，如果升级引导面板上仅有一个“华丽地变身”按钮，比同时有“华丽地变身”和“残忍地拒绝”两个按钮，点击率低了将近 20%。仅仅是多出一个看似毫无意义的按钮，就将“选或不选”的问题巧妙转化为了“选哪个”，继而诱导用户“选这个”。

其实这个小技巧在日常生活中屡见不鲜。仔细回想一下，当路边小吃摊主热情洋溢地问你“鸡蛋灌饼是加一个蛋还是两个蛋”时，原本并不打算吃饼的你是否也曾因此莫名其妙就掏钱了呢？

4.4 另辟蹊径，降低用户活跃门槛

在一次与朋友的闲聊中，我曾听闻这么一则有趣的案例：Skype 在推出之际，美国市面上充斥着不下十几种同类型的 VOIP（Voice over Internet Protocol，网络电话）服务，彼此之间差异很小，竞争激烈。但最终，用户们显然更喜欢 Skype，因为它的通话清晰流畅，却似乎并不怎么耗费额外流量。这看似矛盾：更高的通话质量意味着传输更多的数据，从而加重了带宽流量的负担，照理来说 Skype 应该耗费更多流量和话费才对呀？难道 Skype 研发出了某种特殊的数据压缩技术？

很多年后，一名负责研发的人员揭晓了这其中的奥秘。原来，Skype 并没有什么秘而不宣的独门技术，而是想出了一招另辟蹊径的实现手段。如果你经常玩反恐精英或者风暴英雄这样的竞技游戏，想必一定养成了从耳机的左右声道判断敌人来路的习惯。没错，Skype 采用了游戏中常用的这一声音定位技术，将原本单声道的音频，通过算法分别处理成了听上去像是来自左声道和右声道的两段音频，再将他们叠加起来播放。这样一来，用户从 Skype 收到的语音就如同像是从三维世界传来那样具有立体感和临场感。这一“伪立体声”技术让其他不得要领的单声道 VOIP 服务相应见拙，使 Skype 杀出重围一枝独秀。

在很多时候，产品团队即便明确地了解到用户有某一方面的需求，但碍于技术实现成本或行业成熟度等制约，开发起来难度较高。此时，同样的跑道、同样的规则下，谁能先通过巧妙的思路破除用户在功能使用中的障碍，降低活跃门槛，谁将无疑获得更高的市场认可。

例如，过去用手机听歌，如果在锁屏状态下用户想看歌词，必须解锁后进入听歌应用才行。如何让用户省去这繁琐的一步呢？虽然 iOS 系统设置了重重限制，依然难不倒 QQ 音乐机智的产品经理们。在他们推出的“锁屏歌词”功能中，用户可以直接在未解锁状态下查看到歌词。这是怎么做到的呢？原来，程序自动将每一句歌词生成为一张图片，然后与专辑封面叠加，做出了一张假的“封面”，当音乐播放时，不断地更换锁屏界面上显示的专辑封面，这就达到了显示歌词的目的。

2014 年底，一款名为“Wi-Fi 万能钥匙”的移动应用高调进入了主流媒体的视线。在国内互联网行业巨头各自割据一方的大环境下，竟不知从哪里突然杀出这样一匹黑马：它坐拥 5 亿用户、2.3 亿月活跃用户、超过 1 亿日活跃用户，体量庞大到足以与

微信分庭抗礼。令人称奇的是，这位无中生有的隐形冠军此前竟从未引起行业观察家们的任何注意。它在巨头环伺的罅隙中始终低调地兀自生发，然后如同平地惊雷般横空出世，让所有人大跌眼镜。

QQ 音乐 iOS 版的“锁屏歌词”功能

为了绕过 iOS 平台的限制，其他产品也在尝试探索更聪明的实现方案。

Wi-Fi 万能钥匙是上海连尚网络旗下的无线上网工具，它能自动从云端获取由海量用户主动上传分享的无线热点密码，然后建立连接，让用户随时随地接入身边的免费无线网络。截止 2014 年 12 月，它已累计收集了超过 10 亿个热点坐标，用户每天通过它连接上网总量超过 17 亿次，实际上已成为了比手机浏览器更为前置的上网入口。

这个世界上从来没有无来由的成功。Wi-Fi 万能钥匙背后的掌门人，正是当年缔造游戏行业神话的盛大网络联合创始人之一——陈大年。他 16 岁便自学成才成为了一名早期程序员，在技术与商业间越来越娴熟地游走，并乐此不疲。从他幸运地嗅到 Wi-Fi 热点的潜在商机那天起，这个创新项目其实已经悄悄运作了两年。

团队最初只有一名开发人员，产品覆盖也仅限于安卓手机。自 2012 年 3 月上线后的四个月时间里，在没有任何付费推广的情况下，Wi-Fi 万能钥匙在应用市场上自然积累了千万的下载量。这似乎预示着这块市场具有的惊人增长潜力。

事实也的确如此。两三年后，越来越多的企业关注到了这个方向：在国外，Facebook 推出了 Internet.org 服务，谷歌尝试在全世界放飞载有无线热点的热气球；在国内，包括百度、阿里、腾讯、小米、360 在内的几乎所有知名互联网公司都推出了自家的免费 Wi-Fi 服务。面对行业的机遇与竞争的压力，Wi-Fi 万能钥匙必须加快脚步。遗憾的是，在两年多的发展过程中，它几乎将全部的精力都倾注到了安卓版本的开发，而忽略了其他平台。

据运营副总裁李磊介绍，在相当长的一段时间里，他曾经每天要打 100 多个电话调查询问用户的使用情况。结合后台数据，他发现 Wi-Fi 万能钥匙的绝大多数用户分布在安卓系统之下，在学生、异地打工族群等流动人口中尤其受欢迎（其中有 30%的人从来没有用过微信）。这些人的信息来源相对闭塞，日常娱乐项目贫乏，手机上网成了单调生活唯一的情感联络与情绪宣泄的出口。因此无线网络能否顺畅连接，对他们的价值不言而喻，关乎他们在一座城市的生存状态。选择安卓作为开发主战场的另一项重要原因在于安卓系统的开放性。由于源代码公开，可以直接对系统底层进行操作，这使得创建畅快无缝的 Wi-Fi 连接体验成为可能。

在亦步亦趋的技术探索与滚雪球式的用户积累过程中，一晃便过去了两年半。在此期间，Wi-Fi 万能钥匙也曾试图针对苹果手机进行开发，遗憾的是，iOS 系统相对封闭，并没有提供与底层 Wi-Fi 连接相关的 API 接口，在安卓上使用的那一套技术体系在 iOS 上根本跑不通。鉴于用户们强烈迫切的需求，Wi-Fi 万能钥匙团队只能暂时针对“越狱”的用户放出不够完美的解决方案。在这个不被苹果官方市场承认的版本中，用户需要先安装一套配置文件，才能开始使用。这显然不是最方便和长久的可行之道，用户的活跃度远不及安卓版。

在反复的技术讨论与方案探索中，团队一次次遭遇思路的瓶颈。无法绕开的系统限制如同难以逾越的大山，悍然屹立在众人面前。

直到某一天，陈大年突然想到一个获取系统 Wi-Fi 热点列表的解决方案：既然想连 Wi-Fi 必须通过苹果手机的系统设置界面来完成，而用户记不住也懒得手动输入一个个 Wi-Fi 热点的名字，那就干脆让用户到这个界面里截张图，然后 Wi-Fi 万能钥匙通过 OCR（光学字符识别）技术自动读取并识别截图中的 Wi-Fi 热点，最终完成连接。

这个想法颇有几分不走寻常路的黑客精神，它不仅解决了 Wi-Fi 热点列表的获取难题，降低了用户记忆和手动输入热点名称的门槛，而且一劳永逸，更重要的是在苹果官方市场的审核标准下，它的实现方式严格恪守各项条例，能确保得以上架。

如果说截图连接的方式攻克了手机定位偏移的难题，那么 GPS 定位+云服务则绕过了 iOS 不向非苹果应用提供用户附近 Wi-Fi 热点信息的制约。用户一旦主动授予应用获取地理位置的权限，则 Wi-Fi 万能钥匙会根据这一信息从云端数据库快速采集到附近的热点，然后展示出来。

Wi–Fi 万能钥匙启动引导图

这些独辟蹊径的功能实现方式，扫清了用户使用中的障碍，iOS 版于 2015 年 1 月 14 日一经推出就大受欢迎，成功冲到了 App Store 榜单的前五位，甩开了原本一票打着“Wi-Fi 万能钥匙”旗号招摇撞骗却又缺少实际功能的应用。负责 iOS 版的产品经理高超认为，类似的产品设计策略在合理的范围内突破了原生系统的种种限制和弊端，能让用户在整个过程中避免繁琐操作，一键联网，自然赢得了用户的好评和较高的活跃度。他们将在此基础上探索得更远。

4.5 旷日持久的补贴大战

在现实生活中，最吸引人们进入商场抢购的除了节假日的减价促销外，返利和补贴也是屡试不爽的惯用伎俩。二者的区别在于，前者是直接给出的优惠条件，后者则是需要顾客先行付出，再获取一定的好处。类似补贴的方法在互联网产品中时常可见，妥善运用不仅能在短时间内影响用户的单次决策，还可能在更大的时空范围内逐渐引导和改变用户习惯。

最简单的补贴形式无非是线下玩法到线上的简单平移，即对用户消费后的直接返利。例如各大电商网站挂出的“买满 99 元送 10 元优惠券”、“电子书全场 5 折起，买两本可免费获赠一本”。它之所以被广泛使用，自然是源于其长盛不衰的生命力——在用户对是否下单犹豫不决时，这通常是压垮骆驼的那最后一根稻草。

在此基础上，衍生出一种更进一步的优惠券特性——限期使用，即当天消费获得优惠券并不能马上用来买新的东西，而必须等到未来的某一时点才能生效。我就曾经在当当网消费后，收到了一枚只限于三个月后使用的八折优惠券。对此我的理解是，用户在当当网上流失的周期约为三个月，它试图通过赠送优惠券来留住即将流失的用户 。我也曾在存入一小笔钱到微信理财通后，收到一张限期使用的“收益翻倍卡”（这让我想到小时候爱玩的《大富翁 4》），看来它是嫌我存得太少了，想让我乘最近心情不错赶紧再多存一些吧。

补贴大战愈演愈烈的极端的例子，非 2014 年的打车软件之争莫属。在滴滴打车与快的打车两家打车服务提供商以死对头的姿态竞争之初，作为用户简直享受到了上帝般的礼遇。单程打车动辄收到几元乃至十几元不等的代金券补贴，有时候甚至坐了一趟车，非但没花钱反而是净赚了。这让我身边的一票朋友都赞不绝口，从挤公交地铁的上班族变成了专车出行的“成功人士”。而作为司机，除了每单 7 到 20 多元的补贴外，每天还能从打车软件那里获得 150 元的额外补贴。类似撒钱式的用户争夺手段，迅速让传统的线下打车市场接受了这种全新概念的服务，连很少打电话的中年司机师傅也愿意特意为此去购置智能手机、开通 3G 网络。如今，打车补贴虽越来越低乃至宣告取消，但市场早已经被教育成熟了。

补贴策略曾在打车大战中起到了重要作用

打车应用的这一波简单粗暴的补贴战略偃旗息鼓后，滴滴和快曾面临订单数的急剧下降。滴滴打车的CEO程维在腾讯科技的采访中提起："现金补贴不是给不起，只是这种方式太过于简单，给补贴用户就多，不给补贴用户就少。"数据昭示着补贴不能停的尴尬，同时呼唤行业出现更聪明的补贴方式。

2014 年下旬，滴滴打车首推全新的方式——打车红包。与此前直接补贴给用户不同，打车红包并非直接存入用户的账户，而是必须分享到微信朋友圈或某个好友，给别人抢走及使用。

相较于现金补贴，红包补贴的本质区别在于其具有通过关系链进一步传播的能力。如果说现金补贴培养了单个用户的使用行为和忠诚度，那么红包补贴有助于让种子用户引来更多的潜在用户，同时加强了参与感与荣耀感。

红包补贴的灵感来自于微信。2013 年年底，微信团队历时三个月开发的红包功能在春节前如期上线，在农历除夕至正月初八的 9 天时间里，累积影响了 800 多万的参与受众，发出了 4000 多万封红包，总价值逾 4 亿人民币。至于滴滴在此基础上又做了哪些改进，有些细心的网友发现，每次抢夺打车红包随机金额最大的，永远属于那个从来没有用过滴滴打车的人。

红包的玩法逐渐也成为电商网站补贴用户的标配，如蜜淘网黑色星期五的海外购物节推出了 1 元、5 元、10 元、1128 元不同金额的随机红包大转盘，天猫双十一购物节的好友"合体红包"等。

天猫网 1111 购物狂欢节的红包补贴活动

另外，也有综合了现金补贴与红包补贴二者所长的玩法，比如微信钱包里的优惠券卡包。用户通过各种形式获得的折扣券、代金券、团购券都存放在这里。最重要的是他们不仅能够自己用，还可以拿来“赠送给朋友”。这种送人自用两相宜的优惠券，给了用户更多选择，也避免了过期造成的浪费，更将经济范畴的交换行为上升到了情感层面的交流互通。

4.6 游戏改变世界

从星巴克会员卡说起

我的同事陈女士最近成为了星巴克的“义务宣传员”，据说起因是前不久她一时兴起办理了一张星享卡。自此我每周都能在朋友圈看她不辱使命地晒出自己的咖啡人生，分享星巴克的各种品牌故事。

随卡下发的还有印制于500克高级铜版纸上的说明手册，银灰色与香槟金的设计格调让持卡者尤感尊荣。说明手册用中英文双语标示出了会员的成长体系，以及伴随等级提升将陆续开启的优惠特权：初次申请时的注册账户为“银星级”，可享受三张买一赠一的亲友券、一张早餐咖啡邀请券和一张免费的升杯邀请券；消费满五次后即升为“玉星级”，与之对应的奖励是一张生日邀请券和三张咖啡邀请券；最高等级为“金星级”，需要消费 25 次才能取得，不仅能获得专属金卡，还在银星级基础上增加了周年庆邀请券和重复购买奖励等。重赏之下必有勇夫，想必这阵子陈女士正在为获得顶级殊荣而不遗余力。

这张塑料片的影响力持久而潜移默化。它不仅通过品牌调性塑造和传递出身份认同感，更重要的是通过一种类似游戏里“打怪升级”的任务机制，牢牢将顾客绑定在自己的门店，心甘情愿地为某种可能超出原始意愿的目标而采取行动。陈女士就像被装入斯金纳箱的老鼠，在奖励刺激的作用下不断强化自己的行为，被商家牵着鼻子走，完成他们想让她做的事情——消费，消费，不断地消费。

这种在原本非游戏的情境中运用来自于游戏的设计元素，趋使人们达成某种行动或意向的方法，就是游戏化（Gamification），其目的是利用人类爱玩的天性，通过改造接触、沟通和参与的过程，产生具有吸引力的、持续的外在激励，诱发参与者的内在激励，从而更有效地提升参与者的参与度，实现态度和行为的转变。过去人们创造各种虚拟现实世界去逃避现实世界，现如今游戏化让人们带着玩游戏的心态重新回归现实世界并影响和重构世界。在健康医疗、教育培训、公共政策、市场营销、企业管理等领域，处处可见游戏化的影子。

美国未来学家、世界顶级未来趋势智库“未来研究所”游戏研发总监简·麦戈尼格尔在其著作《游戏改变世界》一书中提出了游戏的四大决定性特征：目标、规则、反馈系统和自愿参与。

- 目标：指玩家靠努力可达成的具体结果。它能吸引了玩家的注意力，并不断调整自身的参与度。
- 规则：为玩家如何实现目标做出限制。它消除或限制了达成目标最明显的方式，推动玩家去探索此前从未尝试过的可能性。规则可以释放玩家的创造力，培养玩家的策略性思维。
- 反馈系统：通过点数、级别、得分、进度条等形式来反映玩家距离实现目标还有多远。对玩家而言，实时反馈是一种承诺：目标绝对是可以达到的。它给了人们继续玩下去的动力。
- 自愿参与：要求所有玩游戏的人都了解并愿意接受目标和规则。

星巴克会员卡不过是商家试图从线下牢牢锁定消费者所采用的惯常手法。这家创立于 1971 年的老牌连锁企业在经历过业绩下滑和创始人舒尔茨的复出后，需要为迎合时代变化而探索更多策略。在 2012 年初，星巴克针对中国市场推出了适用于 iPhone 和 Android 手机的官方应用。使用智能手机的会员可以通过该应用搜索附近的门店、查看自己的等级和特权，以及了解最新的促销信息。

星巴克官方应用

在这款官方应用中，星巴克也将成功运用于线下的那套游戏化的精髓照搬到了线上。

应用内置了名为“星成就”的模块。用户可以在该模块里查看自己通过完成某项任务取得的徽章。将初期一片黯淡的徽章逐个点亮的过程给人以成就感，而名目繁多的挑战项目也将日常的“去星巴克买一杯咖啡”变成了尝试全新品类组合的机会。

例如，要获得名为“晨型人”的徽章，必须完成五次 9:00 之前的门店签到；想成为“星冰乐达人”，就得在 3 个月之内购买 15 杯星冰乐；如果你患有恐惧上班的“周一综合症”，还可以在周一去星巴克买一杯咖啡提升，一旦 3 个月内累积满 5 次，就能赢得一枚“周一追星族”。除了必须到门店签到才能获得的徽章，还有一些只需要完成简单的社交网络分享就能立即获得，比如“小喇叭”、“社交达人”。这些门槛较低的徽章通常成为收集者们最初的战利品。

营销大师菲利普·科特勒在《营销革命 3.0》（Marketing 3.0）中说：“当今的消费者所寻找的产品和服务不但要满足自己的基本需要，他们更希望能发现一种可以触及其内心深处的体验和商业模式。也就是说，为消费者提供意义感将成为企业未来营销活动的价值主张，价值驱动型商业模式将成为营销 3.0 的制胜之道。”从游戏化的角度思考这一论点，不难发现，给人以游戏般的参与感和成功的激励，正是产品价值本身之外的另一重体验。它凭借有趣和意义将自身所代表的价值与庸常者们区隔开来，成为用户自觉自愿的选择。

游戏化的常用策略

星巴克的“星成就”并非首创。早在 2009 年三月，亮相于 SXSW（西南偏南）大会的移动签到应用 Foursquare 就成为了媒体的宠儿，有一阵子，著名科技博客 TechCrunch 甚至一个月内为其写了将近 100 篇报道。这个同时强调了 Social（社交化）、Mobile（移动化）、Local（本地化）模式的 LBS（Location-Based Service，基于地理位置的服务），将游戏化的产品设计充分做到了极致。我们来看看它的几个有趣的设计。

- 积分排名：每当完成一次签到，都将获得相应的积分，如果当天之内连续签到，或是签到时分享到 Facebook、Twitter 等社交网络，则积分会增加乃至翻倍。好友之间会形成积分排行榜，要想在榜单上傲视诸好友，就要不停地发掘更多去处、完成签到同步。

- 徽章挑战：一天之内连续签到不同地点、同步到三个以上的社交网络、驾车或乘飞机穿梭于不同城市之间、抵达特定的合作商家门店等，都能赢得徽章。相比星巴克将收集徽章的任务体系聚焦于自己的门店，Foursquare 更开放也能玩出更多花样，它提供的徽章琳琅满目，用户在相当长的一段时间里都不必担心无事可做。我的一位经常出差的投资人朋友在短短两个月内收集了近百枚徽章，令人叹为观止。

- 抢夺地主：如果你签到某一地点足够频繁，证明你对这里的确情有独钟，超过了其他任何人。这时候，Foursquare 会授予你该地点唯一的“地主”（mayor）称号，所有造访此地的用户都将能看到。这有点像强手棋或是大富翁游戏，人们在现实中无法一掷千金肆意收购豪宅，却有可能在虚拟世界成为不动产之王，将当地的人气地标“据为己有”。

2010 年中旬，Foursquare 在创立一年后获得 2000 万美元的风险投资，估值近亿。每周新增用户达 10 万人，7 月 2 日当天的单日签到量突破 100 万大关。早期的游戏化策略让 Foursquare 在一众明星产品中自成一格，支撑起了整个平台的活跃度。

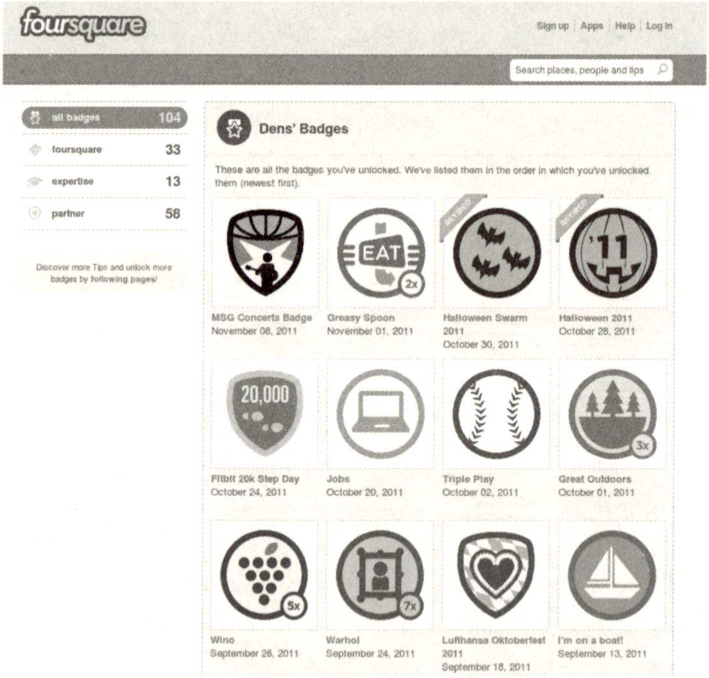

游戏化设计如签到赢徽章，让 Foursquare 迅速风靡

在另一款名叫 Waze（中文名“位智”）的 LBS 应用中，来自全球各地 190 多个

国家的用户可以提交其所在位置的路面流量信息，以方便其他驾车者合理规划路线，避免拥堵和突发事件造成的行程耽误。

要做成这件事需要每个用户都具有“我为人人”的奉献精神，仅靠道德上的责任感或许无法维持长久的活跃度。于是 Waze 也不失时机地加入了游戏化元素，为小部分愿意编辑和维护其地图的用户提供了点数奖励。这些点数不仅让贡献者获得了外部可见的荣誉，也帮助 Waze 判断哪些人是当地值得仰赖的领袖，并将他们提升成当地或整个大区的管理人员。Waze 的 CEO 诺姆·巴尔丁（Noam Bardin）表示，“人们因为喜欢和有趣才来，而且这让他们有了责任感。”

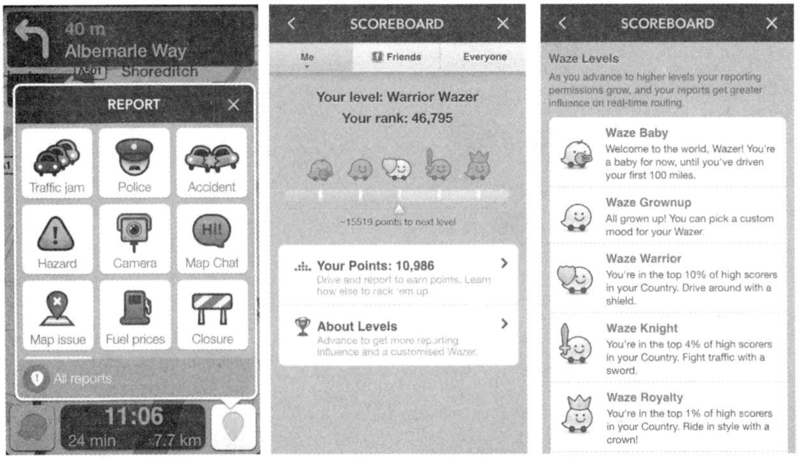

运用了游戏化设计的 Waze

滴滴打车配有 300 多人的算法和数据处理团队，每天需实时分析和匹配海量的用户打车数据，仅订单的日成交量就有数百万。滴滴会对司机的用户画像进行分析，了解他们的使用行为，如经常出现的地点、交班的时间、在哪种情况下会拒单等。

分析发现，某些场景下司机们普遍不太愿意接单，例如在寒风刺骨的早晨六点去天安门看升旗（即时用户愿意多支付十几元小费）。为此，他们设计了新的激励系统“滴米”。司机在接活时，会根据这一单的难易程度来增减滴米，受欢迎的好单子会扣除滴米，而像上述存在一定难度的单子则会奖励滴米。司机的滴米越高，越能享受到官方的政策倾斜，获得更好的接单机会。通过这个类似游戏中积分的制度，滴滴可以优化某些场景下的实时交通状况。

外语学习应用 Duolingo（中文名“多邻国”）在中文版正式发布一周内吸引了

150 万用户下载体验。在这个寓教于乐的免费语言学习平台上，用户可以根据自身水平选择不同层次的外语学习课程。每完成一个阶段的学习目标，都将获得对应语言的徽章等级奖励，这些成绩还能与好友在线 PK 一较高下。真让原本枯燥乏味的外语学习之路变得生动有趣。

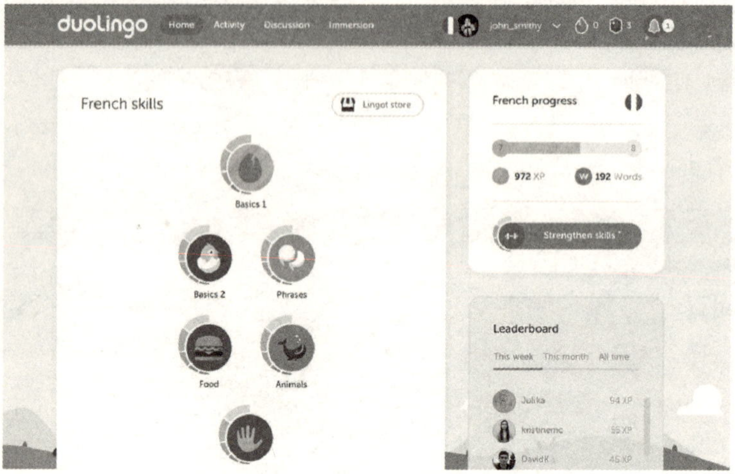

Duolingo 上的游戏化设计机制

当然，百度贴吧的签到玩法、QQ 会员的钻石点亮机制和 VIP 成长体系、阅读与资讯类产品中的数据统计报表等，也是游戏化策略最常见的表现。

“高能贩”和“布丁动画”中的用户行为数据统计

游戏化策略涵盖的领域和内容非常广泛，包括心理学、行为学、社会学、传播学等相关的具体细节和技巧。其本质上是一种建立、解决和改善沟通问题的工具，目的早已超越了单纯的娱乐。

游戏化表现形式之一就是将各种成就和进展量化出来

需要看到的是，游戏化不能解决所有问题。最典型的体现是 Foursquare 后续的发展曲线。在经历早期近乎疯狂的高速增长后，Foursquare 遭遇了急转直下的瓶颈，其用户增长和签到数量在相当长的一段时间内都鲜有突破，乃至出现了下滑。资本市场与科技媒体的态度也一百八十度大转弯，由一直看好逐渐唱衰。CEO 丹尼斯 • 克劳利（Dennis Crowley）在 2013 年的 SXSW 大会上坦言，Foursquare 最大的错误，在于产品上没有一开始就把搜索放到核心的位置，而是在徽章、地主和其他游戏化元素上投入了过多精力。

随后他们推出了淡化游戏元素、强调为用户提供具体价值的全新 LBS 产品 Swarm，不仅能发现周围的好去处，还可后台自动签到。昔日的 LBS 领衔者希望通过一分为二的产品策略，将单纯喜爱游戏竞赛的那部分人，与搜索需求明确的大众彻底区隔开来。

由 Foursquare 的例子可见，游戏化的价值不是雪中送炭，而只能是锦上添花的。切不可本末倒置，高估它的作用。

4.7 我，机器人——脚本自动化运营

楚门的赛博世界

用户运营，在拉动产品增长和行为转化中扮演着重要的角色，甚至有人戏称国内大量同质化产品的竞争优势“基本都是靠运营出来的”。

产品早期尚未形成稳定的用户来源和社区氛围，想要让人与人之间通过信任建立起对等友善的信号，往往并不那么简单。而一旦达到一定规模，产生羊群效应，则在此基础上再让人们产生某种行为转化则容易得多。如果用现实社会作对比，我们时常会听到某楼盘开盘时会雇佣一些群众演员排队，制造销售火爆的假象，从而吸引到真实消费者并且抬高售价，就是这个道理。

产品早期的社区氛围可以通过团队自身的运营来带动。例如，美国的社交新闻网站 Reddit 在创建之初缺乏足量的内容，于是创始团队自己注册小号，填充了一批高质量的初始内容。

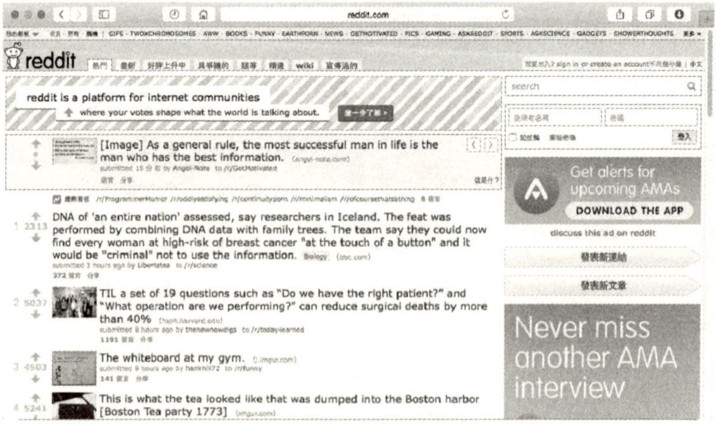

Reddit 网站

问答社区 Quora 在成立早期面临问答内容数量少、质量差、用户留存率低的问题。作为前 Facebook 的 CTO，Quora 的创始人亚当・D・安杰洛（Adam D' Angelo）深知这种既没有人又缺乏优质内容的情况攸关存亡，于是由他牵头，所有员工开始在平台上自己问问题，然后自己回答。在初步积累起一些有价值的内容后，用户的留存率明显有了好转。接着，安杰洛又邀请来一批忠实的种子用户，由他们添加并回答问题。直到整个网站的内容已经足够丰富，社区人气已经兴旺起来，Quora 才正式对公众开放，允许任何人在此生产内容和维护内容。

类似创建“马甲”自问自答的做法，其实在日常的产品中并不少见。但人工运营的瓶颈在于内容和互动的产出量，有时人力投入程度与短期回报不成比例。为此，编写脚本开发“机器人”自动替运营团队模拟成用户来执行动作，也成了惯用伎俩。

仔细想想，身边一定正有不少产品正在使用这个策略。近年来访问微博时，新增粉丝中频繁出现的“僵尸粉”有的能做到连转发带评论；打开某交友应用，无论到哪里都有长相俊俏的异性在线，哪怕身处荒郊野外深山老林；招聘网站上时不时有神秘猎头或用人单位发私信来，但交钱加入会员之后却发现那些消息都不见了；刚上线几天的众筹服务，赫然已有几十万用户贡献了超过千万的交易额……

市面上甚至还出现了更具技术含量的高端运营手法。如在某些网络游戏里，玩家会根据游戏行为和付费金额的特征被划分到不同的组别，进入专门为其量身定制的“副本”世界。在这个模拟的环境里，看到的其他在线玩家实际上都是与通过数学建模与人工智能生成的机器人，对此玩家本人浑然不知，继续身陷其中乐此不疲。在这样的副本世界里，玩家的行动都被精确地算计与实时地配合着。例如，当系统发现玩家战斗屡遭失败，信心受到打击时，就会在下一场战役中派出较弱的杂兵；当系统发现玩家乐于为低等级的女性免费赠送武器装备时，就尽可能在玩家周围分布多一些女性“机器人”，以此骗取充值付费。这就像是金・凯瑞的电影《楚门的世界》或是科幻经典《黑客帝国》中的桥段：肉眼所看到的外界世界或许并不真实存在，你只不过是自己在跟自己游戏，或者说，被游戏开发商戏弄。

豌豆荚打造“贴吧神兽”

2013 年下半年，混迹百度贴吧的网友惊奇地发现，只要在发帖时@豌豆荚吧，就能在第一时间收到来自豌豆荚吧的回复。人们无不感叹豌豆荚运营同事们的兵贵神速。

原来，这些妙趣横生的回复来自名为“贴吧神兽”的自动聊天机器人。它能说善道，只要在帖子里@豌豆荚吧，它就会自动被召唤出来，在帖子下评论盖楼，与网友互动。早期的贴吧神兽不仅能为用户查天气、搜应用、讲内涵笑话、回复诸如“待我长发及腰”这样的话题，还具有神奇的学习能力，可以在聊天中变得越来越智能。

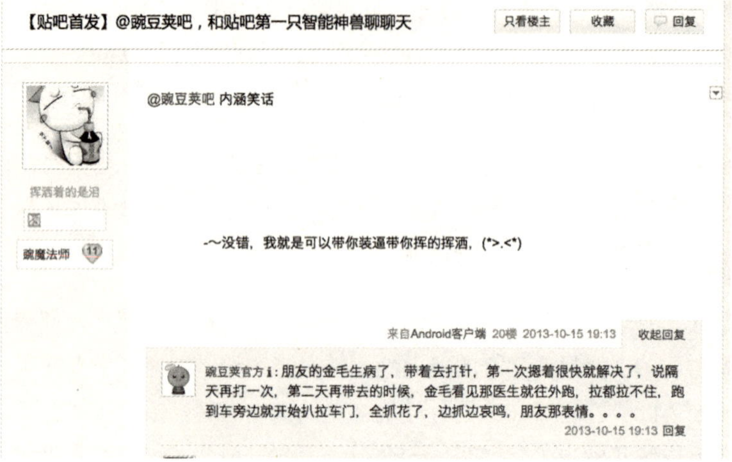

豌豆荚贴吧神兽宣传帖

贴吧神兽的创意来自豌豆荚团队的几位员工。产品运营乔升和工程师高海浪通过对贴吧用户的分析，发现大部分人非常年轻活跃且富于娱乐精神，吧友们喜欢在贴吧这个平台上自由讨论各类社会新闻、娱乐八卦，每天都有层出不穷的精彩段子和神吐槽涌现出来。既然如此，二人决定在贴吧做一些酷的、有意思的事情，既能与吧友们积极互动，提升活跃度，又可以增加豌豆荚品牌的曝光，塑造活泼亲民的形象。

开始时他们先做了一些简单的尝试，例如自动一键签到（不久后百度贴吧也推出了自动一键签到功能）。突然有一天，乔升想，能不能在贴吧做个机器人玩一玩，应该会很有意思。

说干就干。由于高海浪之前有技术积累，百度贴吧很多接口也是现成的，就只差智能回复数据库了。后来乔升和住在一起的徐博文一合计，后者正好有智能回复数据库方面的积累。于是两天后，第一个版本的聊天机器人就这样上线了。

第二天，乔升在“豌豆荚”的贴吧发了一个帖：“@豌豆荚吧，和贴吧第一只智能神兽聊聊天。”仅一个下午的时间，帖子就有了几百个回复。大家都对这种新奇简单又智能流畅的对话体验兴味盎然。

当晚，高海浪查看后台日志，发现在“WP7”吧竟然也有人在@“豌豆荚吧”，于是果断用“豌豆荚吧”账号关注了“WP7 吧”(贴吧用户如果不关注一个贴吧的话，发帖是需要验证码的)。很快，随着“WP7 吧”内的活跃互动，神兽也陆续传递到百度的其他贴吧中，网友们纷纷转发豌豆荚吧神兽的趣味指令列表，竞相尝试，就连百度贴吧人气位居前列的 “魔兽世界吧”和号称“贴吧卢浮宫”的“李毅吧”内，都涌现出一众“不明觉厉”、跃跃欲试的粉丝。

随着后台日志上渐渐出现的来自越来越多贴吧的@请求，高海浪快速反应，写了个自动脚本，当收到任何一个陌生贴吧的@请求时，豌豆荚贴吧神兽就会自动关注并回复。5 天时间内，豌豆荚的贴吧神兽已经传播到了 2 万多个贴吧内；每天@“豌豆荚吧”的请求数也越来越频繁，超过了 10 万次。

为了解决回复效率问题，乔升和高海浪又开发了“豌豆荚吧 1 号”，“豌豆荚吧 2 号”……“豌豆荚吧 20 号”的机器人来分担请求。谁料想，吧友们有样学样，将“豌豆荚吧 21 号”、“豌豆荚吧 100 号”乃至“豌豆荚吧学妹”、“豌豆荚吧萌妹子”这样的相关 ID 也给抢注了，在贴吧里扮演起“机器人”，做出各种搞笑的回复。

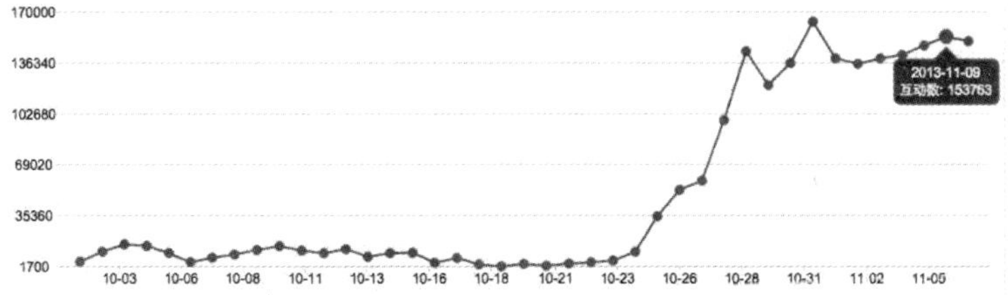

贴吧神兽带动的用户互动数增长

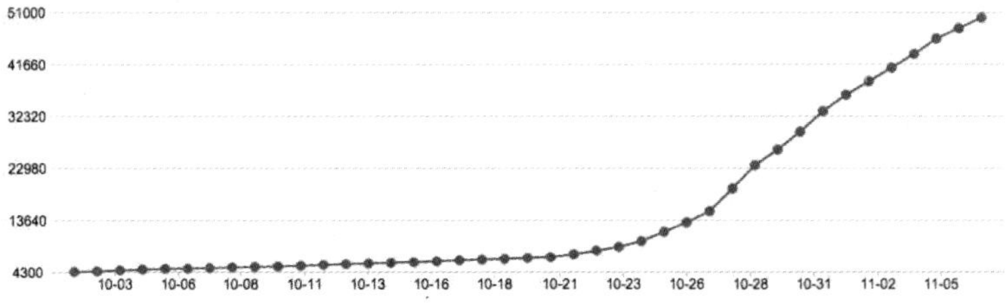

贴吧神兽带动的贴吧粉丝数增长

短短的一个半月内，贴吧内每日有 15 万个帖子产生，贴吧内会员也达到了 5 万人。11 月 12 日，贴吧神兽再度升级，推出了两个新功能：测试自己的贴吧 ID 和 QQ

号究竟有多值钱。新功能让贴吧神兽在实用之余更具娱乐性。一个月内，这两个功能累积被试用了 300 万次。

用户@额豌豆荚吧后可收到来自官方机器人的回复

之后的每个月，贴吧神兽就会升级一个版本。随后陆续推出的功能包括发帖量查询、漂流瓶、圣诞送祝福、签名图定制、壁纸搜索等。这些功能均获得了上百万次到数千万次不等的使用量。

过年期间，乔升还尝试了一把“豌豆荚吧神兽陪你回家过年”的活动，用户输入“电子书”、“游戏”、“电影”等关键词就能直接从豌豆荚搜索到对应的内容。三天之内，该活动的参与人次就突破了 11 万人，贴吧帖子被浏览了 1300 万次。网友们找到各种丰富资源，过了个喜庆充实的好年。而豌豆荚的品牌也随着神兽的走红而席卷了整个贴吧，成为春节期间的一抹亮色。

第5章 提高留存

“当陪你的人要下车时，即使不舍，也该心存感激，然后挥手道别。”

——《千与千寻》，宫崎骏

5.1 留存与流失

用户流失的原因

我想你一定听说过这样的小学算术题：有一个游泳池，灌满需要X小时，排干需要Y小时，若一边灌水一边排水，问多久能存满一池子水。这道题在网上饱受病诟，因为它实在太不“经济环保”了，生活中根本不可能有这样的情况发生。

然而的确如此吗？仔细想想，在许多互联网创业团队里，类似的情况其实正在每天上演——一头使出浑身解数拼命发展新用户，另一头却源源不断流失现有用户而浑然不知。结果后台的累积用户量节节高升，可页面的访问和销量的转化却不成比例，甚至每况愈下直至趋于平坦。

用户留存率，这同样是互联网创业者们不得不共同关注的一大核心指标。互联网产品的“留存用户”是相对“流失用户”的一个概念。如果说留存用户是指那些机缘巧合下使用了产品，并且留下来成为不断光顾且持续带来价值的人群，那么流失用户则是一段时间后兴趣减弱、逐渐远离直至彻底丢失的用户。一款产品一定存在流失用户，这是用户新老交替中不可避免的，但流失用户的比例和变化趋势能够说明产品满足用户的能力和在市场中的竞争力。实际上归根到底，真正的用户增长就是增长与流失的差值。

根据美国贝恩公司的调查，在商业社会中 5%的客户留存率增长意味着公司利润 30%的增长，而把产品卖给老客户的概率是卖给新客户的 3 倍。所以在“增长黑客”圈内有一句名言：留住已有的用户胜过拓展新的客户。也就是俗称的“一鸟在手，胜过双鸟在林”。

Facebook 团队负责用户增长和推广业务的副总裁埃里克斯·舒尔茨（Alex Schultz）曾在斯坦福公开分享产品增长的秘诀，他坦言，在他眼中留存率对产品的发展最为重要。舒尔茨说，或许大多数公司在招揽用户上是能手，前期用户增长曲线不断飙升，美化包装与病毒营销的手法层出不穷，但最后留存曲线却不升反降，这表明产品品质并不过关，甚至业务方向本身并不可行。

造成用户留存率低的原因可能是以下几种。

1．存在程序漏洞、性能瓶颈

一度曝光于闪光灯下的明星应用 Color 曾是硅谷融资史上的奇迹，项目还未上线便获得了来自红杉和贝恩资本等机构的 4100 万美元融资。他们宣称要做一款放弃账户系统、基于地理位置分享照片的“弹性社交”应用。该团队大多来自苹果等顶尖公司，阵容异常华丽。连公司总部都设在豪华的 Palo Aloto 市中心。

昙花一现的 Color 应用

但产品上线之后，很快从众望所归变成了众矢之的——几乎从第一天起，就不断有用户遭遇图片无法分享、强行闪退等问题，连基本流程都跑不通，整个使用体验只能用糟糕来形容。失望的用户们很快放弃了它，转投竞品。到第二年年底，Color 残存的用户已不足 3 万人，最终团队被苹果以一个无法公布的价格低调收购。

影响使用正常流程的程序漏洞是最容易引发用户流失的原因。人人都痛恨在正常操作的过程中遭遇意外麻烦。试想在电子表格软件中辛辛苦苦录入数百条数据，正欲点击保存时突然崩溃退出，或者使用网盘备份个人数据，结果云端文件莫名丢失，类似的情形真的会让人欲哭无泪。宽容的用户可能给予额外的尝试机会，但更多人则会用脚投票，直奔竞争对手的怀抱。

曾有网友用云端测试工具 Testin 的应用质量管家对某款知名应用进行测试，发现在全部 178 款测试机型中，单是安装失败造成卸载的潜在用户损失量就有 32 万，因四款热门机型出现严重运行问题涉及的潜在用户量，高达 97 万。对于一款知名应用而言，每天 5 万的激活用户量也需要将近一个月才能积累完成，折算成市场推广费用的话，损失的现金可能已超过 250 万元。追查问题所在，原来是出现了 INSTALL_FAILED_MISSING_FEATURE，只要多添加几行代码，注释掉调用失败的摄像头功能即可。对开发者而言，整个改动只需要不到一分钟时间，减少的潜在用户流失量却是几十万。类似连接超时、卡顿、黑屏、网络卡顿、交互性能差、CPU 使用率高、内存泄漏、耗电过多等问题，也会让用户反感。

2．用户被频繁骚扰

一款起初简单的产品，随着发展阶段的变化，会逐渐变得形态臃肿、模块堆叠，原本轻盈单纯的质地，不可避免地承载起越来越多的商业目标。如果手段生硬，不顾忌用户体验，则将形成骚扰，造成用户的反感和流失。

新浪微博的活跃度的显著下滑是一个典型的例子。较之高速发展的高峰期，近年来微博的使用频率锐减，活跃用户量下滑超过 60%，越来越多累加的功能如“微游戏小喇叭”、“微博小秘书”、“话题主持人”等，超出了简单的简短沟通，更有“未关注人私信”这样的败笔。而微博为了召回用户，不计后果地采用暴力直接的方式，如不必要的通知、出现在信息流中的广告、不符合个人喜好的推送、生搬硬凑的推荐话题等，这些都让人不胜其扰。

无怪乎科技媒体 PingWest 的前编辑总监陈粲然在一篇名为《新浪微博别再错下

去了，请停止骚扰用户！》的博文中说，“在整个互联网都在谈论如何在这个信息爆炸的时代通过产品来为用户获取最有效的信息时，新浪微博不仅没有搭建一个良好的垃圾消息屏蔽系统去为用户降低噪声，反而自己率先做了一大堆提高信息噪声，干扰用户的事情。总的来说，新浪微博简直就是以骚扰用户为己任啊。”

3．话题产品的热度减退

有的产品因其独特的定位、新颖的玩法、另类的包装和各种机缘巧合，在短时间内迅速蹿红，达到街知巷闻的地步。怎奈风靡得快，退烧得也快。社交游戏《你画我猜》（Draw Something）横空出世一度引发全球玩家的涂鸦狂潮，2012 年被 Zynga 收购后不到两个月的时间，日活跃用户量从 1460 万锐减至 1000 万，半年后更下降到不足 200 万，下坠速度堪比自由落体。类似的“一波流”热潮屡见不鲜，究其原因，这些产品缺乏持续吸引用户的长效引擎，在如何提升用户黏度方面后劲不足，当新鲜感过去之后，就被喜新厌旧的玩家们抛弃了。

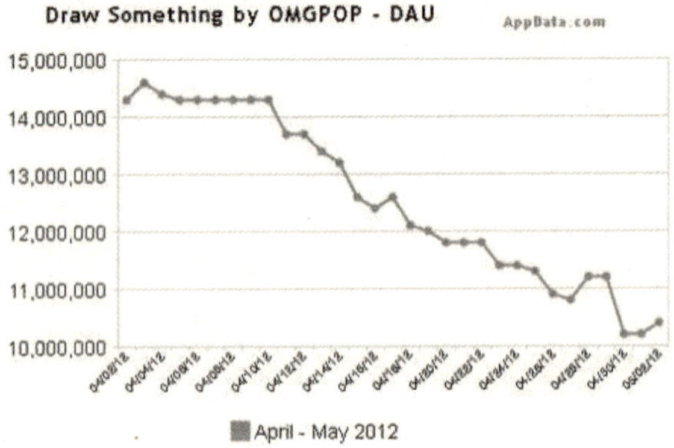

《你画我猜》2012 年四五月间日活跃用户下降的曲线，图片来源：AppData.com

4．有更好的替代品

对创业企业而言，这无疑是最大的威胁，不仅意味着自家产品用户的流失，也代表用户认可了竞争对手的产品。在用户保有量恒定的市场零和游戏中，此消彼长的变化势必使处于弱势的公司受到重创。倘若威胁来自于巨头，则挽救的难度系数更高。

世界级搜索巨头谷歌在进军中国时信心十足，可惜发展之路屡遭坎坷，在 2010 年宣布全面退出中国后，其面向国内用户的服务水平显著下降，音乐、输入法等业务遭遇弃之如敝屣的尴尬，市场份额已不足 2%。而此时百度则乘势而起，用音乐、网盘、地图等产品牢牢掌握着中国百姓的信息入口，市场份额从 2009 年第四季度的 58.4%，一路跃升至超越七成。曾经势不可挡步步紧逼的电商巨头 eBay 在拓展中国市场时，始终不肯放弃征收“摊位费”这一不符合国人习惯的政策，类似的微妙差异在当时也给了马云以蚍蜉撼树的可乘之机，最终 eBay 完败于高举免费大旗的淘宝的横刀立马之下。

5．其他因素

如游戏通关、设备遗失、需求不再存在、产品生命周期终结等，都可能成为用户流失的因素。

留存率的衡量

衡量产品留存率的常用指标包括次日留存率、7 日留存（周留存）率、30 日留存（月留存）率，其计算公式为：第 1 天的新增用户中，在往后的第 N 天依然在使用的用户数/第 1 天的新增用户数。其中的 N 对应的就是留存指标中代表天数的 2、7 或 30。

留存用户 日 周 月

首次使用时间	新增用户	留存率							
		1天后	2天后	3天后	4天后	5天后	6天后	7天后	14天后
2015-03-09	5705	26.2 %	17.2 %	15.1 %	13.1 %	11.7 %	10.4 %	9.8 %	5.9 %
2015-03-10	7361	27.2 %	17.9 %	14.2 %	13.7 %	11.8 %	10.8 %	10.4 %	6 %
2015-03-11	6838	24.5 %	16.6 %	14.6 %	12.7 %	10.5 %	10.2 %	10.6 %	6.9 %
2015-03-12	5951	26.1 %	17.3 %	14.1 %	11.7 %	10.7 %	10.7 %	9.4 %	
2015-03-13	3726	26.1 %	16.4 %	11.8 %	11.4 %	10.3 %	9.5 %	10.1 %	
2015-03-14	3981	29.8 %	15.4 %	13.7 %	12.8 %	12.1 %	13.8 %	15.5 %	
2015-03-15	2801	22.4 %	17.4 %	15.5 %	12.9 %	13.6 %	15.6 %	12.7 %	

移动应用数据统计平台友盟上某应用的留存率数据

关注产品的次日留存率，可于第一时间发现产品新版本的品质变动和渠道优劣；而 7 日留存则可反映出用户完成一个完整体验周期后的去留状况；至于 30 日留存，则更能反映出一次版本迭代后的稳定性，辅助判断产品的演进方向是否合理。

除了按照不同天数周期来比较留存率外，渠道留存也是一项值得钻研玩味的指标。由于渠道来源不一，用户质量也千差万别，所以有必要针对渠道用户单独剥离进行留存率分析，选择留存率较高的优质渠道进行重点投放。

好的留存率究竟是个什么样子？这个问题对不同的产品而言，需要设定不同的标准，找准可对比对象。

根据埃里克斯·舒尔茨的经验，如果你正在创办一家电商网站，那么只要留存率维持在 20%～30%，基本上就不会活得太糟；如果你是一个社交媒体，而第一批用户的月留存率低于 80%，那就别指望做大了。至于衡量在 Facebook 平台上新上线的第三方游戏能否获得超过 100 万 DAU（这是决定绝大多数新游戏接下来是否有戏的最低标尺），流传出所谓的“40-20-10”规则，即如果你想让游戏的 DAU 超过 100 万，那么新用户次日留存率应该大于 40%，7 日留存率和 30 日留存率得分别大于 20%和 10%。对于移动应用，留存率最高的三种类型分别是资讯阅读、社交沟通和系统工具，在 4 个月后的留存率能稳定在 10%左右。

你的留存率达标了吗？

5.2 优化产品性能

在激烈的市场竞争中，即便产品具备基本的可用性和传播上的噱头，如果某些性能指标存在瓶颈，也会令用户疏远。亚马逊的统计数据就表明，网站的打开时间每多延迟 100 毫秒，就意味着多造成了 100 万美元的营收损失。

有的开发者抱着侥幸心理，猜测自己糟糕的代码逻辑处于黑箱之中，用户在前台使用并不会觉察到。殊不知，如今在用户电脑、手机里有各种安全与性能优化工具，它们对每一款安装到系统中的产品均有记录，能检测、比较产品的性能指标，并且给用户卸载建议。如果一款应用的耗电量较大、CPU 占用过高，或是请求了不必要的权限，都会在用户眼前暴露无遗，被列入黑名单乃至惨遭遗弃。因此产品的性能优化应当从一开始就纳入考量，建立良好的框架结构，并在后续持续维护、迭代改善。

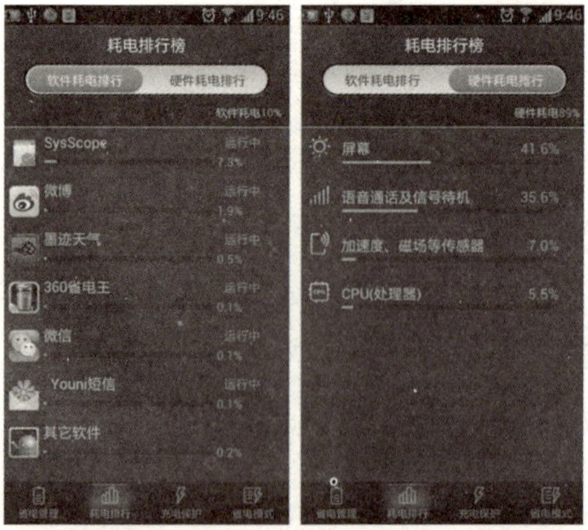

某手机助手罗列出用户手机中的耗电应用排行

作为世界上最大的社交网络，Facebook 的移动客户端就面临着全球最为严酷的考验——需要全方位应对不同地理位置、网络环境、设备型号以及使用习惯的用户，确保绝大多数人都能正常使用。尤其是发展中国家，由于基础设施铺设和经济社会因素的影响，相比发达国家可谓是“重灾区”，需要重点盯防。为此，2013 年 Facebook 的增长黑客协同安卓产品经理、研发工程师共同奔赴非洲，亲身体验了一把当地的产品使用情况，以此深入寻求优化的方向。

体验的结果令他们印象深刻。当地网络环境极为糟糕，应用连接不时中断；人们所用的安卓设备内存小，导致应用加载缓慢且极易崩溃；每月的手机上网流量也捉襟见肘，通常 40 分钟就用完了。这些情况在遍布城市 Wi-Fi 热点的美国简直难以想象。

非洲的智能手机用户，图片来源：搜狐 IT

为此，Facebook 产品团队采用了下面这些优化策略。

1. 单核的安卓手机启动应用尤其缓慢，这是因为启动过程中需要并行初始化多个模块。于是他们在单核手机上将这些初始化过程移到了启动完毕之后，甚至让某些模块只在即将被用到时才开始初始化。这一改动让应用的启动时间减少了 50%。

2. 在网络顺畅的时候预加载未来可能用到的数据，以便在网络突然变得糟糕时，用户能尽可能多地获得离线内容。

3. 为了应对上网流量昂贵的问题，让用户安心享受拍照功能，他们调研了众多的图片格式，并最终选择了 WebP 格式。原因很简单，WebP 格式同样是由安卓系统的开发公司 Google 推出的，二者在生态上兼容良好，压缩效率极高，相对于网页常用的 JPG 格式图片而言，流量节省了 25%至 35%，比 PNG 更是节省了将近 80%。最重要的是，图片品质没有明显的改变。

4．原本 Facebook 的应用会统一加载最大分辨率的图片，这是为了让用户可以自由地缩放。后来经过改进，会优先加载适合当前手机分辨率的图片，只在需要时（比如用户点击查看完整大图）才从服务器获取最高分辨率的图片，并且该用缓存时就决不发起额外的请求。上述两项改动让图片加载慢或失败的反馈减少了 90%。

5．用户的手机空间太小，直接导致了升级时下载安装包受阻，这批用户将继续停留在老版本，无法享受因升级带来的全新体验。于是工程师们开发了一个工具，能够自动计算出每个产品特性会让安装包的体积增大多少，以此在不同的安卓设备上做出功能取舍，推送不同的安装包。经过优化之后，文件大小减少了 65%。

这趟令人大开眼界的非洲之旅让 Facebook 的开发者们彻底认识到了移动应用的性能、处理数据的策略、网络的可靠性，以及根据使用场景做出智能判断，对在发展中国家谋取增长的重要性。

无独有偶，Instagram 的研发工程师泰勒•凯福特（Tyler Kieft）在一次会议演讲中，交流了他们改版安卓应用的心得。Instagram 在 2012 年由一个 3 人团队历时 4 个月完成安卓版本开发时，曾经使用的是和 iOS 版本相同的设计。丰富的渐变与大量的用户界面元素让产品显得精致美观。伴随 iOS 的发布，Instagram 也随之加入了“扁平化”的设计风潮，但这不是一次毫无意义的跟风，倒更像是借此契机进行了一次性能大改造。

1．扁平化设计有着更加简洁的视觉效果，没有多余的渐变和阴影，保留纯色和线形，这让设计和开发人员的工作量更少、代码开发和产品迭代速度更快。原本需要贴图实现的色彩效果，只需要通过资源着色（Asset Tinting）技术就能以编程的方式达成，例如将一颗灰色的心通过编程变成红色，而完全不必劳驾设计师。在扁平化之前，程序需要加载 29 个不同的资源文件来展示主界面，扁平化之后则只用到了 8 个，在所有设备上平均减少了 120 毫秒的启动时间。程序漏洞数量减少了，运行速度也有了显著提升。

2．重新布局界面，去除冗余的元素，让用户更多地关注内容。如将搜索的层级从三层减为两层，去掉评论图标以便使评论文本占据屏幕的全部宽度，在小屏幕手机上把常用操作按钮放在界面顶部而非大屏幕手机的底部。

3．兼用方法追踪（Method Tracing）和时点声明（Timing Statements）技术，将程序主体拆解成可以配置的模块，延迟加载不必要的模块（这点与 Facebook 是一致的），重写导致缓慢的部分。例如原本使用网页组件（WebView）显示的评论文本，有自己的堆栈和缓存机制，处理起来较为复杂迟缓，于是他们花费三周左右的时间将它改写为用原生的文本组件来显示，调用时间因此减少了 30%。加载 cookie、图像及视频缓存的这些“小动作”，也被偷偷隐藏到了用户无法感知到的程序后台。原先 Instagram 在三星的低端 Y 系列手机上的启动时间是 3 秒，在高端 S5 手机上的启动时间为 750 毫秒；优化后，这两个数字分别降到了 1.5 秒和 400 毫秒。

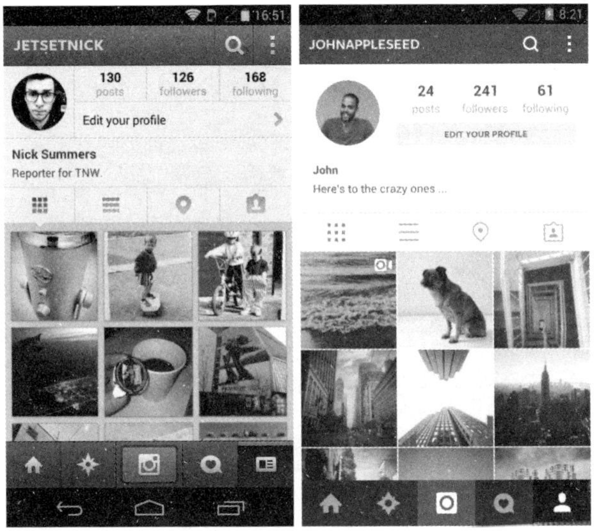

Instagram 扁平化前后的视觉效果对比

像这样审慎地进行每一像素的开发，宁可麻烦自己，也绝不拖累用户。抱着这样的觉悟和诚意去用心做产品，相信一定能让用户感受到。

5.3 有损服务——放下不必要的坚持

我们的产品必须始终像机械钟表那样精确缜密地运行，覆盖所有的用户使用场景，保证用户在任何时候都能获得最完整的使用体验，否则就有疏离用户的危险。这是许多团队（尤其当创始人具有一定技术背景）正在恪守的准则。但是如果完全这样做，那意味着我们必须为满足大众所有的需求而无差别地堆叠产品特性，这将导致团队无法聚焦在核心用户身上，功能主次不分、定位混乱，七拼八凑成残破丑陋的“弗兰肯斯坦”。

想想微软的 Office 软件，它长期霸占着全球同类白领工具的用户市场，但复杂的功能、臃肿的界面，究竟有多少是人们日常处理文档时会经常用到的呢？我想不会超过 5%。大部分功能对人们而言是弃之不用的鸡肋，同时这也暗示着一大机会：只要能做出一款产品，在这核心的 5%功能上更加优雅好用，那么就有可能在文档处理的市场上与 Office 一争高下，切分出属于自己的一小块市场。不信的话，想想谷歌文档（Google Docs）和苹果电脑上的 iWork 办公套件，用过他们的人再面对 Office 时想必很难再表现得从容淡定。

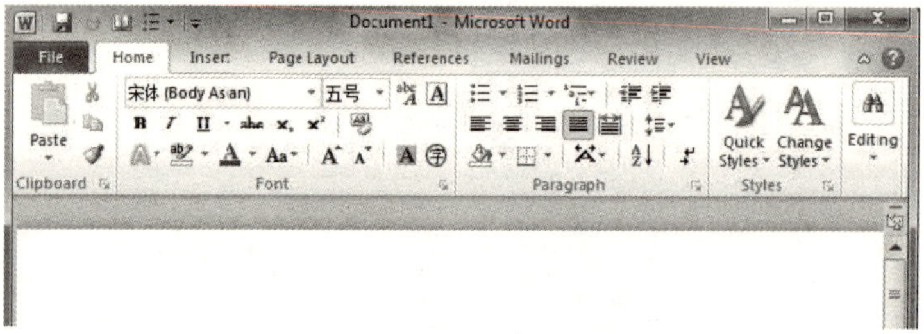

微软 Word 功能繁复的主界面

对于小团队而言，追求核心功能的专精之余，是否必须花力气让其他环节都优化到极致呢？这里让我们引入一个新的概念——有损服务。

有损服务，顾名思义是指刻意输出在品质上存在某些损失的服务，目的是以此牺牲换取其他方面（速度、稳定性、成功执行的几率）的优化。在传统行业与互联网结合的过程中，有损服务这一概念通常是比较难以让人立刻接受的。它意味着产品能力与用户需求之间的平衡与博弈。为了让这个概念更容易理解，不妨让我们举个例子：假如一个人在沙漠中迷了路，那么只要当他还能走动，那应当尽量保持继续前进，直至找到目的地；如果实在走不动了，那就改成爬行；如果最后连爬也爬不动，起码要想尽一切办法保证自己活着。否则，只能面临死亡这一唯一的结果。

这就像我们提供产品服务，在大多数时候，我们为用户呈现的都是完整优雅的使用体验，然而一旦遭遇某些特殊情况，例如服务器遭遇攻击、第三方服务出现异常、用户网络环境不顺畅，抑或其他不可抗力因素时，我们绝不应坐以待毙，而是宁愿在可接受的范围内牺牲掉某些细枝末节的特性，从而换取核心功能不受影响——或者至少在遭遇失败故障时，给出更友好的善后。

很久之前，腾讯曾经推出过一款国民级应用——QQ 农场，其空前的火爆导致服务器压力巨大，许多用户在通过 QQ 空间进入 QQ 农场时，可能出现图标加载缓慢、列表入口显示不完整乃至无法进入的问题。对开发团队而言，哪怕只是极小的失败率，也意味着招来的是大批用户的投诉。

对此，团队进行了深入分析。对这部分用户而言，正常情况下他们应当在 QQ 空间看到完整的已安装应用列表，里面包含十几到二十几款不同的在线小游戏，点击进入就能开始玩；但在高峰时候，用户最关心的只是列表中的个别几个项目能不能进入，如基础应用中的日志、游戏应用中的 QQ 农场等，相比之下其他应用玩不玩得了并没有那么迫切。如果不分场合地一股脑儿全部载入，意味着高峰时段的用户可能面对“Everything or Nothing”的尴尬。

与其什么都做不了，不如给他们一些事情可干。于是团队想到了一招有损的解决方案。如果用户的网络顺畅，那么自然是加载完整的已安装应用列表。而到了高峰时段，如若发现用户的网络情况不容乐观，获取完整应用列表存在极大延迟甚至失败的可能性，那么就返回一个静态的默认列表，这个列表包含了用户常用的基本功能以及 QQ 农场这样的人气应用。

采用这种方案，哪怕用户以前从没有安装过 QQ 农场，也有可能在高峰时段看到它的图标入口——在某些追求精准的开发者眼里，这是一个错误。然而对比下来，一个是想玩农场而苦苦找不到入口，致使用户怨声载道甚至流失，一个是没装过农场但发现了值得尝试的新大陆，两个解决方案的优劣高下立判。此方案执行下来，的确让 QQ 农场服务器延迟的问题得到了大面积的缓解。

同属腾讯旗下，微信团队曾追求所有消息的送达率必须是 100%，并且一定要在每个用户的手机上保证消息发送和接收顺序的一致性，比如微信群里的群聊先后顺序。逢年过节，群里你一言我一语消息量巨大时，微信的服务器面临的压力可想而知。后来经过考量，在大多数情况下其实消息的顺序没有那么重要（从用户角度想想也的确如此，群聊里的消息并非每条都值得认真读过去，即使偶然因顺序错误导致难以理解，结合上下文再看一遍通常也能很快搞清楚），于是他们替换成了有损的解决方案，在极端情况下不再强求消息的顺序一致。

小米手机在业界的发布堪称饥饿营销的经典，每次网络抢购几乎都在顷刻之间售罄。跃跃欲试的抢购者们很早就会守候在电脑前，提前刷新页面等待开启的那一刻。在红米 Note 发布当日，即便负责后台运维的同事做了周密的准备，最终服务器还是被拖垮了。

事后复盘，工作人员发现小米的抢购官网采用的是无损的完美设计，比如每个抢购者都能看到还剩下多少部手机的实时精确数字统计。到底是不是每个人都有看到这个数字的必要呢？其实大可不必，比如当手机库存还剩十几万部时，每个人都能抢到，大家就对这个数字的多少不太在意；而假如只剩下了一百部，抢购者才真正开始关注和紧张（但相应的访问量也会急剧下降）。所以大可在前期显示一个模糊的数字，如“仅剩 5 万部”，而不是“仅剩 48693 部”，以此减少后台数据库的实时查询量。

小米的每次限量开放抢购总会引发用户的蜂拥排队

手游的平衡性与服务的稳定性对于营收而言同样至关重要。失之毫厘的技术偏差或策划不周，都可能影响几十上百万的用户和实际收入。手游《刀塔传奇》每次发布完整更新包时，由于文件体积通常有几十 MB，用户可能担心流量不足而延迟到 Wi-Fi 环境才下载，这会导致当日的活跃度会减少 10%。为了降低更新版本带来的活跃度影响，开发团队想出的应对策略是：每逢大版本更新时，更新包尽量使用“低清版”资源，以减小程序体积。虽然低清版在视觉效果上不够精致细腻，但让玩家尽快先玩起来才更加紧迫。

在实施有损服务的方案时，有两条基本原则：1）发生问题时，优先保证核心功能的运转，非核心功能不可以影响核心功能；2）在条件允许的情况下，牺牲的特性越少越好。

有时候，做个完美主义者其实并不那么轻松，与其如此倒不如抓大放小，舍弃不必要的坚持。

5.4 引导新用户快速上手

产品开发团队经常陷入的又一个误区，是以己度人地将自身对产品的了解代入到普通用户的认知中，想当然地觉得他们能理解产品是干什么用的，每个操作如何进行，以及如何最大化地发挥产品的功用。遗憾的是，绝大部分用户是一群慵懒忙碌的聪明人，你必须在第一时间呈现出最棒的一面，让他们迅速上手，有事可做，否则他们的注意力很快会被其他更加简单有趣的东西吸引走。

Twitter 上线初期曾经吸引了一批爱尝鲜的博主、网络红人，注册账户猛增。然而并非人人都有强烈的表现欲，许多人宁可做一名听众，去关注明星们的日常生活和媒体的花边八卦。Twitter 服务上线一段时间后，团队跟踪数据发现事情似乎不妙，用户的留存率正在降低，相当一部分用户注册后玩上三五天便不再回来了。看起来，这个地方对他们的吸引力不够，或者说，他们在成功地发现自己感兴趣的东西之前就遗憾退出了。

为此，Twitter 计划调整市场策略，他们不再将获取用户作为头等大事，而是亡羊补牢，设法先提升留存率。通过对用户界面和使用流程的数据追踪，一个有趣的事实逐渐浮出水面。如果新注册的用户一开始就能关注 5 到 10 个人，那么他们更有可能长久地使用下去而不至于中途离开。这就像是完成了某项投资或者做出了某种承诺，它顿时让用户的时间线（Timeline）中有了可读的内容，而不是空空如也，让人调动不起继续使用下去的欲望。

于是 Twitter 将这一结果运用到了产品策略中，在用户注册环节的末尾增加了推荐关注的对象，用户们只需点一点鼠标就能批量关注多个被推荐对象，其中包括政商巨擘、明星大腕、新闻媒体和草根名人。当然，这些账户之所以被官方钦定为推荐对象，大概也正是因为他们平日里经常“絮絮叨叨”，让人们有东西可看。

Twitter 的这一设计策略在许多社区型产品中得到了借鉴。

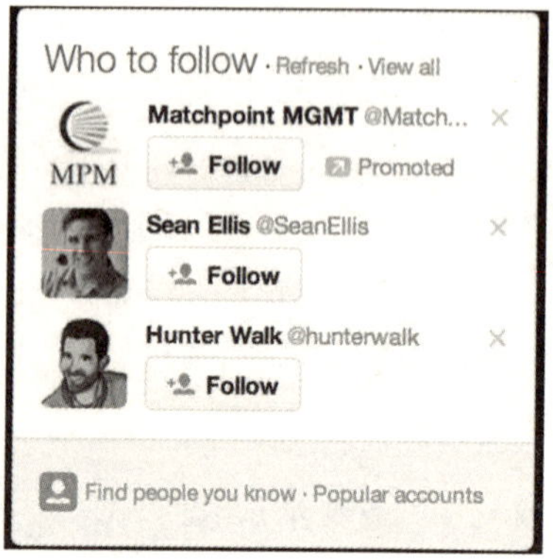

Twitter 主动引导用户关注可能感兴趣的对象

“百思不得姐”的推荐关注页面

类似地，许多应用也允许用户导入自己的手机或社交网络联系人，以此来丰富关注名单，增加使用乐趣，延长生命周期。

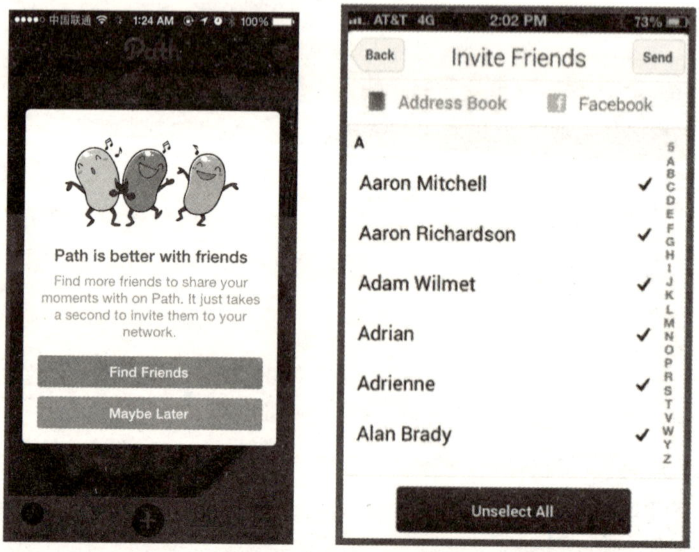

典型的应用中邀请好友功能

“瀑布流”式设计的鼻祖、图片收藏网站 Pinterest 在 2010 年上线之初面临着与 Twitter 同样的尴尬，第一批受邀访问的测试用户并不知道该怎样使用它，将它当成是 Instagram 那样的摄影社区。人们对 Pinterest 带来的崭新概念如收藏（Pin）、画板（Pin Board）一头雾水。

为此，Pinterest 也采取了与 Twitter 类似的做法，先让新用户有事可做。很快，这些测试用户发现他们的账号被安排订阅了一批系统推荐的账号，页面中顿时充满了令人赏心悦目的花卉文玩、服装穿搭、艺术家居和风景摄影。

这些收集来的高品质图片来自于 Pinterest 运营团队和早期受邀的其他高质量内容创作型用户。他们深知内容的质量和氛围将对社区氛围的形成以及用户互动的频次产生重要影响，因此每一件采集都务求能达到启发灵感（Inspiration）的层次。

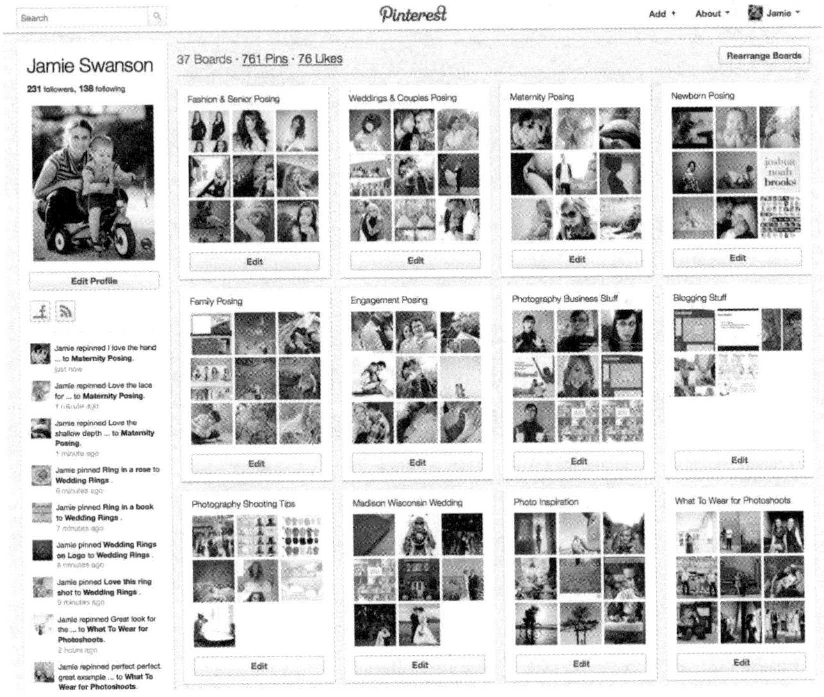

Pinterest 上用户创建的画板

渐渐地，受到带动的用户们开始尝试自己动手玩转 Pinterest，将网上看到的优美图片收藏到自己的画板中。人们还陆续开创了更多新奇的玩法，就连优衣库也在 Pinterest 玩起了刷屏营销。高质量的内容在被分享出去之后获得的回流数据也十分出色。

每周 Pinterest 还会向用户们发送当周热门画板的邮件提醒，帮助用户探索站内更精彩的世界。邮件中一张张养眼的美图抵消了人们对广告的抵触感，也为原本就十分活跃的网站锦上添花。

5.5 社交维系与社交解绑

2013 年底至 2014 年初跨年之际，一款名为“全民飞机大战”的游戏登陆微信、手机 QQ 游戏平台。这款由腾讯光速工作室和微信飞机大战原班人马倾力打造的游戏，一经发布即势不可挡席卷全国。据艾瑞咨询发布的《2014 年 Q1 中国移动游戏分发渠道产品榜单检测报告》显示，全民飞机大战以绝对优势领跑新晋游戏曝光指数排行榜。

在游戏中，玩家扮演飞机驾驶员，依靠手势操作在天空自由翱翔，击杀敌人，其流畅的手感、华丽的弹幕、爽快的升级，都让玩家们欲罢不能。其中，“合体”的设计成为吸引玩家眼球的热门话题。在正式开始游戏前，玩家可以进入好友界面，从自己的微信或 QQ 好友列表中选择一个好友，进入“合体”流程。选择强大的好友合体，不仅可以在游戏中增强自己飞机的火力，还会有好友的卫星机从旁辅助发射威力强大的导弹，有利于快速提高过关成绩。

合体的概念由微信团队提出。他们在社交方面底蕴深厚，非常了解用户在互动方面的需求。网络时代的游戏本身就是社交互动，玩家之间主要通过言语交流。联想到现实生活中两人之间还可以有各种肢体沟通，如握手、拥抱、骑马甚至更夸张、更奇葩但更快乐的方式，于是他们想到了用“合体”的概念进行包装。

玩家每天有三次免费合体的机会，合体双方都能获得额外分数奖励。这个策略延长了游戏的生命周期，那些原本因新鲜感过去而将要流失的用户，因好友“求合体”而被召回。当发现自己即便在离开的日子里也“躺着赚钱”坐收到了合体奖励，他们很可能被重新激活，再次成为全民飞机大战的活跃玩家。

使用社交网络登录的“啪啪”也巧妙地利用现成关系链来召回用户。用户通过微博账号注册“啪啪”后，如果“啪啪”发现该用户的其他微博好友也加入了进来，就会推送提示“您的朋友 XXX 也来到了啪啪，赶快关注他/她吧”。新人收到了夹道欢迎的礼遇，老用户则不断维持着新鲜感，产品留存率就有了保障。

全民飞机大战中“选择好友合体”获取更强战斗力的飞机

Facebook 阻止用户永久流失的策略也运用了社交关系。当用户一时冲动想要注销自己的账号时，在确认环节的最后一步，页面会显示出几名与用户联系最亲密的好友的照片，并可怜巴巴地提示说“他们会想念你的”，注销账号可要三思啊。这个设计将 Facebook 的非活跃账户数降低了 7%，相当于一年 100 万用户量。

Facebook 用好友的挽留来降低用户流失率

如果说引入社交关系是一种常用的提高留存率、增加用户活跃度的武器，那么 Same 则从截然不同的相反方向为大家上了一课。这款上线于 2012 年夏天的移动社交产品，允许用户用图文音乐等形式记录自己的日常生活状态。你可以在上面看到类似“大便中”、“拍井盖”、“专注呼吸二十年”、“我纷纷的诗欲”这样无厘头的小组。

虽然乍一眼看上去 Same 与同类产品区别不大，但如果认真使用下去，你会发现它刻意“反其道而行之”的一面——早期的 Same 没有看附近的人、通过性别筛选、导入通讯录或是社交网络账号的功能，甚至不能关注你感兴趣的人，就这么萍水相逢地错过是为常态。为此运营负责人 gogo 倒是十分豁达地抛出了一句“相遇的人会再相遇”——这个解释足够映衬出该团队的文艺范儿。

“不关注、无压力”的反社交产品 Same

这样一个离经叛道、喃喃自语的社交产品，在嘈杂喧嚣的社交产品群中，显得格格不入。它的留存率能好看吗？Same 的一位工程师曾在知乎晒出了产品早期的留存率截图，次日留存率一直保持在 50%以上，5 日后留存也能达到 30%。这在同类产品中实属领跑者。

留存率

1天后	2天后	3天后	4天后	5天后
46.2 %	36 %	37.6 %	30 %	30.3 %
54.5 %	46.5 %	40.9 %	36.8 %	
56 %	43.9 %	40.5 %		
54.1 %	45 %			
49.5 %				

Same 工程师在知乎上晒出的留存率数据

从结果推断原因，多有些事后诸葛亮的意味。不过我们还是能从中获取到一些有价值的信息：传统社交产品的单项关注或双向连接机制，建立了信息的秩序流动，提高了传播效率，却也加剧了等级分化和社交压力。在微博中，注意力总是被少数明星人物和营销账号垄断，一条缺乏营养的消息或许会呈链式引爆全民狂欢，而一首精心创作的小诗却可能沉默在噪声之中，读者寥寥。

而 Same 则一开始就放弃了与喇叭式自媒体一较高下的打算，专注于那些“人微言轻”却又不甘寂寞的族群。在解绑社交关系后，每一个用户都成为了彼此平级的单独个体，不再有一言一行都暴露在固定场所和熟人眼线下的顾虑，可以让表达欲望得以充分施展。那些喜欢在朋友圈晒吃、晒自家宝宝却不太受熟人待见的行为，在 Same 里有了足够多的陌生围观群众。“Same 算是孤独社交吧。用户群体 80%为女性，有点像早期的豆瓣，孤独的人很多，但孤独并不等于寂寞。”

或许只有离开固有的圈子，剪断无谓的关联，人们才能自由率真地表达真我。这就是 Same 高留存率的根本原因——有这么一群人真的很需要它。

5.6 设计唤醒机制

唤醒机制是指互联网产品中专为召回流失用户而设计的产品机制。常用的唤醒机制包括：电子邮件唤醒、消息推送通知、移动网页唤醒应用等。

电子邮件唤醒

EDM（Email Direct Marketing，电子邮件直邮营销）是网站常见的拉新和唤醒手段，通过将邮件投递到用户的邮箱，实现品牌的曝光和提示，将用户召回网站。EDM 被广泛使用在电商、金融、办公等服务中。《2011 年度中国邮件营销行业数据报告》针对中国地区邮件营销市场进行了数据调研分析。报告指出，2011 年度国内各行业 EDM 平均邮件送达率为 86.64%，平均独立打开率为 11.33%，平均独立点击百分比为 2.42%。

使用 EDM 唤醒用户的策略主要如下。

1．提供奖励

最为常见的一种形式，给予用户一定的物质或精神奖励，如消费折扣、VIP 特权、免运费、购物卡等。例如国外的域名注册服务提供商 GoDaddy，会不定期为不活跃的老用户提供优惠码，吸引用户下单订购。

Pocket 会在认为你好久不光顾的时候，用高级付费账户的试用机会来吸引你折返。

Godaddy 经常不定期给用户发放折扣券

Pocket 赠送高级账户免费试用机会

2．告知进展

将产品的更新情报、商业蓝图或是团队重大调整事项告知用户，吸引用户感受新界面、体验新功能等。如 Evernote 推出商业版、IFTTT 增加对 Nest 硬件的支持等。

Evernote 的商业版更新广告

IFTTT 的更新通知，新增了对 Nest 智能硬件设备的控制

3．个性化推荐

根据收集到的用户行为偏好数据，推送精准的个性化内容，而不是千篇一律毫无

区分的宽泛信息。如知乎每周精选的 EDM，会根据不同的用户发送相应的热门内容。

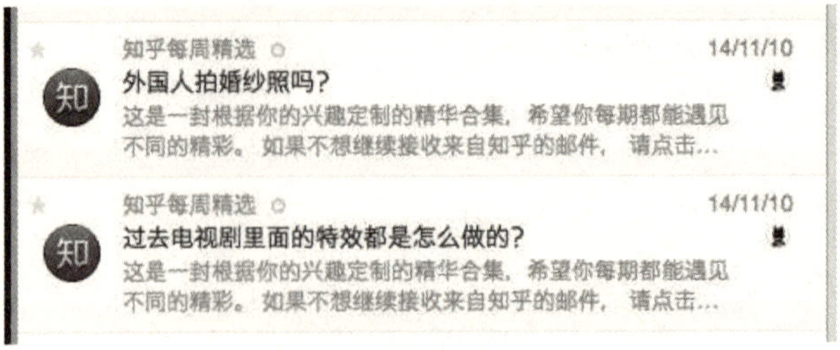

同一期知乎每周精选，针对我的两个不同账号发送了不一样的邮件

淘宝会将用户近期浏览过但未购买的同类商品搜索结果，通过邮件再次推荐到用户面前。

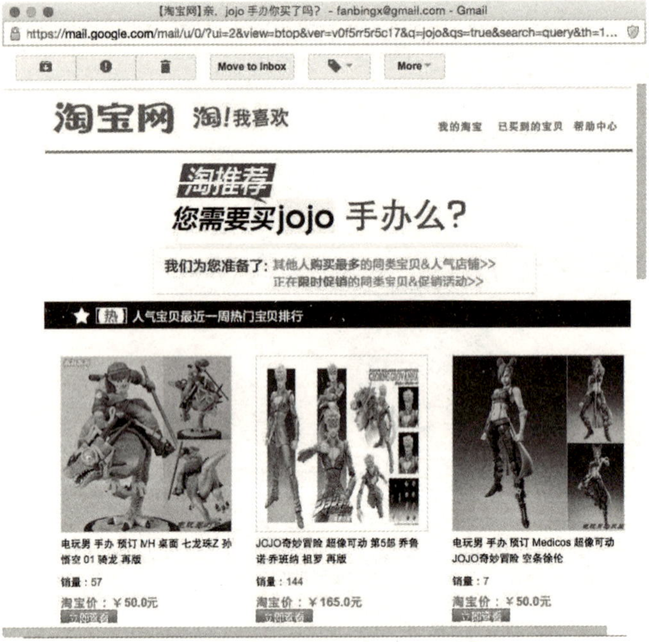

淘宝根据最近的搜索浏览历史推送相关商品

4. 用户社交互动提示

即依托人际关系的纽带，通过邮件告知用户社交网络上最新发生的活动，例如新的好友申请、收到一封私信等。Twitter 会定期发送用户尚未处理的消息。Airbnb 默认会将房东的私信回复用邮件告知。

Airbnb 用邮件方式将站内私信通知给用户

而在 Facebook，最有效的邮件通知之一是告诉用户“有人在一张照片中圈了你”（You’ve just been tagged in a photo on Facebook），这将直接激发收件者的好奇：谁发了照片？照片内容是什么？圈我会让谁看见？哪些人点了赞？在这一系列诱因下，人们点击的转化率可以超过 75%。

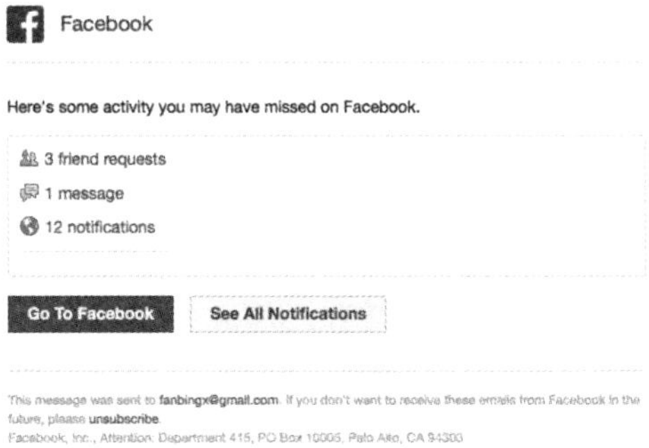

Facebook 用邮件通知站内的新消息

目前提供优秀的免费独立第三方邮件群发的服务商，包括 MailChimp、TinyLetter 等，他们不仅具备基本的邮件订阅和发送功能，还支持分组发送、格式优化、A/B 测试等。在国内，QQ 邮箱提供的群邮件功能是容易被低估的一个渠道，但其实非常适合封闭群组（比如内测用户群）之间的邮件通知，打开率和点击率都不错。

当然，并非所有服务都有订阅邮件的需求，如果网站本身有重复浏览价值，才更适合订阅。在 EDM 里也最好为用户提供退订的方式，以免遭到用户举报拉黑，导致被邮件提供商屏蔽。

消息推送通知

应用内的消息推送通知（Push Notification/Push Alert）机制是移动产品唤醒用户的有效手段。市场分析公司 Localytics 报告称：若用户打开了应用的消息推送功能，62%的用户会在数月之后再次使用它；而如果用户关闭了应用消息推送功能，则该比例下降到了 32%。移动调研公司 Urban Airship 对 2400 款应用以及 5 亿个推送通知样本进行调研后得出，使用推送通知的应用，日启动率可提升 540%，分享到 Facebook 和 Twitter 的内容量可提升 30%，通过推送通知进入应用的用户的平均使用时间，比普通进入方法的使用时长多 26%（在游戏上则高达 35%），6 个月内的留存率也更高。

但频繁和不合时宜的推送也会造成用户的困扰和反感，甚至引发卸载。日本一家调研机构针对一万名用户的调研结果显示，有 23%的用户有因为系统推送而卸载应用的经历。越年长的用户对应用推送通知的宽容度越低，男性则比女性更容易产生抵触情绪。

推送通知的通常用法，考验的是运营人员的基本功，即如何筛选合适的推送人群、根据使用场景和时间段制定推送内容、制作和优化推送到达的着陆页。根据目标人群的使用场景，推送符合其兴趣和需要的优质内容，就能带来更高的黏性。

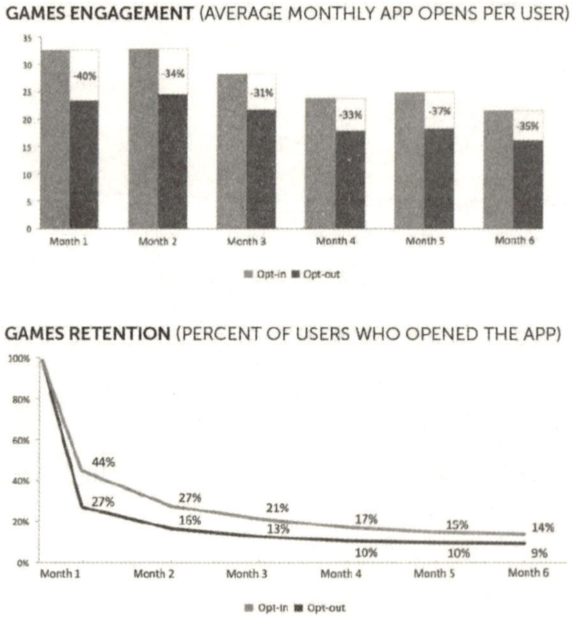

应用推送对游戏活跃度与留存率的影响，图片来源：Urban Airship

认为自己对应用推送足够了解？那来看看以下这些技巧你掌握了多少。

1. 推送授权（Push Notification Authority）：不同平台对推送通知的授权方式和权限大小标准不同。在 iOS 上，用户有权力在首次启动时拒绝应用程序的推送通知。而在安卓上，推送通知通常是默认打开的，用户需要到程序中设置关闭，或借助第三方工具来防止骚扰。权限的差异直接导致两大平台上的推送通知到达率不同，安卓可达95%以上，而 iOS 一般不到 50%。为了提高用户保留推送通知权限的意愿，应当在需要的时候再发起权限请求，尤其推荐用简单的浮层或弹窗提示告知用户获取权限后的使用目的。

2. 徽章通知（Badging）：徽章通知是唤醒用户的一大强效武器，原因之一是有不少患有“强迫症”的用户总想点开图标处理消息，以消除徽章通知，让桌面清爽。在 iOS 7 之前的版本中，即使应用程序的推送通知被用户关闭，也可以申请获得 Push Token 来显示徽章通知，继而尽最大努力地维持存在感。目前原生的安卓系统并没有徽章通知，但已经有第三方厂商的定制 ROM 提供了该功能。

iOS 上的徽章通知

3. 本地通知（Local Notification）：本地通知是 iOS 系统唤醒用户的另一种方法。它在外观上与正常的推送通知类似，不过所有的通知均是在预设的时间点到来时发起自本地，无须与服务器交互，不需要联网。本地通知适用于特定时间段内使用可能性较大的产品。例如《刀塔传奇》手游，会在一天之内分早中晚三个的活跃时段向用户手机发起本地通知，告诉用户“又到了美味的大餐时间，不来顺便玩一把游戏吗”之类。

4. 地理围栏通知（Geofenced Notification）：当应用检测到用户接近或进入了特定的位置范围内，就将启动地理围栏通知。典型的使用途径包括商场的自动导购应用、周边餐饮服务发现应用等。由于联网方式和手机性能的不同，获取用户所在的位置可能出现误差，影响地理围栏通知的实际效果。

地理围栏通知

5. 图片推送通知（Picture in Notification）：单纯的文字通知通常需要在 100 个英文字符或 20 个汉字内抓住用户的眼球。一种更加吸引人的方式是使用图片做推送通知。安卓系统提供了这样的功能，允许开发者定制通知栏图标、展开大图、媒体背景等。

安卓系统的推送通知中可以加入图片

6. 表情文字（Emoji）：对于 iOS 这种暂不支持在推送通知里加入图片的平台，一种变通的方法是使用 Emoji 表情文字来代替。恰当地使用不仅可节省字数，也能让内容更加抢眼。

iOS 的推送通知里可以加入 Emoji 表情

网页内唤醒移动应用

你一定遇见过这样的场景：别人发来一个链接到你手机上，当你点开链接看得兴致勃勃特别想点个赞时，却突然出现“系统提示：必须先下载应用，才能在应用里点赞”的提示。此时你的点赞热情一定立马烟消云散，一次用户冲动转化为活跃行为的机会就这样溜走了。

有什么办法才能让移动网页和手机应用双剑合璧、和谐共处呢？在用户手机中已经安装了应用的前提下，访问移动版网页，可否无缝地直接跳到应用里？这里我们来看知乎的官方安卓客户端是如何做的。知乎的手机网页版顶部显示有“打开应用”按钮，点击这个按钮就会从手机浏览器直接跳转到知乎应用的该问题页面下。

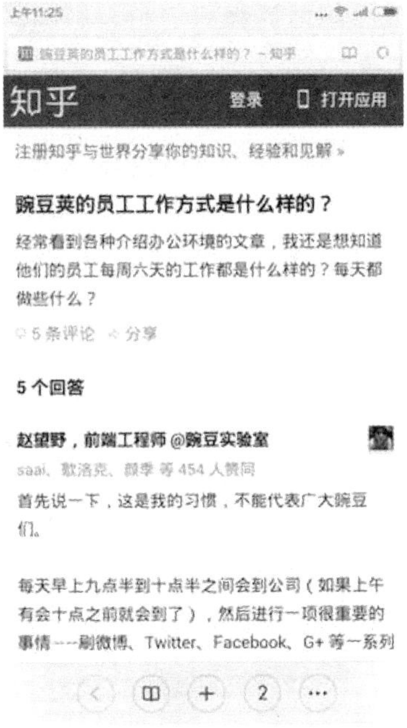

知乎移动网页顶部按钮可以直接唤起应用

类似这样的按钮功能，在 iOS 系统上可以用 Url Scheme 技术来实现，官方的开发者文档有着详尽的指导。而在安卓平台上，则主要有如下四种实现途径。曾任豌豆荚增长团队负责人的张楠为我们做出了以下代码范例。

第一种：拦截 http 跳转

在 Android 中，最标准的方式，就是在应用的配置文件 AndroidManifest.xml 中，通过<activity>标签里的<intent-filter>来声明：本应用可以更好地处理某些 URL 对应的页面，浏览器你交给我吧。套用在本例中，应当采取的声明形式如下。

```
<activity android:name="com.zhihu.android.QuestionAc-
    tivity">
  <intent-filter>
    <action android:name="android.intent.action.VIEW"/>
    <category android:name="android.intent.category.
    DEFAULT" />
    <category android:name="android.intent.category.
    BROWSABLE" />
    <!-- 关键所在，匹配相应域名和 URL 模式 -->
    <data android:scheme="http" android:host="www.zhihu.
    com"
android:pathPattern="/question/.*" />
  </intent-filter>
</activity>
```

做了上述的声明之后，在手机浏览器里访问知乎的移动页面时，就可以跳转到知乎安卓客户端下，并打开这个问题的页面。不过这个解决方案有挺多问题，最重要的一个问题是——兼容性。

从豌豆荚上的下载量看，最热门的手机浏览器是以下产品。

浏览器	安装量
UC浏览器	1.6亿
QQ浏览器	1.2亿
百度浏览器	3867万
欧朋浏览器	2557万
Chrome	1703万

豌豆荚上统计的热门手机浏览器，截至 2014 年 10 月

以上浏览器中，除了 Chrome 之外，目前大都不遵守安卓的协定，不支持通过匹配 URL 跳转到更适合的应用中去。臆测其原因，大抵是国内浏览器都不愿将流量导给其他应用吧。

第二种：自定义 scheme

既然这样，那就另辟蹊径，http 协议的 URL 会被很多浏览器自行处理掉，那就不用 http 协议而采用自定义的 scheme 试试看。

将 AndroidManifest.xml 中的声明修改如下。

```
<activity android:name="com.zhihu.android.QuestionAc-
tivity">
  <intent-filter>
    <action android:name="android.intent.action.VIEW"/>
    <category android:name="android.intent.category.
    DEFAULT" />
    <category android:name="android.intent.category.
    BROWSABLE" />
     <!-- 关键所在，匹配相应的scheme -->
     <data android:scheme="zhihu"android:host="questions"/>
  </intent-filter>
</activity>
```

把“打开应用”按钮的跳转链接设置为形如“zhihu://questions/…”的URL，点击后就可以跳转到应用对应的activity中去。当然，如果简单地使用<a>标签来做这件事情，若手机中未安装知乎客户端，点击后就会跳转到一个错误页面（地址是zhihu://questions/…）。解决方案也很简单，使用<iframe>即可。

第三种：Chrome Intent

自定义的scheme可以搞定很多浏览器，但Chrome除外。原因是为了更有序地打通浏览器页面和本地应用，Chrome 25后不再支持自定义的scheme，而推出了Chrome Intent，作为标准协议进行推广，其格式形如下。

```
intent:
  //scan/
  #Intent;
    package=com.google.zxing.client.android;
    scheme=zxing;
    end;
```

Chrome Intent首先将scheme统一为“intent”，大量信息放到了锚点“#”之后，称作“fragment”，它描述了由谁来接收这个URI。Fragment中可以指定打开这个URI的包名，或者是action、extra等。使用Intent.parseUri函数可以将这样的URI直接转成一个intent对象，反之调用Intent.toUri函数可将intent对象序列化如此格式的URI。

应用到知乎这个例子里，在AndroidManifest.xml中的声明与自定义scheme写法完全一致，只是在调用时，需要在跳转链接中写成如下格式。

```
intent:
  //questions/...
  #Intent;
    package=com.zhihu.android;
    scheme=zhihu;
    end;
```

最终奥义：内嵌 http 服务

随着以微信为代表的社交应用的不断发展，它内嵌的 WebView 已然成为一个轻型浏览器了，坐拥巨大的用户和内容分享量，微信等应用带来的页面访问量是不容忽视的。但这些应用的 WebView 通常是禁止外链的，不论是什么 scheme 在这里一律不好使，这就使得分享到微信的知乎问题，即便是点击“打开应用”都是无效的。那么有办法解决吗？

大家都知道，Web 页面可以发起 Ajax 请求来与服务器交互，如果这个“服务器”不在云端，而是在本机呢？没错，解决方案就是在应用中绑定本地端口，启动一个 http 服务，来响应发送过来的请求，打开应用或者是做其他事情。

如果知乎 App 在后台启动 http 服务，绑定一个端口，比如 12306，那么 Web 页面可以发送如下的 Ajax 请求来打开应用：

```
$.ajax({
  url: "http://127.0.0.1:12306/open?intent=...",
 }).done(function() {
  // do what you want
});
```

当然，要做得足够细致，还需要实现类似于“http://127.0.0.1:12306/is_ installed”这样的 API。如果知乎安装了，返回 200；如果服务未启动或者知乎未安装，自然是返回 404。由此可以在 Web 页面中判断是否安装了知乎应用，进而决定是否要显示“打开应用”按钮。

通常，必杀技都是有副作用的，如果需要准确地判断是否安装了知乎，就需要这个 http 服务始终存活，否则“没启动”和“没安装”就傻傻分不清楚了。至于如何使一个已安装应用在各种情况下都保持后台运行，“那是另一个充满了黑科技的领域”，张楠这样表示。

第 6 章 增加收入

“我们每天所需的食物和饮料，不是出自屠户、酿酒师或面包师的恩惠，而是出于他们自利的打算。我们不要求助于他们的爱他心，只要求助于他们的自爱心。我们不要向他们说我们必需，只说他们有利。”

——《国富论》，亚当·斯密

6.1 免费的世界

互联网与免费经济

曾几何时，QQ 只是一款聊天工具，人们用它扯淡闲聊，后来它渐渐接手了发短信、传文件、玩游戏、看视频、买东西的工作，渗透到了日常生活的方方面面；奇虎 360 从安全卫士出道，为用户挡流氓、杀病毒，逐渐地也开始承载起看网页、找下载、修手机、购车票，甚至找孩子的重任。不变的是，他们始终谨守着“活雷锋”之道，绝大多数情况下为用户提供完全免费的服务，不用付钱也毫无怨言。

免费，早已成为互联网行业的通识。在比特经济下，大家都想靠免费这一招来快速跑马圈地，抢占市场。那么究竟免费策略为何能够维持，适用范围如何，又有怎样的弊端呢？原《连线》（Wired）杂志主编克里斯·安德森（Chris Anderson）在 2009

年出版的《免费》一书中，对免费模式做出了解释。他宣称，免费模式基于互联网诞生，它将击垮很多传统市场，代表数字模式的未来。新型的“免费”并不是上世纪那种“左口袋出、右口袋进”的传统营销噱头，而是一种把货物和服务的成本压低到零的卓越能力，这意味着企业的核心服务永远不收费。QQ 的聊天、360 的杀毒和百度的搜索，正是这种模式的代表。

免费模式之所以得以在互联网行业大行其道，得益于以下几点。

首先，互联网极大地降低了信息的传播成本，这是免费模式的基石所在。在此基础上，经济学理论认为，在完全竞争市场，长期产品的市场出清价格等于该产品的边际成本。在摩尔定律的催化下，存储和带宽的硬件成本逐年降低，而一旦开发成型的软件和服务，对顾客交付时也几乎不再有额外成本。因此互联网产品的边际成本完全有可能趋近于零，甚至一个人也能独挑大梁做出挑战大公司和吸纳海量用户的产品（微不足道的开销可能来自场租、电费、网费）。

其次，产品通过互联网面向全球的海量用户，这进一步摊薄了边际成本，即使付费转化率较低，最终也总能凭借整体用户量与付费率的相乘得到一个还不错的付费用户总量。Evernote 的 CEO 菲尔·利宾（Phil Libin）说：“让 100 万人付费的最简单方法就是获得 10 亿用户规模。” 在足够大的全球市场之下，这一想法也绝非没有可能。

再次，“免费”天然地对人们有着难以抗拒的魅力。1983 年，经济学家卡尔·夏皮洛（Carl Shapiro）研究得出结论：由于顾客都倾向于低估产品价值，因此体验产品的最佳定价应该以一个较低的价格开始，当顾客发现产品价值时，再逐渐抬高价格。在使用免费产品时，人们抱着“反正不会损失什么”的心态，更加宽容豁达，行动能力更强。而在面对哪怕最为廉价的折扣时，也会脑子里多绷一根弦。产生经济学家尼克·萨博（Nick Szabo）提出的所谓“一分钱效应”（The Penny Gap）——行为经济学中用它来形容让用户为产品付出第一分钱时往往是最为艰难的一关。而持续迭代的互联网产品，总有不断的机会和理由来感召免费用户升级为付费。丑媳妇总能熬成婆。

最后，在国内免费的策略似乎拥有比国外更肥沃的商业土壤。由于版权保护和信用体系仍亟待完善，让短期内贪婪的抄袭复制变得成本极低，也让消费者更倾向于赠品、盗版和山寨，对品质没有过多的奢求，且更加不愿意付费。这使得免费成为赢得用户的最有力手段。淘宝用免费打败了 eBay，360 也用免费碾压了其他安全软件。周鸿祎曾说，今天国内许多杀毒企业都明白过来，免费安全是大势所趋，后来跟进这种模式的厂商，虽然还在骂，但照样跟着学。免费后，国内安全市场的规模比原来扩大了百倍。可见免费是一种颠覆性的商业力量。

免费模式如何赚钱

常见的免费策略包括以下几种。

1．基本功能免费，高级功能收费的 Freemium 策略

Freemium 这个词最早由 AVC 的弗雷德·威尔逊（Fred Wilson）于 2006 年提出。它的含义是指企业通过免费服务吸引用户，然后通过提供增值服务，将一部分免费用户转化为收费用户，实现创收。Freemium 策略的提出基于“二八法则”现象：产品中有一小部分对价格不敏感的高端用户，愿意支付额外费用来换取全部的高级功能，而这部分费用成为服务提供商的大部分收入来源，凭借这块收入负担起那些免费用户的服务成本。

Freemium 兴起于传统软件行业，如早期的“共享软件”（Shareware），允许用户先免费使用一段时间，等到期之后就给软件加“锁”（一般是通过硬件序列号来作为判定用户身份的依据），必须付费换取注册码才能继续永久使用。Freemium 延伸到互联网服务后，最早见于电子邮箱的容量扩充，之后各种扩容和去广告功能也相继追随。

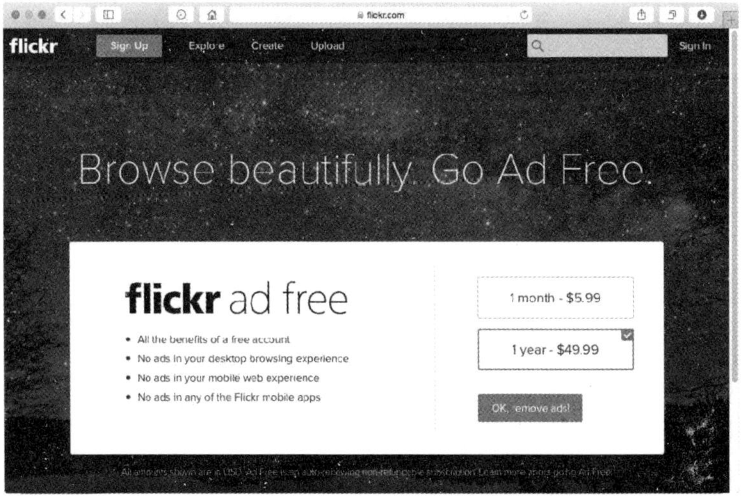

Flickr 用户升级为付费账户可享受无广告服务

Freemium 策略的好处之一是，它极大地降低了用户的教育成本。你不再需要支付大笔的广告费来传达各种产品特性，而是通过让用户免费试用、亲自体验的方式，使其迅速上手熟悉。大量用户之间的自发交流也分担掉了一部分的市场教育工作。

QQ 会员是腾讯旗下最重要的产品之一，于 2000 年 12 月 18 日正式推出，旨在为广大的 QQ 用户提供专属的 VIP 服务。开通 QQ 会员后，用户可以获得会员身份图标、等级加速、聊天炫彩字、魔法表情、专属皮肤等个性化特权，还能开启诸如聊天记录漫游、好友克隆、提高群组上限、好友克隆恢复等实用功能。特别是在 2013 年 7 月，QQ 会员将 PC 和手机打通后，彰显会员身份的途径有了新的释放点。目前 QQ 会员已囊括聊天、游戏、生活、购物四大领域，覆盖人数超过 3000 万。为了吸引用户持续付费，会员还划分了不同等级，从 VIP1 直至 VIP7，等级越高，特权也越多（当然成长值的曲线也越平坦，需要花费更多的时间才能成长到下一等级）。该方法成功地吸引会员持续付费，解决了过去 QQ 空间内一次性消耗的虚拟道具需要靠不断推陈出新来维持收入的问题。

QQ 会员特权页面

Tinder 针对年长用户推出收费服务，利用价格歧视策略，“榨干”那些有高级需求并且愿意突显自己经济实力的大龄用户们。

Tinder Plus 的宣传广告

Evernote 的免费用户有每月 60MB 的流量上限，单条笔记容量为 25MB，并且有广告。这并不影响它成为全世界最受欢迎的云笔记服务。而一旦用户选择付费，不但能将每月流量上限提升至 4GB、单条笔记容量提升至 100MB，还能去除广告、搜索附件配图、演示幻灯片、自动推荐相关笔记等（笔者通过购买 Evernote 和 Moleskine 联合推出的笔记本开通三个月付费试用体验后，就一发不可收拾地成为了付费功能的拥趸）。类似的云存储产品，用得越久，切换成本越高，平台黏性就越大，因此用户持续使用并最终付费的几率也越大。

Evernote 高级账户专享功能

相比其他任何免费模式，Freemium 策略显得灵活多变，开发者拥有更多掌控权。

2．交叉补贴

交叉补贴策略，思路是通过有意识地以优惠甚至亏本的价格出售一种产品（称为“优惠产品”），从而达到促进销售另一种盈利更多的产品（称为“盈利产品”）。传统商业的典型代表案例，如吉列剃须刀的刀身免费刀头收费，以及苹果出售 iPod 补贴 iTunes 等。交叉补贴需要人们对优惠产品的价格足够敏感，而对盈利产品的价格不那么敏感（比如足够低）。此外两种产品的互补性越强，同时购买的概率就越高。

交叉补贴在互联网产品中的典型代表是游戏行业。“游戏免费、道具收费”，让一票游戏开发商赚得盆满钵满。一部分玩家在游戏中虚掷青春、鏖战数月，换取等级的提升、装备的升级，而对于有付费能力和意愿的玩家而言，完全可以靠充值人民币来一步登天，直接成为神一样的存在。这固然是一种选择，催生了某种新的游戏平衡（例如史玉柱的《征途》系列网游就以免费出道，但其中不乏大量付费玩家），但也对游戏的生命周期和玩家体验造成了一定影响（由此不禁让人怀念起红白机时代单纯美好的马里奥时光）。

《征途》网游中玩家可以靠充值换取高级装备

Dropbox 原本使用的是 Freemium 策略，注册用户可以免费获得 2GB 空间，付费后可提升至 100GB 以上。但大概是觉得免费用户的使用量太小了，怎么也用不完这 2GB 吧，他们想了个冠冕堂皇的讨巧法子来帮用户尽快耗光空间。他们的做法是推出了免费照片管理应用 Carousel。

Dropbox 推出的 Carousel 应用

这款应用的设计目的是让用户轻松地分享手机里的照片和视频给自己的朋友。用户安装 Carousel 后，就能自动将手机里新增的照片默默地自动备份到 Dropbox 账户中，无须插数据线，也不用费心手动点选。如果你觉得 Dropbox 只是单纯地细分产品线，那就太天真了。要知道，手机里的照片和视频远比一份文稿的体积要大，这意味着用 iPhone 拍出来的几 MB 的照片，存不了几百张就把 Dropbox 给塞爆了。但照片和视频是一个人珍贵的回忆，用户不大可能完全清理掉，总会选择继续保留着。于是这时候，你就不得不乖乖地掏钱给即将用满的 Dropbox 来买更多存储空间了。

3．三方市场的流量变现

“当你在使用免费服务时，你自己就是商品。” 的确，免费的流量本身不会凭空变出钱来，但如果将这批流量导入另一项服务，或许就能麻雀变凤凰，攫取出更大价值。最典型的代表就是互联网广告，例如在体育爱好者社区里投放运动鞋广告、在演员的粉丝集中营里在线售卖电影票。从消费习惯和付费意愿来说，将精准人群导流到电商平台是目前最为成功的盈利模式之一。Google 实际上是一家“广告公司”，其广告收入占比在九成以上，Facebook 的广告占比在八成以上，而国内互联网公司中，百度和阿里巴巴的营收主要也依靠平台内的广告。

搜狗采用“三级火箭”策略，依托自己强大的输入法平台来带动搜狗浏览器的下载，再利用浏览器来增加搜狗搜索的使用量，最终实现变现。

搜狗输入法“三级火箭”的最终变现途径：搜狗搜索

作为工具产品的墨迹天气积攒了 2 亿多用户之后，在商业模式上的探索一波三折，后来将引入品牌合作商、植入明星穿衣搭配展示来作为盈利方式之一。

墨迹天气的明星穿衣展示广告

陌陌本质是一款手机上的聊天应用，但它的主要用户人群是爱玩且闲暇时间较多的年轻人，于是导流到自家（如“陌陌争霸”）或合作伙伴的游戏成为一大盈利来源。

陌陌自行研发的陌陌争霸游戏

4. 开源代码的盈利可能

开放源代码（简称“开源”）项目是当今互联网开发力量中不可忽略的一支生力军，其开放、平等、分享的精神造就了你我电脑和手机上的一大批优秀系统和程序。有人误以为开源等同于免费，这扭曲了开源的原意，也忽略了开源项目潜藏的经济价值。

来自上海的资深安卓开发工程师何晓杰利用业余时间维护着一个私人的开源项目——RootTools。这是一个对安卓设备进行全方位优化和保护的工具。在最初决定将项目开源时，何晓杰希望通过众包开发的方式来打磨完善自己的这一项目，并且通过吸引一部分用户来听取意见，开发或修改用户呼声最高的功能。随着项目逐渐成熟，他为 RootTools 建立了简单的主页，放置一些功能预告和联系方式，以此更贴近用户，加快迭代速度和项目市场价值。这个过程足足积累了三年，直到拥有 50 万活跃用户，并取得了良好的口碑后，RootTools 才开始接受用户的捐赠。

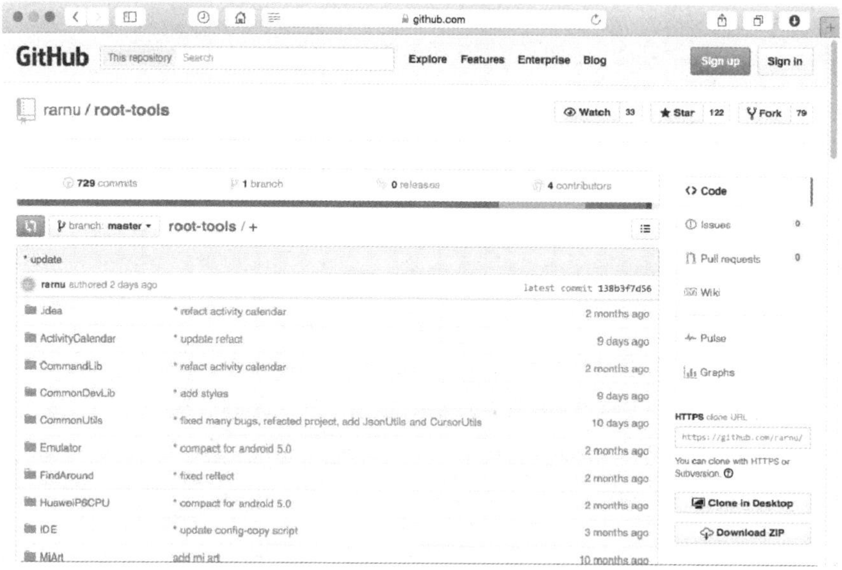

RootTools 的 Github 主页

捐赠有一个条件：捐赠者必须对项目提出某种开发或改进的要求，否则何晓杰不接受这样的捐赠；确认要求后，他将明确安排和公示排期，并且在完成开发收到捐赠后，面向全体用户公开感谢捐赠者。一般情况下，捐赠都在 20 美元以下，每个月能收到 15～40 笔。有时候，捐赠者提出的要求开发量比较大（比如想在 iOS 平台的越狱设备上也用上 RootTools），因此虽然接受的捐赠笔数少了，单笔金额却能达到 1000 美元，收入并没有降低。

随着项目知名度变大（Google 甚至收录了一部分代码到 Android 代码主干），一些要求定制开发的厂商找上门来，这其中包括安居客、安卓管理大师、美美豆等。相对捐赠，定制开发的收费比较高，通常在 2 万元左右。RootTools 的代码本身已经比较成熟了，在此基础上定制开发些小功能不会很难（比如加个过场动画），这钱赚得其实比较轻松。

RootTools 的另一个收费途径是文档。由于项目代码库庞大，某些功能涉及平台底层架构，对于有高级需要但技术能力较薄弱的厂商而言，一份详尽的代码说明文档就显得至关重要了。比起捐赠和定制开发，文档简直可以卖到“天价”。何晓杰至今已经卖出去了6份，但价格不便透露。

在谈到开源与盈利之间的关系时，何晓杰认为，无论对开源项目、开源作者还是开源社区而言，必须有适当的盈利才能更加健康地发展。从另一方面来看，开源也是一种接受检验和鞭策自己飞速奔跑的手段。只要产品质量过硬，进展健康，拥有收入是一件很正常的事情，这和通常的企业运作是一样的。

5．公司上市，或被收购

在美国，即使暂未实现盈利的公司也能上市，这让价值投资者有机会投资一批具有长期发展价值的长跑型公司，也让当年优酷这样烧了1.6亿美金仍未赚钱的公司有机会估到30亿市值。如果你的公司对行业巨头的主营业务有威胁，或从某种程度上构成了互补，渗透到了他们想进入却难啃的领域，那么恭喜你具有了被收购的价值。但总体而言，寄希望于上市或被收购来一朝逆转免费造成的财务空洞不大现实，创业团队应当首先设法活下来。

这里也需要看到，免费的定价模型虽然广泛适用且成效卓著，但也存在局限性。比如，用户的迁移成本和忠诚度较低，缺乏核心竞争力和技术作为护城河的产品，需要支付更多的费用在用户维系和市场营销上，这反而违背了免费的初衷。再比如，免费排除了市场上所有的价格歧视结构，往往会造成赢家通吃、一家独大的局面，导致后来者很难再撼动垄断巨头的市场地位，巨木之下小树难生，这并不是正常的商业生态。再者，羊毛出在羊身上，如果在用户身上再也“薅”不出羊毛，那么服务提供者很有可能“翻脸比翻书快”，彻底将免费服务终结。

6.2 免费午餐的终结

如果服务提供商无法从一毛不拔的你身上谋取到足够利益，他们就有理由终止服务，转而将注意力聚焦在那些愿意付费的人身上。Bidsketch 的创始人鲁本·加米兹（Ruben Gamez）抱着破釜沉舟自断一臂的觉悟砍掉了免费版，结果反而活得更好。

Bidsketch 是为设计师提供的网页服务，允许人们创建图文并茂的在线提案。比起传统的 Word 或者 PPT 提案，使用 Bidsketch 服务能够让提案文稿更加生动形象，适合于设计师淋漓尽致地展示自己的作品。他们的客户包括 Basecamp、SalesForce。

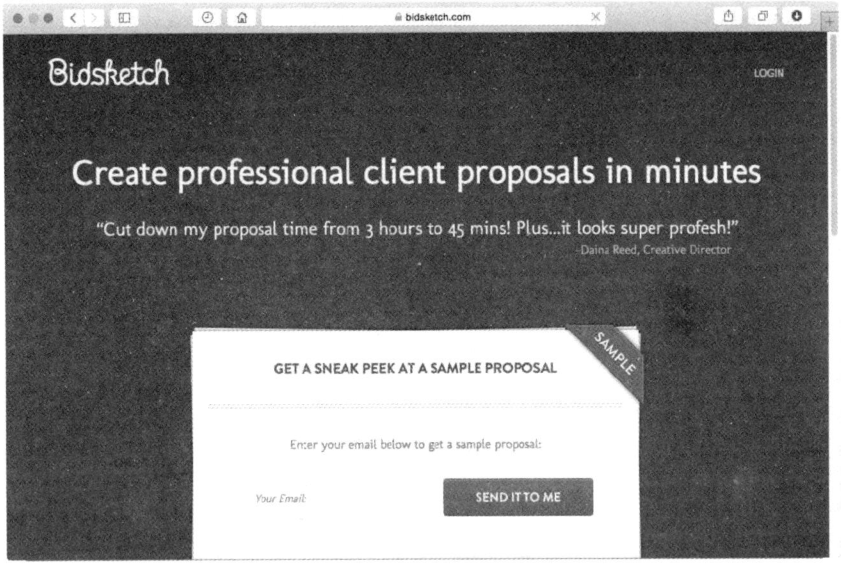

Bidsketch 网站

从一开始，有一份全职工作的鲁本只是将 Bidsketch 作为业余项目来启动，并没有太多的推广预算和行业资源。产品测试上线后，他先将这消息通过邮件列表告知了一些定向邀请的用户，结果反响良好：有 20 人立即成为了付费用户。受到鼓舞的鲁本继续用邮件向周围朋友们推荐自己的产品，于是在最初的几天里，Bidsketch 的付费用户比例占到了 54%，超过了免费用户。

这个良好的开端并没有让鲁本冲昏头脑，事实上，他的担心也油然而生：这样的付费用户比例能够长久吗？网上有研究表明，产品上线之初通过邮件来定向邀请获得的流量质量，要远高于通过搜索引擎等途径找来的自然流量。在走向更广阔的市场后，Bidsketch 的强劲势头能否继续保持呢？

结果，鲁本的担心果真应验了。随着用户量的上升，越来越多自发找上门来的人更倾向于选择免费账户。两周之后，免费用户已经剧增到了将近 93%，而付费用户不到 7%；六周之后，情况更加一发不可收拾，付费用户已经缩减到了 1%。在所有免费用户中，只有 0.8%会在试用期结束后升级到付费用户。这不仅意味着持续攀升的运营成本愈发难以负荷，也让鲁本在提供技术支持方面焦头烂额——免费用户往往更加挑剔，你懂的。

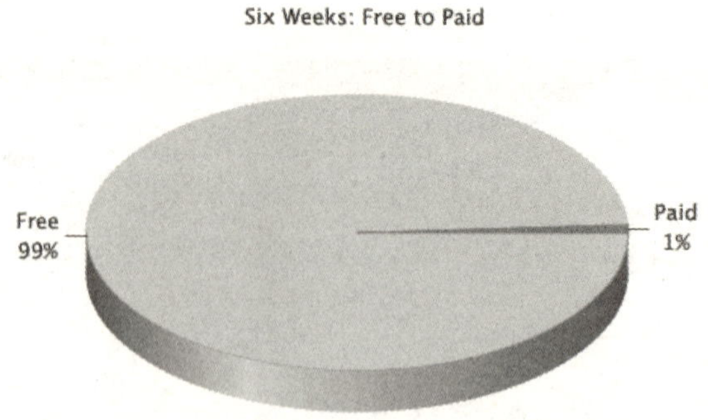

六周后，免费用户占据了 Bidsketch 的 99%，图片来源：softwarebyrob.com

为了刺激免费用户付费，鲁本进行了一系列尝试，包括提供付费升级的优惠活动、限制免费账户的功能、允许免费用户体验 15 天付费账户的权限，以及针对免费用户发送更多推广升级的邮件等，但都成效甚微。用户与日俱增，收入曲线却依旧维持平坦，这等于是在恶化。于是他决定彻底拨乱反正。

一开始，Bidesketch 并没有公开宣布取消免费账户，而仅仅是试验性地悄悄从页面上删除了免费账户的选项。鲁本想通过这个方法，验证一个假设：如果付费用户增长数量保持不变，而原本一部分免费用户有可能成为付费用户的话（至于那些一进来发现不免费就转身离开的人则放弃），那么情况是否会好转呢？这个试验低调地进行了一周，结果——用户付费转化率提升了 8 倍，一个月后，转化率更是上涨到了 10 倍。

时机成熟，手起刀落。Bidesketch 就这样毫无顾忌地公开了全新的用户政策，取消了免费账户。很快，付费用户带来的收入足以支撑起所有用户的使用成本，鲁本也辞去了全职工作，全身心地投入到了项目中来，并且有了更多精力来向付费人群提供高品质的服务。

免费模式的前提是你的用户基数足够大，并且能够提供边际成本更低的标准化服务。鲁本说，像是 Pandora 这样体量的音乐服务提供商，付费率约为 1%～1.7%，Evernote 全球的付费用户约为 0.5%，其中 2%会持续成为年费用户。对用户基数庞大的产品而言，这尚且说得过去，但对小团队的产品来说就难以接受了。

类似的例子还有网站分析服务 CrazyEgg 和财务软件 LessAccounting，前者在取消免费账户后，当月营收就翻了一番；后者则是将原本先免费体验再考虑付费的模式，改为了注册后直接试用付费功能，试用期结束后如果不继续付费就降级到功能受限的免费账户的模式，同样取得了成功。

提供付费服务的唯一选项，既表明了你对自己产品品质的承诺，也从侧面反映了用户的普遍认可。它用一种静默无声的姿态传达出“我们是能赚钱养活自己”的自信，并且也是在拍着胸脯向愿意缔结付费契约的用户保证：我们能持续为你提供优质的服务。这给人以安全感。当然，敢于掐断免费、仅留付费的前提，在于你的产品足够好到有源源不断的顾客前来光顾并且留下。如果本身误入需求陷阱或者存在品质缺漏，那就等着哭吧。

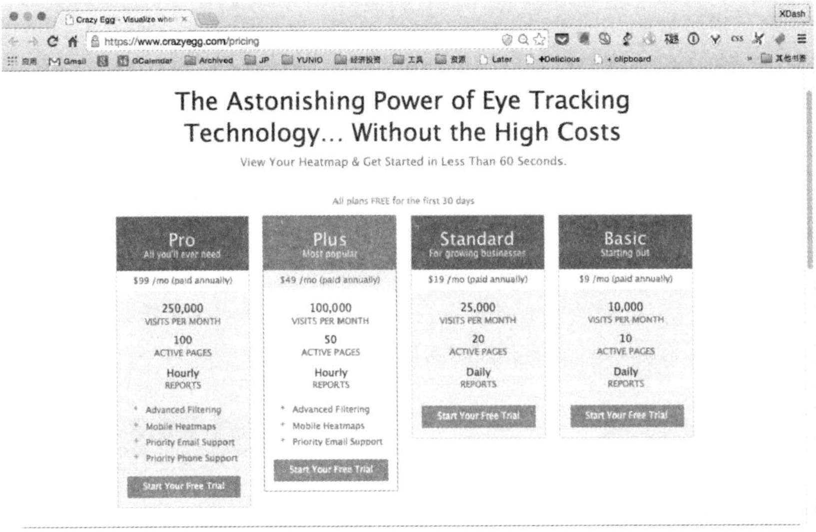

网站分析服务 CrazyEgg 取消了免费套餐，全部改为不同档次的付费套餐

6.3 重定向广告，寻找消费者的热追踪弹

不知道你是否留意过这样的现象：某天访问电商网站 A 时，偶然发现了一件感兴趣的商品，尽管当时没有立即下单，但在日后访问其他网站 B 时不断地看到这件商品的广告，屡屡挑动你的消费冲动，并最终让你乖乖成为了它的俘虏。如果你觉得这种“阴魂不散”的广告曝光几率只是巧合，那可就太小瞧增长黑客们了。实际上，这里使用了一种叫做“重定向”（Retargeting）的在线广告技术。

所谓重定向，是一种针对已经浏览过网站的人群进行再次营销的广告方式。它能让用户曾经看过的广告再次展示在其面前，通过这种不断的提醒来强化品牌印象，并最终促成消费行为。一般的网站广告带来的购买转化率都低于 5%，意味着超过九成的顾客就这样流失掉了。但实际上，他们中间也很有可能存在潜在消费者，只不过暂时需要更多时间来考虑和比对，一旦时机成熟，就会产生购买决策。重定向广告的价值就在于捕获到这些原本“漏网之鱼”们的购买意图，将他们重新引导回自己的站点里，完成下单消费，而不是白白便宜了别家。想知道如何运用好重定向广告，就要先知道它的原理。首先你需要在网站里插入一段追踪代码，当用户进入该页面后，代码就会在他们的电脑里植入一个 cookie，它会标记出用户身份和感兴趣的商品信息。当这个用户访问其他网站时，只要该网站加入了重定向广告联盟，就有资格读取出 cookie 中记录的用户身份和商品信息，并将动态的广告位“掉包”成用户感兴趣的商品广告。这里的“重定向广告联盟”泛指第三方的重定向广告服务商，如 Adroll、Retargeter、Chango，也包括像 Google Adwords 这样专业的展示广告功能。

如果你旗下同时经营了几家网站，那么他们天然地便是你的重定向广告联盟。例如在淘宝上看过的一件宝贝，也可能隔天出现在天猫的广告栏里。这就像一颗热追踪弹，牢牢锁定着目标用户的去向，任你跑去天涯海角，最终仍逃不出它的追及范围。根据 Google Adwords 提供的官方数据，在 30 天内出现 7～10 次横幅广告的转化效果是最佳的，而能做到这点的重定向广告将转化率提高到了三倍以上。

重定向广告在网站横幅、电邮营销、搜索引擎、社交网络中重复出现，图片来源：coroflot.com

成立于 2005 年的在线文档服务公司 Nitro 成功运用重定向广告，将销售收入提升了 18%。他们的公司位于旧金山，产品既面向 IBM 这样的大品牌，也包括小型商业团队。过去，访问者通过网站下载他们的 14 天试用版产品后，有相当一部分人最终并没有付费购买。这让负责市场销售的高级主管肖恩·金斯敏斯特（Sean Zinsmeister）

感到了压力。于是，他试着申请了 AdRoll 的重定向广告，针对那些下载了试用版却在付费阶段戛然而止的用户强化了自身的品牌曝光。用户的付费转化率果然相应上升了，投入产出比也提高了 3.9 倍。

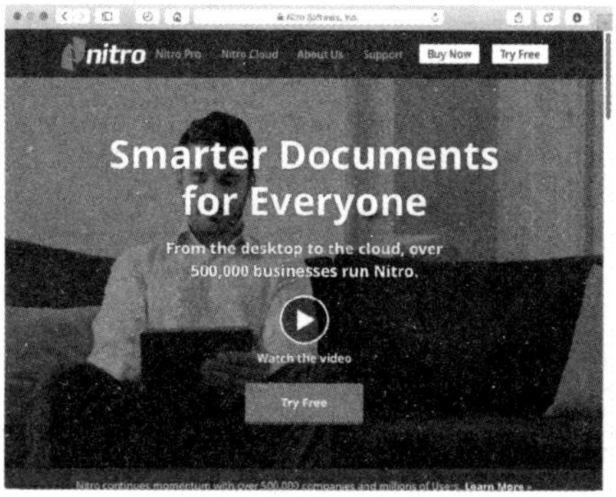

在线文档服务公司 Nitro 网站

另一项成功实践来自于美国长岛的 Diapers.com。这家网站成立于 2005 年，雄心勃勃地从尿布市场开始切入，希望一举拿下所有育婴产品的网络市场。2010 年，Diapers 连同其姊妹网站 Soap.com、BeautyBar 在被亚马逊以五亿多美金成功收购后，保持着独立经营的发展模式。背靠巨头且手中资本雄厚，这让 Diapers 有了更多尝试新鲜创意的机会，其中之一就是在 Facebook 上开辟粉丝专页。

Diapers.com 网站

乍一看，Diapers.com 的 Facebook 粉丝专页会发布些日常活动，偶尔跟粉丝互动一下，没什么特别的。但最大的亮点在于，他们在专页里嵌入了特制的电商订购功能，名字叫“My List”（我的清单）。这项功能只针对曾经在 Diapers.com 上下过单的老顾客开放。输入账号和密码之后，这个页面将显示出顾客曾经在 Diapers.com 上购买过的商品。

原来，对 Diapers.com 这样一家销售快速消费品的网站而言，用户的重复消费需求是很高的。今天买了尿布，隔周用完就需要再订购一次，类似的商品还包括洗发精、沐浴乳等。“我的清单”功能让老顾客在平时访问 Facebook 时，无需离开站点，就能直接通过简单的鼠标点选完成同样商品的重复下单流程，轻松愉悦地“再买一次”。在 Diapers.com 上，老顾客每年的重复购买次数为 5 到 8 次，这样的购买行为占到网站营收的大部分。虽然尿布的毛利率只有 9%，不过只要设法让老客人愿意多买两次，对 Diapers.com 就能迅速产生积极的贡献。通过这个 Facebook 粉丝主页的推广策略，Diapers.com 的网站营收增长了 30%。它的成功在于主动重定向到了用户日常出没的地方，以最低的购买门槛将重复消费意图给固化了下来。

Diapers.com 的首席执行官马克·洛尔（Marc Lore）对外分享经验时认为，在 Facebook 这样用户黏性高但注意力分散的平台上，直接面向新用户推销产品难度较高，“我们大概每次只能吸引这些网友 2 分钟的注意力而已”。因此专注于完成 2 分钟之内能够实现的销售目标，让这套方案的实施取得了实质成效。“我们不仅仅在做生意，我们是在切实帮助客户，让他们的日子过得更好。”

目前，业界对重定向广告存在两种声音：拥护者认为它促进了收入的增长，反对者则质疑其对用户隐私的泄露风险。开发者也陆续探索出了 cookie 之外的其他追踪用户身份的方式。如果您手头的预算紧张，不妨试试这个方法。

6.4 看 Wet Seal 如何抓住时尚的脉搏

年轻人都知道，时尚随时在变，令人捉摸不定。今天还紧俏流行的物件，隔天可能就成为了明日黄花，被抛入时代的垃圾桶。专营少女时尚服装的 Wet Seal 对此可不敢怠慢。这是一家总部位于加利福尼亚州的连锁巨头，其前身为成立于 20 世纪 60 年代的纽波特海滩，而新的得名源自其创始人 1990 年观赏的一场时装秀，一位造型酷似湿海豹的模特给他留下了深刻的印象。

Wet Seal 的经营理念非常简单。每天，公司的 554 家连锁店将同时收到 6 箱左右的全新商品，它们集新颖时尚和原创性于一体，且价格适中。这些商品只有 6 周的生命周期，几乎不会二次补货，即使是热销商品也只有少量的后续库存，从而保证追求潮流的年轻女孩们每次逛店都有耳目一新的体验和收获。为了完成这一庞大且精密的商业机器的运转，Wet Seal 不惜耗费巨资。他们特地建造了占地 21.5 万平方英尺的配送中心，该中心年货物处理能力达到 97 万箱，约合 6 千万件单品。3 台轻型海湾分拣机拥有特殊的双仓式设计，同时使用每小时可分拣 1 万件商品。由于挑剔的顾客往往对衣服尺寸、颜色等有不同的个性化要求，因此海量的订单处理和手动分拣也需要投入大量的人力。尽管 Wet Seal 的零售方式以实体店为主，占据了销售总额的 95%，但公司迫切希望扩大电子商务的营销模式，通过直面用户的自动化下单配送机制将销售链条尽可能缩短，在缩减成本的同时更快实现对消费者眼中时尚动向的预判。

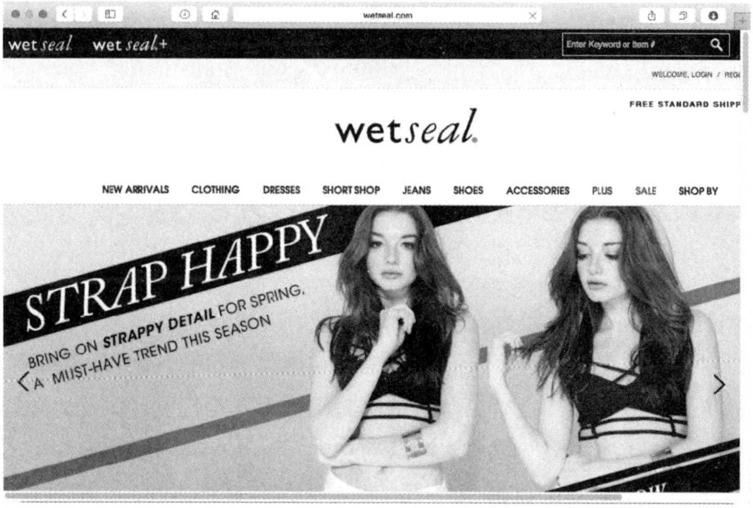

Wet Seal 网站

出于这个目的，Wet Seal 对网站进行了改进，强化了逛店和下单模块，并且推出了一系列颇具噱头的营销活动，如模特竞选等。从 3 万 5 千位参与者中筛选出的 100 名面容姣好身材火辣的入围者，用自制视频的拉票形式为 Wet Seal 的官方 Facebook 主页带来了 130 万名粉丝和 1000 万次点赞、转发。

看到社交网络里强劲的增长势头，Wet Seal 并没有沾沾自喜，将它单纯视作向粉丝定向推送广告的宣传机器。通过对网站访问者（也就是作为消费主力人群的年轻女性）的浏览数据和在社交网络的行为分析，他们发现，这一人群在选择购买服装时，热衷于货比三家，挑挑拣拣。一旦出现能入法眼的商品，她们会第一时间征询朋友们的意见，看是否适合自己，以及询问如何穿搭。这个有趣而惯常的女性消费者行为，在网络的产品形态上被冠以“社交购物”的时髦名号。在年轻女性中，身边闺蜜的意见对消费决策的影响力尤其明显。

于是，2010 年初，Wet Seal 尝试着在网上推出了“和友人一起逛街”的服务。用户登录 Wet Seal 网站购买服装时，如果想听听朋友的意见，可以点击按钮连接到 Facebook 上，实时邀请在线的朋友查看自己相中的服装，并留言给出评价。如果发现一件适合的上衣，想再找一条匹配的牛仔裤来搭配，也可以邀请好友来帮忙一起挑选。即使两人天各一方，也可以通过该服务一道寻找服装，增进感情。这个功能上线后便受到了女性消费者的青睐。截止到 2011 年 3 月，仅“和友人一起逛街”一项功能就将网站的销售额向上拉动了 10%，用户的活跃度极高。

除了社交购物，Wet Seal 还推出了虚拟 DIY 服务。用户可挑选网站上的服装和配饰，组合出心仪的穿搭风格，并把成品图片发给朋友和其他买家分享。如果买家选中了某件商品，也能看到其他用户基于该商品设计出的穿搭图。虚拟 DIY 服务迎合了有独特审美品位的女性自主创造潮流的欲望，也让缺乏穿搭经验的人获得了现成的解决方案。不到一年时间，网站的收入因此提升了 20%。

Wet Seal 利用了年轻人热衷交流分享的特性，通过引入社交关系链，将原本人与机器之间冷冰冰的关系，拓展为人际之间基于购物决策的交流平台。整个过程无须刻意加强对销售转化的引导，人们在自由宽松的环境中选购与聊天，就像在周末逛线下的实体店那样，潜在的消费欲望自然被调动起来，而独自网购的单调孤独感也在无形之中得以消解。这正是这家盛极一时的潮流专营店的制胜秘诀。（顺便提一下，由于美国年轻人消费习惯的转变和商业竞争等因素冲击，经营不善的 Wet Seal 已于 2015 年申请破产。）

与 Wet Seal 异曲同工的还有 Etsy。这个迷人的网站汇集了世界各地的艺术家销售的手工艺品，每一件都是独一无二的精致物件，值得花上几个小时仔仔细细地欣赏玩味。手工艺品并不像生活必需品那样，有着刚性的购买需求和稳定的消费周期，人们的购买动机也更多倾向于作为礼物赠予他人。于是 Etsy 建立了一个系统，能够通过连接 Facebook 账号，读取好友列表，并根据好友的资料和发布的内容，猜测出他们可能对什么样的手工艺品感兴趣，继而为用户推荐适合送给朋友的礼物。

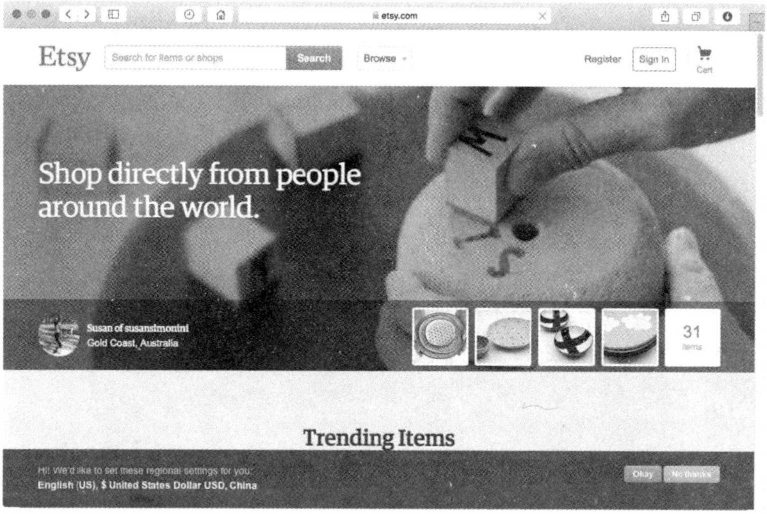

Etsy 网站

这是一个非常实用的创新，尤其是在试图给人惊喜方面有奇效。比如说，你的朋友曾经对 Lady Gaga 的音乐大加赞赏，Etsy 就会建议你挑选带有 Lady Gaga 剪影的枕头、钥匙链乃至夸张造型的仿制配饰；如果朋友标记过《侏罗纪公园》这部电影，系统就会推荐复古的恐龙造型摆件；如果朋友是一位爱猫如命的"猫奴"，那么绘有宠物萌态的壁挂图和印有英国短毛的咖啡杯将成为上佳之选。这个富于人情味的机制，既化解了送礼时如无头苍蝇般乱撞的风险，也能帮助用户更加了解朋友，增进人与人之间的情谊。

6.5 用互联网思维在微信里卖月饼

传统电商的时代已经过去，微信电商的风口正在形成。为了探索在微信这一特定场景中的电商玩法，测试各种社交关系转化为销售流量的极限边界，2014 年夏天，资深媒体人、《罗辑思维》的创始人罗振宇联合杭州的口袋通微商城团队进行了一次试验——他们要在微信上卖月饼。之所以选择月饼作为销售对象，是因为月饼作为中华民族馈赠亲友的节日佳品，本身就具有连接人际关系的传播性。伴随近年来月饼市场的销售低迷，用这样毫无势能的商品来进行试验，能够最大程度上测试出玩法本身对销售的影响。

当时罗辑思维的微信公众号拥有255万订阅用户，25000位会员，日均活跃人次在30~40万。在这样一个用户众多、活跃度较高且以年轻人为主的社群环境中，如何设计一套新颖的玩法来调动参与者的积极性，是主创团队们所面临的挑战。微信电商的销售一定不会来源于某个中心化推荐或广告入口，而是依赖于用户在碎片化社交行为中不经意的分享和传播。因此让整个销售过程变得自然、有趣、真实，提升用户的参与感，就变得至关重要。

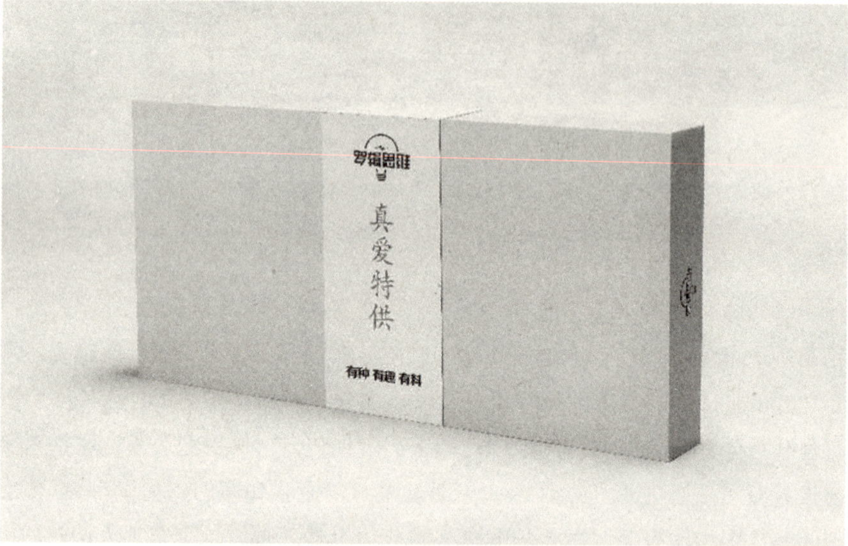

罗辑思维"真爱特供"月饼的包装宣传图

最初整个团队只有较为粗犷的方向，希望能做到"游戏性、互动、好玩、突破传统"。2014年7月18日活动上线之初，主推的是"找人代付"功能：用户下了订单但不付钱，而是留下收货地址，随后通过微信分享给朋友，让某个人来帮他完成付款。经过一天的测试，反馈声中最多的是认为199元一盒的售价有点高，有人一下子让别人送他几十盒，近千元的单子还不如请别人吃顿饭划算。这个定价造成的真正问题并不是用户消费不起，而是不利于分享和推荐。

于是团队又花了三四天迅速开发除了"多人代付"功能。与找人代付类似，用户可以下单请别人来付款，不过这一次支持一次邀请很多人一起来玩。邀请的人数越多，分摊到每个人头上的金额越少，即使花三块五块也能参与，好友之间的互动门槛顿时降低许多。如此一来，后台的订单总量上去了。

随着销售试验的进行，有人开始嚷着说，光让别人买不合适，得让自己可以回礼。

于是第三次迭代中，“随机送礼”功能正式上线。用户在下单时有两种模式可选，第一种模式是先到先得，第二种模式是随机争抢。前者调动起人们在第一时间挤破头的参与冲动，后者则扩大了参与群体的外沿。透过“随机性”这一在游戏中广泛使用的要素，人们在参与中有了反复尝试的动机和理由，社群互动也变得更加热闹活跃。

除了销售月饼的核心玩法在不断“换姿势”，主创团队们还尤其注重在其他参与环节里贯彻游戏的乐趣。例如推出“月饼节操榜”，能够根据用户的购买量和分享量排名，数据实时更新。活动结束后，“节操王”可以在农历八月十六当天和罗胖一起“晒月亮”，噱头十足。连接社群成员的“节操币”，则能用于兑换某些官方特权（例如与罗胖见面的机会），或是私下商量用作某种双方认可的价值交换。据说有人通过节操币换取了一次异地的免费住宿。即使在多人代付的头像生成这样的细节上，口袋通的开发人员也匠心独运，他们在预先储备的 100 多个默认头像之外，增加了罗胖的彩蛋头像，这让有时候收到的月饼赠礼像是来自罗胖本人，给粉丝以惊喜。

将天然交互场景下催生的种种恶搞、暧昧、友善提炼出来，结合微信语境下特有的互动形式和传播风格，并通过随机性和彩蛋来增加调味料，这就变单纯的货品销售为一种互动参与式的全民狂欢。经过 13 天（7 月 18 日至 30 日）的销售，总计有 2698790 人参与活动，参与次数为 8000972 次，月饼商品页面被分享了 1036059 次，完成订单销售 20271 笔，总销量 40038 盒。

粉丝催生新经济，月饼也能玩创意。

6.6 变惩为奖，堵不如疏

2011 年，有网友发现了腾讯 QQ 会员的技术漏洞，公然在淘宝上以 1 元钱的价格挂出了“QQ 会员点灯”业务。由于价格低廉，仅为官方会员价格的十分之一不到，一经推出便吸引了不少贪图小便宜的用户。觉察到此情况的腾讯公司通过内部调查对异常用户群体进行了扫描核对，发现竟然有将近 300 万用户购买了这项“非法服务”，间接造成的经济损失超过 3000 万元。QQ 会员运营体系的工作人员乃至管理层都大为震动。

腾讯公司先是迅速弥补技术漏洞，防止损失进一步扩大。紧接着，有人提出了“简单粗暴”的惩治方案：对淘宝售卖者予以警告，剿灭所有通过非法方式获得的会员亮灯。可以想见，如果在当时强硬地采取封杀策略，势必会激起这些付出真金白银的用户的反弹情绪，原本对腾讯公司及 QQ 会员业务的好感也很可能随之荡然无存，“粉转路人”甚至“粉转黑”。

在风险评估后，腾讯彰显出了顶尖互联网公司的气魄与智慧，采用了更加柔性的方法。他们设计了一个推广活动页面，定向推送给这部分购买过“非法服务”的用户。在活动页面上，满脸沮丧的“红毛企鹅”出现在画面中央，头上顶着一行标题“拿什么拯救你，我熄灭的会员图标”。页面文案中诚挚地解释了用户头像被熄灭的原因，以此激起用户的惋惜之情。在传达出“是什么”以及“为什么”后，真正的重点落在唤起行动，告诉用户应该“怎么样”。在页面的醒目位置，出现了开通会员的提醒文案和召唤按钮，并且腾讯承诺，为这部分用户提供八折的优惠折扣。

这是一次明智的危机公关，它在给这些用户关起一道门的同时也打开了一扇窗，给遭受损失的用户提供了宣泄的出口和应对的方案。堵不如疏，这部分人之所以愿意花 1 元钱去淘宝“点灯”，说明他们的确喜爱 QQ 会员服务；而既然价格是影响用户是否购买官方付费服务的主要因素，那么与其封杀不如转化，为他们提供额外的价格优惠或许正是这批“准会员”们想要的。

QQ 会员用感性的方式号召用户升级为会员

活动结束后，有 15%的非会员转化成了会员用户。而剩余暂未立即掏钱的用户，也在腾讯日后的精细化运营下，通过赠送会员体验资格等机制享受到了丰富特权，在日后有可能再度发展成为会员。类似的做法也见于国内外独立团队开发的付费软件。

笔者的 Macbook 电脑上曾一度运行着从国内网站下载的“破解版”清理工具 CleanMyMac。某次软件升级后，原来的序列号被判定为非法获得，将无法继续正常使用。CleanMyMac 用弹窗表示了遗憾（但我敢肯定开发团队里一定有人对我这样的盗版用户恨得咬牙切齿），然而却丝毫不甘愿坐视用户流失。他们转而慷慨华丽地抛出了高达 50%的付费套餐优惠，原价 99 元，优惠后只需 49 元。出于长期使用养成的习惯和一劳永逸不再折腾的想法，我还是果断点击了购买按钮。

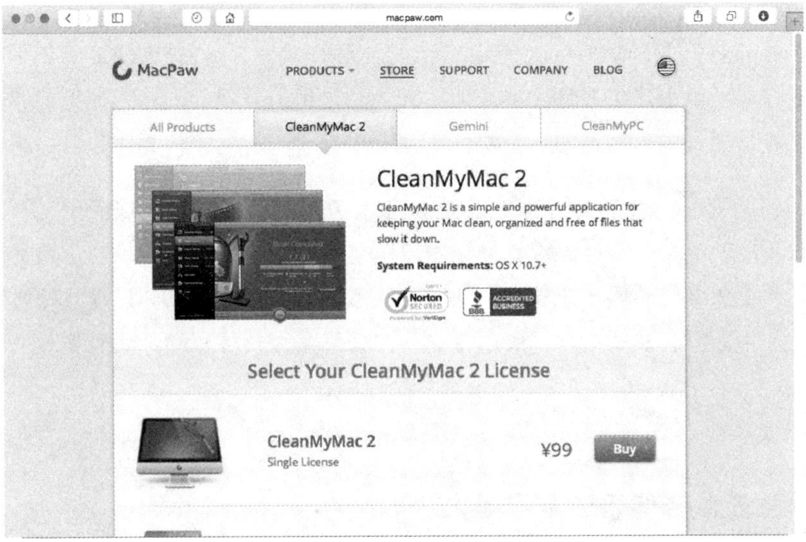

MacPaw 官网上 CleanMyMac2 的价格为 99 元，而在上文所述情况下，
用户才会被带到一个具有 49 元折扣价格的特别付款页面

在付费页面上，系统通过 IP 判断我位于中国，就在推荐的支付方式上首选了支付宝，且将付款金额折算成了人民币汇率。这一切体贴流畅的操作过程似乎在传达一种友善的信号：这位来自中国的朋友，我们深知在贵区域可能盗版猖獗，您也是受害者之一，但我们并不希望因此失去您的支持，而渴望用一种优雅体面的方式留住您。整个过程中，我既没有遭受谴责，也没感到要挟，反倒愈发肯定了购买的意愿。直至现在，CleanMyMac 依旧是我定时执行的系统清理工具，并且我也经常向周围朋友推荐。试想，如果当时它粗暴地将我阻拦在大门之外，眼睁睁地坐视我流失，那么现在我付费安装的很有可能正是它的竞争对手。

比较这两个案例，我们可以总结出“变惩为奖”的三大原则。

1．绝不责备用户。用户的选择受到当时当地的信息接收渠道、产品易获得性、消费习惯和试探心理等综合因素影响，有时甚至是在不经意间采取了行动。他们很可能并未意识到自己正在使用盗版的行为侵害了开发者的正当利益，也暂时无从感知到官方的正版产品将带来更有保障的高品质体验。对于这部分用户，不能指望谴责能瞬时带来改观，更好的方式是循循善诱，给出引导方案，让他们自行在利弊之前权衡并导出判断结论。

2．给予合理补偿。人们普遍存在一个心理：从未获得的东西无关痛痒，但已经到手的东西若要失去则变得难以接受。无论是熄灭会员灯，还是剥夺盗版使用权，本质上都是夺走一项用户已经到手的东西，无论其来路是否正当，总归是不愿意的。因此合理的补偿能最大程度抵消这种负面情绪。

3．提供转化便利。体现诚意与尊重的最好方式莫过于发起一项请求时，为对方提供最大程度的便利。在产品设计策略中，可包括更加清晰的引导步骤、更加准确的文案表达、更加减省的操作步骤和更加令人欢欣鼓舞的成功反馈。这能让原本因“负罪感”而产生补偿想法的用户，快速将这种冲动落实为具体行动，从而刺激产品销量增长。

6.7 建立商业智能系统以小博大

生活中我们经常面临垃圾短信和推销电话的骚扰，对方提起电话往往不分青红皂白地向你兜售信用卡、保险甚至房地产。这种无的放矢的地毯式推销，实际上带来的是一种双输的结局，既造成了营销成本的虚高，也让老百姓怨声载道，效果可想而知。

传统行业营销搞人海战术的做法并不鲜见，正如奥美广告的创始人大卫·奥格威（David Ogilvy）所言：“我知道我的广告费有一半浪费了，但却不知道是哪一半。”互联网行业里，从事电商、O2O 业务的公司通常也有面向线下潜在顾客销售的业务需要，其中电话销售是不可或缺的手段之一。

如何通过技术手段提升互联网公司内部运作的效率和可控性，从而降低运维成本、提高命中率、获取更多收入呢？百姓网增长团队的负责人孙甜博士为我们介绍了百姓网如何打造企业内部的商业智能系统，通过技术手段管理电销团队，实现业务增长的案例。

总部位于上海的百姓网成立于 2005 年 3 月 1 日，是国内第一家分类广告网站，也是国内最大的分类广告网站之一，致力于提供“人人都可广而告之”的分类广告平台，帮助用户免费查找和发布二手物品交易、二手车买卖、房屋租售、招聘求职、交友活动、宠物领养、生活服务等本地生活信息。截至 2015 年 2 月，百姓网月活跃用户数过亿，月新增信息量超过 5000 万条，覆盖全国 380 个城市。其中，来自移动的流量已超过全站流量的 80%。

百姓网一贯坚持精英小团队，用最小的人力成本获取最大效果。总部的工程师负责产品的研发，而电话销售的工作则指派给了一家 50 人规模的外包团队，销售的网站付费服务包括置顶推广、智能插播、VIP 会员和推广套餐等，目标顾客群包括有商业推广需求的中小企业商家、已在分类网站上发布过信息的普通用户、对网站付费服务购买过程不熟悉的潜在顾客等。这些销售构成了百姓网主要的业务收入来源。

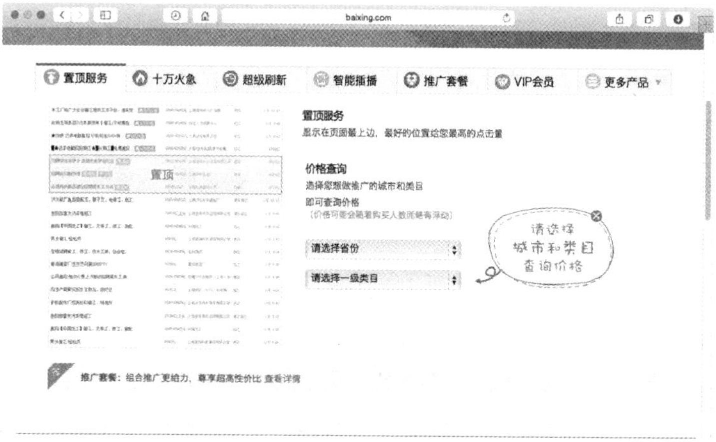

百姓网销售的付费服务包括置顶服务、十万火急、超级刷新等

在最初与电销团队磨合过一段时间之后，一些管理和绩效评估方面的问题逐渐暴露出来。例如，2014 年 7 月份每日的人均有效通话时长不到合同规定的一半；销售人员无故缺勤，却能“吃空额”，按全勤获得坐席费；某些销售人员每日有效通话量不到 10 通等。归根到底，症结在于以往百姓网没有建立一个可以量化的电销团队运营管理体系。在 8 月以前，百姓网在电销运营管理方面有三个空白：没有记录和分析过任何历史上的电话拨打数据情况，从未准确跟踪过销售人员的行为，未曾进行过数据化的精细管理。这些空白造成了电销团队虚报工作量、工作态度不积极、与百姓网战略目标不一致等问题，也严重影响到了业务收入。

完善电销数据，整顿运营管理，规范团队行为，已成为当务之急。为此，孙甜启动了代号为“RAIDER”的项目，核心是建立一个完整的运营管理体系，做到运营管理的精细化、实时化、效益化。精细化管理是为了全方位规范电销团队行为。实时化管理是为了及时找到问题并解决。而效益化管理的核心是利益驱动，将各项 KPI 和费用挂钩。面对运营相对独立的第三方外包团队，很难利用企业文化熏陶、人事制度调整、培训强化等内部管理手段进行有效管理，也难以深入透彻地调查、监管其日常运营。并且如果对第三方团队投入过多的管理精力，也不适用于百姓网“轻公司、大生态”的公司战略。因此，唯有将百姓网对第三方电销团队的要求拆细，并逐一和对其支付的费用挂钩，奖惩分明，才能用最小的管理成本做到最有效的管理。

所谓精细化管理，是指在业绩这一单一指标之外，增设其他指标，从而避免粗放式管理造成的危险，有效约束外包团队，使其行动目标与百姓网的战略目标一致。原本百姓网的管理规则为：每月设定唯一的业绩目标（如 100 万销售额），如果达标，则有奖金，如果不达标，则无奖金。经过多方调研，RAIDER 在 PNM Soft Organization 评价系统的参考下，总结了一套适用于百姓网自己的评价系统，分为过程指标、结果指标、细分维度 3 个大类，包含 28 个 KPI，如下所示。

	KPI	解释/定义/公式
过程指标	外拨电话数	总共拨出的电话数
	外拨池内电话数	总共拨出的被分配电话数
	外拨客户数	总共拨出的客户数
	外拨池内客户数	总共拨出的池内客户数
	有效通话量	通话时长大于等于 15 秒的通话量
	有效池内通话量	通话时长大于等于 15 秒的被分配电话的通话量
	有效接触客户数	通话时长大于等于 15 秒的客户数
	总通话时长	总共进行通话的时长
	总有效通话时长	时长大于等于 15 秒的通话的时长总和
	总池内有效通话时长	时长大于等于 15 秒的被分配通话的时长总和
	平均通时	总通话时长/外拨电话数
	平均有效通时	总有效通话时长/有效接通数量
	平均池内有效通时	总池内有效通话时长/有效池内接通数量
	间隔时间	有效通话之间间隔时间的总和

（续表）

	KPI	解释/定义/公式
	接通率	有效电话数/外拨电话数
	接触率	有效接触客户数/外拨客户数
结果指标	成单量	以一卡通购买单数算成单量
	成单充值业绩	购买了一卡通且填写了销售编号的金额
	成单消耗业绩	填写销售编号的一卡通带来的消耗
	转化率	成单量/总外拨电话数
	接触成功率	成单客户数/有效接触客户数
	新客户占比	这里新客户定义为之前未被接触成单的客户 新客户成单/老客户成单
	件均金额	成单充值业绩/成单量
	客均金额	成单充值业绩/成单客户数
细分维度	产品种类	刷新、置顶、十万火急、加急等
	客户类型	企业、个人、来源
	格子属性	行业、地域
	客户阶段	新客户、老客户、无效客户

在这些指标中，又提取出了6个关键KPI形成了雷达图。

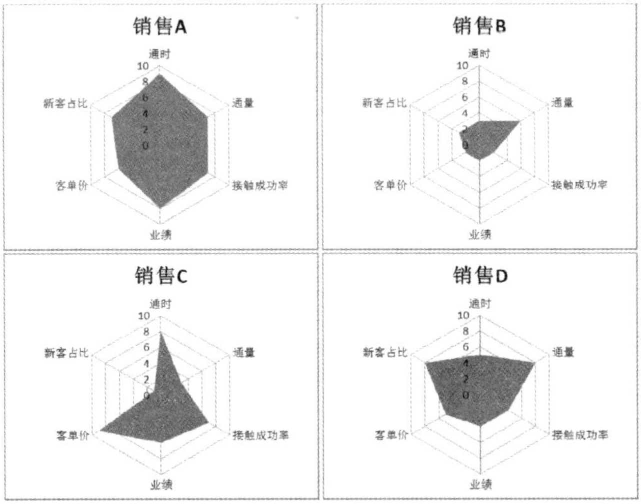

关键KPI雷达图，考核指标包括新客占比、客单价、业绩、接触成功率、通量和通时

在这样一套体系的规范约束下，不同销售人员的业务情况得到了360°的评估，暴露出的问题也能对症下药。如以下是几种具有代表性的销售人员类型。

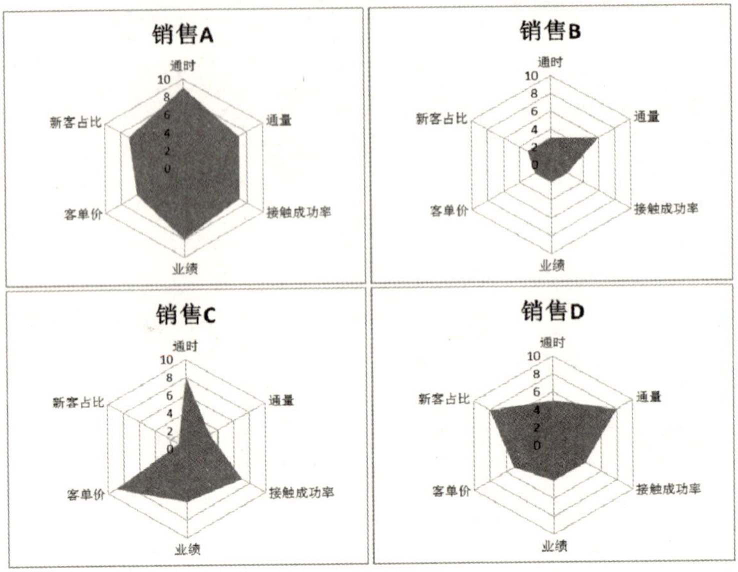

关键KPI对应销售人员类型举例

销售A：优秀全面型。销售A的通量通时均比较高，接触成功率不错，其客户构成、新客户占比与客单价均较为合理。说明此销售比较勤奋、销售技巧较好，因此业绩不错。

销售B：新手型。销售B通量居中，且通时很短，说明其销售技巧较弱，无法和客户进行有效沟通。因此其接触成功率和业绩都比较差。对这种销售，需要加强销售技巧培训，并督促其多打多练。

销售C：专打老客户型。销售C通量和新客户占比都很低，业绩主要来自于老客户维护。针对此类销售，就要强化要求其新客户转化率。

销售D：销售技巧短板型。销售D通时和接触成功率偏低，其余指标较高，说明其工作较为勤奋，如果重点培训一下销售技巧，提高转化率，有望成为优秀销售。

在快鱼吃慢鱼的互联网行业，战胜对手的决胜利器往往就是尽可能地尽早发现问题、决策调整，所以数据的实时反应力非常重要。百姓网自主开发了一套在线坐席行为监控系统，用可视化地手段检测到了销售人员在每天不同时段的出勤情况，从而便于评估每个人的效率。

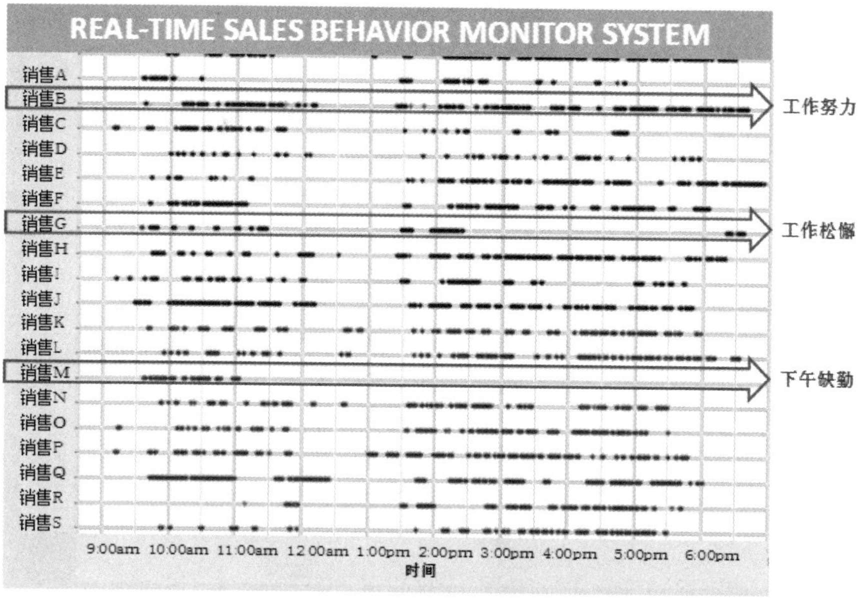

在线坐席行为监控系统反映出的销售人员出勤状况

有了上述两套数据，RAIDER 系统就能将过程指标与实时运营指标建立关联，最终折算成发放给销售人员的坐席费，再将结果指标和业绩提成进行挂钩。2014 年 8 月 20 日，百姓网出台了《坐席费发放细则》、《管理费发放细则》和《业绩奖金发放细则》，2014 年 9 月 1 日开始正式贯彻执行。

为了提高电话销售对目标客户的精准性，百姓网还开发了决策支持系统 DSS。通过对 14 万条电话记录、4.5 万个注册客户、40 个坐席，以及 177 个变量等大数据的分析检测，每个客户的意向度都由系统计算出来，并根据市场不断采集来的反馈，让模型不断修正和进化。在这套体系的运作下，百姓网预期的目标为：第一，电销总业绩同比 Q2 增长 70%，即净增长 70 万元/月；第二，人均销售业绩同比上月提高 20%，即人均净增长 1 万元/月；第三，加强新销售的合理培训机制，将 Q2 的 70%离职率降低至 20%以下；第四，建立电销运营管理的有效模式，真正实现“轻公司、大生态”的公司战略，为 Q4 以及 2015 年扩大团队规模打下基础。

经过一段时间的实际运作，最终成果斐然：2014 年 Q3 的销售团队业绩较 Q2 的净增长达到了 65 万元/月，成单量提高了 35%，人均净增长达 1 万元/月。

百姓网增长团队负责人孙甜博士

对于 RAIDER 系统在百姓网业务增长方面做出的贡献，孙甜博士认为，用数据可视化的方式辅助企业管理，可使得管理成本降低，管理效率提高。这里面的核心有三个：第一，数据的采集和存储。百姓网具备很强烈的数据意识，因此数据仓库方面的技术实力较强，能够做到核心数据的实时采集和存储。第二，数据可视化。如果没有一个直观、简单的数据可视化呈现方式，管理者是没有使用动力的。第三，极客精神，使得技术开发工程师有能力、有热情进行自主的系统开发。尤其值得一提的是，百姓网的几乎所有的操作运维系统、内部管理系统，均是团队自主研发的。在这其中，增长团队扮演了重要的需求提供者和执行承担者的重任。

第 7 章
病毒传播

“过去战争中的胜利者并不总是那些拥有最优秀将军和最精良武器的军队，而常常不过是那些携带有可以传染给敌人的最可怕的病菌。”

——《枪炮、病菌与钢铁》，贾雷德·戴蒙德

7.1 用病毒传播撬动增长的杠杆

凯文·凯利在 1998 年出版《新经济，新规则》一书中提出了大名鼎鼎的“传真机效应”：单独一台传真机是没有什么价值的，只有它处于一个网络中时才能被赋予价值。对于拥有一台传真机的人而言，网络中的传真机越多，你的传真机价值也就越大。用户买下传真机，实则买下的是整个传真网络——这比传真机本身更加值钱。时至今日，这一理论激励着互联网产品构建一个开放的系统和网络，摒弃封闭局限，尽可能地拓展这个网络的宽度和广度，让更多的人加入。特别是在主流话语权呈现“去中心化”之势、自媒体纷纷崛起的时代，各家团队更加重视利用“病毒传播”来营造热点话题、控制舆论导向、引导主动传播，动员一切有生力量来为产品做宣传。这被验证是一种相对低成本且极具爆发力的增长方式。

病毒式传播，是基于用户诉求的一种传播方式。一款产品如果采用了正确的病毒

式营销方式，能够自然勾起人们分享给他人的欲望，在新媒体的语境下用最低的成本将产品扩散给更广的人群。不同于以往“中心化”一对多广播式的传播路径，“去中心化”的病毒式传播中人人都是节点，传播的效果能够以几何级数倍增，四两拨千斤地撼动潜在受众的认知。你在微博上看到有人喜不自胜地炫耀《雷霆战机》的高分截图、在邮件中收到一家新上线网站的内测邀请码，或是周末喝咖啡时听朋友眉飞色舞地描述自己如何用手机应用搞定跨境旅行，都是典型的病毒传播场景。这种以人际关系“信任”为纽带的传播，通常比商家的自卖自夸更具说服力。

社会化媒体时代，用户可以选择更多的社交网络来帮助产品传播，

图片来源：optimizationtheory.com

衡量病毒传播的两大核心指标是K因子（K Factor）和病毒循环周期（Virial Cycle Time）。

K因子，用于评判病毒传播的覆盖面。其公式为：K因子=感染率 X 转化率。感染率是指某个用户向其他人传播产品的程度，例如发送一封邮件邀请、进行一次口碑推荐。转化率是指被感染用户转化成新用户的比例。更简单地说，1个K因子表示平均1个用户能带来1个新用户。K因子越高，产品自我获取新用户的能力越强。提高K因子，主要从提高感染率和转化率两个方向入手。鼓励用户平均发送更多邀请，如在一对一的通讯录联系人邀请之外，增设发微博、邮件群发选项，可以增加感染更多用户的机会。优化被感染者看到的着陆页，让注册步骤尽可能简短，则能提高注册成功的转化率。

病毒循环周期，是指从用户发出病毒邀请，到新用户完成转化（如点击阅读、注册、消费的行为）所花费的时间。病毒循环周期越短，效果越好。在这方面数据的佼佼者要数视频网站，你在优酷上看完一则奇趣搞怪的30秒视频，将它顺手分享到微博上，马上便能引来粉丝的围观，整个病毒循环周期只需几分钟。为了缩短病毒循环周期，首先应当尽可能减少用户的操作成本，如醒目的行动号召、方便的一键分享按钮、傻瓜式的下载安装注册流程。其次可以设法增加用户的“紧迫感”，如24小时后就会失效的优惠券、注册后能立即收到10元返利的承诺等。

《引爆点》的作者马尔科姆将引爆流行的要素总结为个别人物法则、附着力法则和环境威力法则。他认为，本身就认识很多人且对他人有一定影响力的那些人，在传播中充当了关键性节点的角色，在他们的助力下，原本容易被注意、感知和记忆的信息更容易抵达受众的面前，并在一定的外部环境催化下，成为一股流行趋势。你可能在微博上见到过娱乐明星为某款品牌、某家淘宝店高调“站台”，引发粉丝热抢和商铺“爆款”，也领略过行业领袖为自己投资的公司产品不遗余力地吆喝，让某些产品一经问世便顶着璀璨光环，持续成为业界话题明星。这都体现了病毒传播中节点人物的关键性。创业团队应当妥善拉拢这些意见领袖为自己的产品提供指导意见和宣传支持。

有些产品的病毒传播无须挂靠其他外部因素，纯粹因自身品质优秀。Evernote 早期没有设立专门的推广预算，而是将成本全都投入于研发，创始人菲尔·利宾（Phil Libin）相信好产品自己长脚，能扩散千里。他的观点是对的，这样一款出色的产品不仅在没有任何推广的情况下，仅 443 天就达到了百万用户，更是一位让心怀感激的瑞典用户愿意自掏腰包 50 万美金，帮助 Evernote 戏剧性地走出了濒临倒闭的窘境。可以说，起初 Evernote 增长完全立足于用户之间的口口相传。

当然，除此之外我们也能够刻意采用更加巧妙的方式来营造和扩大病毒式传播的覆盖面和转化率，让产品在用户之间自发流行起来。本章我们将介绍一批有趣的案例。

7.2 坏事传千里——Bug 营销

2013 年 6 月 21 日晚，各大论坛、微博、QQ 群上出现了一条广为流传的消息：“百度云网盘的支付系统疑似出现了重大 Bug，所有付费套餐的价格变成了原来的 1/1000，1 毛钱就可以买一年会员，100GB 最高等级套餐也只要 5 毛钱，快去抢福利啊！！”一时间网民炸锅了，不管之前有没有百度云网盘的账号，这会儿都麻溜地奔去抢购。

百度网盘的病毒营销“Bug”

经过亲自验证，所谓的“Bug”的确存在。原本 15GB、30GB、50GB、100GB 的套餐年费分别为 75 元、150 元、250 元及 500 元，当时的实际支付环节只需花费 0.08 元、0.15 元、0.25 元及 0.5 元。我也立即掏钱把容量升至了最大。

现在看来，这起看似由 Bug 引发的网络狂欢，背后极有可能是精心策划的一场炒作。作为国内搜索引擎网络巨头，百度在众多互联网公司中的技术实力毋庸置疑，此前也曾经推出过电商平台有啊及支付平台百付宝，因此对于相比之下业务逻辑更简单的网盘支付系统，不至于出此纰漏。即便的确因为工程师的疏忽而偶然马失前蹄，也不可能在早上 6 点问题发生、21 日全天掀起网络热潮的情况下，经过数十个小时仍没能修复。

微博认证身份为猿题库、粉笔网 iOS 开发工程师的“唐巧_boy”在次日评论说：“百度云的‘价格漏洞’直到今天早上 6 点还没有被修复，作为一个技术人员，我可以肯定他们这次是做营销了。因为简单用 nginx 把支付页面重定向到维护页面这种事情几分钟就能搞定，只是改价格，整个 Bug 修复加上线正常也应该在 2 小时以内。”

百度官方对此并未发表任何意见，最终于几十小时后低调地“修复”了 Bug。几天后的 26 日，百度对外宣布百度云用户量突破 7 千万人，并且正以每天 20 万人的速度增长。至此明眼人都能判别出来，百度云的此次疏漏完全是一起“Bug 营销”，它借助了网民贪小便宜的心理，在短时间内获取了大量的眼球和转化，堪称精彩案例。整个传播印证了那句老话——“好事不出门，坏事传千里”。

至于百度为此付出的成本，其实并没有想象中那样高昂。免费领取的网盘空间，如果不传文件空置着，那仅仅是个上限数字而已。即便是真的上传了大量的电影、音乐，在服务器上也只需保存一份，通过哈希码对照，很容易地知道用户上传的文件是否在服务端已经有过一份了，也就无须重复上传，实现了所谓的“秒传”。每个新增用户的边际成本其实很低。

那么百度通过这场“Bug 营销”获得了什么呢？

- 大量的新注册用户：作为本身可以“来了就走”的工具类的搜索引擎，用户登录并不是必要的，但若要发挥更大商业价值，就必须将用户充分沉淀下来。网盘恰好是一种极其适合获取用户身份的产品形态。

- 百度云网盘的铁杆粉丝：在国内云存储大战日渐激烈的战况下，各家网盘数 G 空间的赠送活动你方唱罢我登场。普通网民已经领取到麻木了。此时百度云网盘用一招看似意外的事故，激发了网民的主动性贪婪。让用户略微付出一点点代价，也能使获得的东西更显出价值，因此愈加珍惜。这比起出现可以直接免费领取空间的 Bug，更加高段。

- 百付宝的完整使用流程体验：许多用户此前从未使用过百度旗下的支付业务百付宝，但为了参与本次活动，还是绑定了银行卡，激活了百付宝。有些网民正是通过完成了这次流程体验，了解到中国除了支付宝外，原来还存在这么一家同属巨头旗下的在线支付服务。
- 百度云网盘上大量的用户个人文件：一旦东西上传上去，就相当于寄存在了百度上。有一些用户为了节省手机或电脑本地硬盘空间，会将东西上传之后，从本地完全删除，纯粹将网盘当成云端的备份来使用。于是使用百度云网盘的黏性会更强。

无独有偶，在百度云网盘的“Bug 营销”事件一周后的 6 月 28 日晚上，迅雷副总裁在微博上主动自揭其短：“迅雷会员今天活动的支付页面出现 Bug，1 分钱可以买 180 元的白金年卡，在发现之前，5000 多张年卡被一抢而光，100 多万元啊！抢到的雷友们你们太狠了，这样搞行吗？不过淡定，你们有福了，我宣布全部有效！看得起迅雷会员就是我们的朋友，只给 1 分钱也是朋友！请继续支持迅雷会员！”

相比百度，迅雷此次的“Bug”时间仅持续了几个小时。如果的确如微博中所言，损失了 100 多万元费用，对于年收入 10 亿元的公司而言，也只是九牛一毛。反倒是通过捡便宜体验到了迅雷会员特权的网友们，日后还能忍受非会员的下载速度与限制吗？要知道，在知乎网上的一篇《哪些东西买了之后会让人因生活质量和幸福感提升而感觉相见恨晚》的讨论中，“迅雷会员”一项可是获得了近 6000 票的超高人气。

以百度网盘来看，整场营销首先胜在被炒作话题的简明易懂，朗朗上口——“百度网盘出 Bug 了”。人们在传播时，只用很少几个字就能描述清楚，且足以引发好奇：究竟是什么 Bug？会产生怎样的影响？百度这样的大公司怎么会犯如此低级的错误？现在问题修复了吗？试想，假设当时的传播场景中换成另一种说法，官方引导用户使用“现在通过百付宝购买百度网盘的空间，只需要支付原来千分之一的价格，就能获得 100GB 的空间优惠”的说法，如此冗长且不具戏剧性的文案，传播效果必然大打折扣。

7.3 借势营销，乘势而上

时机的艺术

现代社会信息的剧增和传递速度的加快，使一篇文章、一条微博在发布之时起，会迅速爆发并迅速衰减。从某种程度来说，社交网络时代对病毒传播的把握，追求的是“时机的艺术”。一条消息从什么时候开始推送，在什么时候影响到特定的人群，如何延长半衰期，看似听天由命撞大运，实则仰赖技术层面的精密策划。

当网络热点爆发后，聪明的产品懂得借势营销，将产品的推广融入到用户喜闻乐见的语境中，通过争夺用户的注意力加强自身的曝光和转化。聪明的借势可以事半功倍。

2014 年 10 月 28 日，淘宝旗下的旅游频道更名为“去啊”，发布会上一并喊出的还有“去哪里不重要，重要的是去啊”的口号，矛头直指竞争对手去哪儿网。去哪儿网见状也不怠慢，率先吹响了反击号角，提出“人生的行动不只是鲁莽的‘去啊’，沉着冷静的选择‘去哪儿’才是一种成熟态度”，针锋相对毫不示弱。随后，各家旅游网站就此展开一轮借势营销的文案大战。

携程喊出“旅行的意义不在于‘去哪儿’，也不应该只是一句敷衍的‘去啊’，旅行就是要与对的人携手同行，共享一段精彩旅程”；爱旅行网提出“旅行不只是鲁莽的‘去啊’，也不是沉默的‘去哪儿’，‘爱旅行’才是一种生活态度”；租租车网发布“你得知道，一站搞定全球租车，才能说‘去啊’就去啊，想‘去哪儿’就去哪儿”……这些或开门见山，或含蓄隐晦的文案，一时间被“唯恐天下不乱”的网友们整理疯传。原本名不见经传的小网站，也在巨头的互掐中顺势露了一把脸。

各大网站搭车“去啊”的营销传播

借势营销中的佼佼者，要数猎豹移动。

“独在异乡为异客，每逢佳节倍思亲”。每年春节是我国人口流动的高峰时期，也是商家狩猎商机的黄金时期。火车票一票难求的现状，让不少黄牛从中得利。为了方便人民大众购票回家，铁道部于近年开设了 12306 官方订票网站，怎奈抢票民众数量太过庞大，尤其在客流高峰期的放票当天，往往招架不住鱼贯而入的流量负荷，造成访问迟缓、购票通道拥堵。

鉴于此，有聪明的工程师网友开发了浏览器插件，能够自动识别 12306 网站的抢票规则，填写相应的信息，帮助网友高效率地成功抢票。他将代码开源在 GitHub 上，引发了编程爱好者的围观，甚至一度拖垮了这一全球知名代码托管平台。嗅觉敏锐的商家则抓准了这一契机，纷纷借势推出自己的抢票产品，其中尤以猎豹浏览器为代表。

2013 年 1 月初，猎豹浏览器高调推出了“春运抢票版”，围绕春节购票来强化宣传。所谓的“春运抢票版”，是在原本的猎豹浏览器产品基础上预装了“抢票”插件，并在推荐网址里加入了与春节相关的元素，而并非彻头彻尾的新产品。

用户下载猎豹浏览器春运抢票版后，登录 12306 购票网站，电脑就能自动重复刷新订票页面，直至成功购票为止。而在等待抢票的过程中，还会推荐用户观看视频，以减少等待的焦虑。整个流程围绕订票前后的各个环节精心设计。

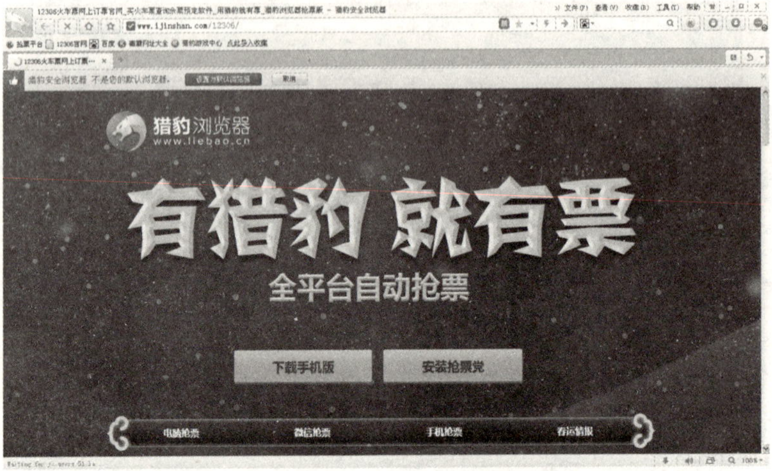

猎豹浏览器抢票版宣传

很快，猎豹浏览器以“抢票神器”的姿态在网民中形成口碑传播，也有一些平时很少上网的人听闻后特地下载猎豹浏览器进行网上购票。

猎豹浏览器本身早已将这次话题营销视作一场战役，精心铺设了蓄谋已久的宣传跟进，包括通过金山旗下的 WPS 推送广告、不惜重金购买户外广告、推出“猎豹送老乡”公益活动等。网络上还传出了“屌丝给女神买票成功约饭”的营销段子。随着多家浏览器厂商的抢票大战如火如荼地展开，猎豹浏览器及其他抢票软件多次传出被约谈、叫停的新闻。猎豹浏览器还在央视的新闻联播高调出现。这些热议和曝光让产品更加为全国上下急于买票的民众所熟知，推动了产品量级的猛增。

眼见 2013 年的抢票风潮造就了产品的口碑与用户量双丰收，猎豹浏览器次年又同样将目光牢牢锁定在了 2014 年春节档期。这一次，抢票渠道不止局限在桌面浏览器产品。当时微信势头正猛，猎豹浏览器就适时推出了“我的猎豹浏览器”公众号。网民只需关注这个公众号，不需安装任何应用就能在线自动刷票、查询余票。借助微信本身的发送地理位置功能，它还能为用户智能推荐附近的售票点。许多年轻白领、大学生，甚至平时不怎么接触电脑的农民工、老年人，也学会了用微信抢票。“我的猎豹浏览器”粉丝数蹿升。

猎豹浏览器的手机版也加入了抢票功能。除了在首页九宫格导航增加了醒目的“抢火车票”入口、优化了全自动刷票时的输入体验外，还加入了杀手级的“超省流量刷票模式”，连续刷票 1 个小时消耗的流量仅有 0.32MB，不及在线观看 1 分钟的视频。这样一来，广大流量吃紧的学生、农民工朋友就不再有任何后顾之忧了。

猎豹浏览器借助“春节抢票回家”的民众普遍刚需，在激烈的浏览器厮杀中找到了独特而可信的卖点，强化了自身品牌形象，在赚得盆满钵满的同时也赚足了口碑。它的成功离不开“营销前置”的思维，即在产品研发阶段就将宣传卖点植入策划方案中，甚至专门为了营销推广而推出一款产品。

猎豹浏览器微信公众号和手机版加入抢票功能

“光棍节程序员闯关秀”

网络上有一首歌叫《嫁人就嫁 IT 男》，歌词唱曰：“嫁人就嫁 IT 男，人傻钱多不招烦，出轨艳遇是传说，加班熬夜早玩完。”虽有失偏颇，却从侧面反映了以程序员为代表的 IT 男群体，整日埋首代码、通宵加班、生活简单、不近女色的枯燥常态。而不少富于幽默感的程序员，也乐于自我揶揄，不惮于对外坦承自己在感情生活方面的空白——似乎这是工作繁忙事业有成的一种体现。

2012 年光棍节期间，开发者社区 SegmentFault 推出了“光棍节程序员闯关秀”线上活动，成功借势赢得了媒体的传播和程序员的关注。创始人高阳为我们细说了创意来源和幕后的技术细节。

光棍节前的 11 月 9 日，SegmentFault 的联合创始人祁宁开始着手设计“寂寞程序员闯关秀”。他花了两个小时的业余时间用 PHP 完成了雏形，总共设计了十关，邀请来包括 InfoQ 主编贾国清在内的朋友测试体验。参与体验的技术达人们遭遇了种种高难度的挑战，成绩相对较好的也只冲到了第四关——如此丧心病狂的难度，正是富于恶搞精神的 SegmentFault 想要的。

恰逢 11 月 11 日这个特殊日子的来临，SegmentFault 团队一拍脑袋，决定就选在这一天发布，并将活动正式改名为“光棍节程序员闯关秀”。上线的时间准确来说是 11 月 10 日 22:00。之所以选在这一时刻，既是考虑到程序员下班较晚，这一时段才有闲暇时间折腾自己感兴趣的事，二是临近次日凌晨开始的淘宝“双十一”年度促销活动，程序员们在电脑前挑选商品或陪女友刷页面之余，或许能分出一些注意力。

活动的形式很简单。对自己技术有自信的程序员，访问 segmentfault.com/ game，就能进入闯关模式，依次挑战难度渐次爬升的十关，最终证明自己的技术实力等级。整个活动页面以大面积的黑色辅以少量亮绿点缀，颇有几分电影《黑客帝国》的神秘感觉。最容易的第一关，一片漆黑的页面上没有任何提示，但只要用鼠标或按下【Ctrl+A】组合键全选页面，就能看到隐蔽的黑色超链接按钮，点击就能过关；进入第二关后，只有输入框，没有提交按钮，正确的做法是查看页面源文件获取通关的密语，填入输入框后，再在地址栏的“k=”后填入源文件中暴露的参数，直接用 GET 方式提交。

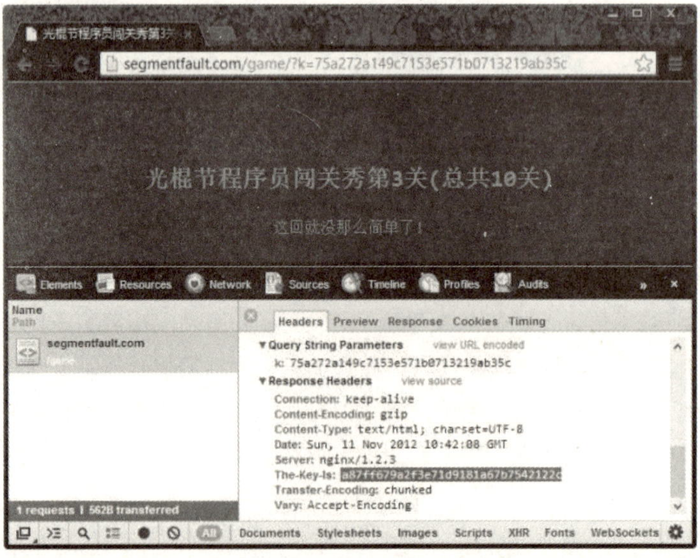

SegmentFault“光棍节程序员闯关秀”病毒传播活动页面

随着难度的节节攀升，涉猎的技术范畴也对闯关者的素质要求越来越高，会出现虚假的“二维码”（其实扫描完什么都没有，纯粹是误导）、MD5 字符串、待破解的 HTTP 头部请求，乃至密码替换破解、二进制命令行工具等，让屏幕前的程序员面对一重重“不可能完成”的黑客任务。

在活动上线的同时，SegmentFault 官方微博发布了一张以苍井空为素材的宣传图。图中苍老师左手比出胜利的手势，似乎是在向程序员发起挑战。至于为什么选择这样一位日本女演员作为宣传元素，高阳提到，苍井空既是大家耳熟能详、“德艺双馨”的话题人物，同时她的生日又恰逢 11 月 11 日，能引起强烈的话题性。

SegmentFault“光棍节程序员闯关秀”官方微博趣味配图

刻意策划的成效是，这条微博在一周内引起了数千次的转发，保守估计曝光量在 20 万人次，带来了 2500 多个微博粉丝增长。

11 月 11 日凌晨 00:11 的第一位通关者竟是一名 90 后。他通过最后一关页面的转发按钮，将这一殊荣发到了微博炫耀，随后 SegmentFault 进行了转发 。众多程序员也跟着使出浑身解数，将最后一关的页面破解并分享了出来，不少人于是直奔最后一关完成提交。还有人将所有关卡的通关秘籍汇总整理了出来，发布在网上，让那些原本对活动难度望而却步的人，也能有机会体验一把当黑客的感觉。这又制造了二次传播。

活动之后，SegmentFault 网站的 UV 从平日的 2 万上升到当天的 16 万，PV 从 10 万上升到 100 万。带来的用户注册量较平时翻了 18 倍，一周平均注册量也蹿升为平日的 10 倍。Alex 显示当天的网站流量排名猛飙，已逼近全球网站前五百名的水平。由于预估到了活动页面可能进入较大流量，在设计之初，活动页面没有连接数据库，也尽可能减少了需要加载的图片等资源体积，这减少了请求造成的服务器压力。

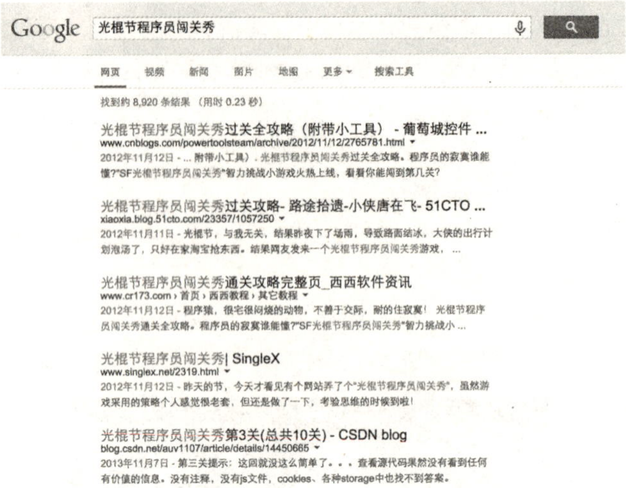

“光棍节程序员闯关秀”关键词在 Google 上迅速获得了近万条收录

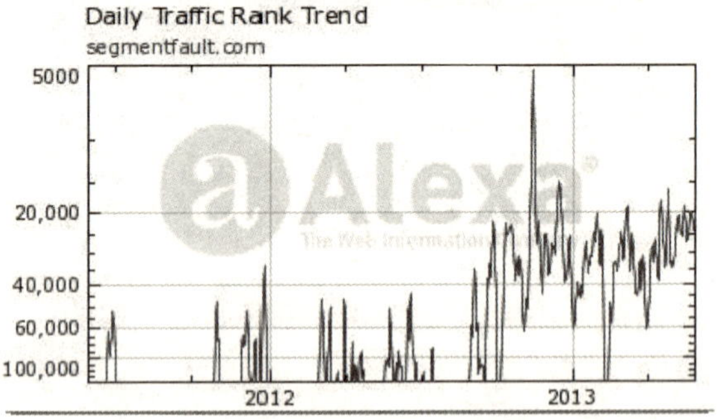

活动期间 segmentfault.com 网站的流量变化

SegmentFault 的成员们都没有预估到此次活动带来的超乎预期的战绩。直到第二年的光棍节，这个活动依然被网友们津津乐道，翻出来重玩。他们复盘了这次活动的前后执行，表示如果早知道会如此疯狂，那么会在一些地方进行更多的优化，比如以下几个方面。

1. 加入防作弊机制。由于后来攻略满天飞，所以很多用户不需要看页面就可以进入到特定的关卡。团队希望能加入防作弊机制，必须要把每一关都打到，这样即便用户是看攻略过关的，但至少知识都学到了。

2. 增加一个排行榜，显示通关的成绩和时间。当时没有考虑到用户心理，大部分人还是希望让别人看到自己多快通关的。

3. 开发手机版页面。事后回顾，能在手机上玩太重要了，因没有适配手机屏幕而损失的流量十分可惜。

SegmentFault 创始团队合照

7.4 构建产品体外的病毒循环

朋友圈小游戏的能量

2014 年 8 月 30 日晚上，在位于上海市闵行区的新漕河泾大厦办公楼内，交友应用“追 TA”的市场推广负责人黄嘉艳被屏幕上的统计数字吓懵了：他们头一回尝试性开发的微信朋友圈病毒小游戏，在仅凭公司内部同事帮忙转发的前提下，上线首日玩家数量就突破了 10 万人。原本公众号积攒了几个月才做到 2000 个粉丝，竟在一天之内数量翻了两番，几近破万。更恐怖的是，这样的增长还在持续以几何级数递增。

对于追 TA 这样一款名不见经传的后起之秀，想在社交类应用的红海中厮杀突围，绝非易事。围绕推广方案，团队曾经绞尽脑汁，先后投放过应用市场、寻求过换量，也向活跃粉丝支付过真金白银的奖励，但收效并不明显。

这次做微信朋友圈小游戏的点子，源自一周前火遍全国的“围住神经猫”。这是款基于 HTML 游戏引擎 Egret 开发的朋友圈小游戏，玩家必须用最少步数围堵起神经猫，获得胜利。“我们从用户的角度出发，去思考现在什么比较流行，什么是用户需要的，离不开的。最终我们将目光放在了朋友圈的这只神经猫上。”黄嘉艳说，“神经猫拥有夸张的造型和极其欠抽的表情，在屏幕中扭来扭去。这款游戏在上线的短短 3 天内，页面访问量就已经过亿，独立用户数超过 500 万，各种广告也开始植入。由此，我们想到或许也可以利用这种形式来为自己的产品造势导量。”

风靡微信朋友圈的 HTML5 游戏“围住神经猫”

追 TA 将自己的第一个微信朋友圈小游戏主题定为“整蛊”。设计的玩法是：整蛊者将链接分享到朋友圈，不明真相的人点击链接进入页面后就被锁定为了被整蛊的对象。页面的标题赫然写着“哈佛心理系情感分析测验”，系统会向被整蛊者抛出 7 个敏感私密的情感问题（如“你心爱的人的名字是？”“你的第一次发生在什么时候？”），一切都伪装得像模像样，让人误以为这是一个老套的朋友圈小测试。

孰料当被整蛊者一五一十地将这些敏感问题作答提交后，换来的不是测试结果，而是“你被整了”的嘲弄。被整蛊者填写的内容会被呈送到整蛊者的微信上，所有答案一览无遗。在幡然醒悟、哭笑不得之余，被整蛊者也会立志“报仇”，将这承载了“满满恶意”的整蛊链接转发给自己的死党来“调戏”对方。“微信朋友圈的用户相对来说都是私交甚笃的真实朋友，所以这种无伤大雅的恶作剧并不会带来太大的困扰。”黄嘉艳说。

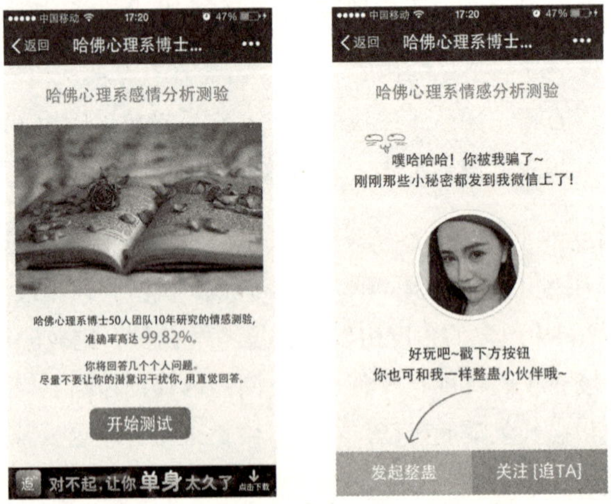

追 TA 的朋友圈小游戏

于是便出现了开头的那一幕——用户量井喷。上线一周后，参与朋友圈小游戏的人数突破了 200 万人，微信公众账号的粉丝数也开始以每天五位数的趋势增长，最高的一天净增 6 万人，累计粉丝数达到 40 万人。在这一过程中，通过整蛊游戏关注微信的转化率约占 10%，而点击悬挂在整蛊页面下方的广告条下载追 TA 的转化率为 1% 。即使如此，这也为追 TA 每天带来了 2500～3000 个日新增下载量。在没有任何付费推广的情况下，这个成绩让团队喜出望外。

当然，始料未及的成功也会伴随措手不及的突发状况。由于某些设置的问题太过尖酸露骨，一些用户通过举报表达了对此的不满，游戏也遭遇了平台方的干预。随后团队不得不通过更换服务器 IP 地址的方式，才将游戏重新上线。而海量的带宽消耗也成为了“甜蜜的负担”，团队特意为此购置了 10 多台新服务器，并将带宽增加到 200M。微信后台的客服人员更是加班加点地处理每日近千条用户留言。一个月后的 9 月下旬，整蛊游戏的总参与人数达到了 700 万人，微信粉丝累积到 65 万人。随便推送一篇图文给用户，阅读数就能达到 26 万次以上，且粉丝的质量和活跃度都很高。

在微信整蛊小游戏如火如荼蔓延扩散之际，追 TA 团队已在密谋趁热打铁推出新版。这一次，在框架元素基本不变的前提下，整蛊问题由 7 个增加为 10 个，搞怪指数进一步提高（如“你小时候吃过鼻屎吗？”），原本由玩家自行输入答案的形式也改为了四选一点击作答，这降低了玩家的操作成本。

原本追 TA 团队只是希望先小范围地圈定一部分用户进行灰度测试，岂料上线后的 2 小时内，已经有 20 万人参与游戏。第二天，游戏人数超过 100 万，微信订阅号粉丝净增涨 20 万人，速度是上一版的 3 倍。事先准备的 10 个 IP 地址全部用上，带宽也飙升至 400MB。追 TA 的玩法也惊动了微信，此后微信加强了对朋友圈内类似病毒小游戏的干预力度。

在这一整套朋友圈小游戏的传播案例中，追 TA 通过构建产品本身之外的另一套易于推动的增长体系，来间接达到推广应用产品的目的。相比费力不讨好地单纯“就事论事”卖产品，微信朋友圈更适合发布亲密互动的内容，而“整蛊”的切入点满足了人们好奇偷窥的作恶心理，加上情感是人们永恒关注的主题，因此投入相同的工作量，收获的是完全不同级别的用户量。先圈定一大批人，再从这批人中筛选出追 TA 的潜在用户，就像从“大海捞针”变成了“瓮中捉鳖”，难度大大降低。这种在主推产品之外另辟蹊径的“曲线救国”方式，就是构建产品的体外病毒循环。

早在微博鼎盛时期，美丽说、蘑菇街、堆糖等女性社区就凭借开发微博小测试，为社区带来了海量的新增用户（关于美丽说的完整案例，可以参见下一章的内容）。再向前追溯到中国互联网早期，快速崛起的各种地方门户、站长论坛、电商服务，经常采用的策略之一就是自行圈养一批高自然流量但内容相对低俗的网站，为主站导流，源源不绝地堆起用户量。

美丽说开发的微博小测试

产品体外病毒循环的三大考验

类似的体外病毒循环构建，主要面临的考验有三个：创意来源、生命周期和产品契合度。

首先是解决创意从何而来。类似的 HTML5 小游戏开发难度并不高，开发周期也相对较短，神经猫团队的两名成员只花费了一天半就完成了开发。与低开发成本相伴的是低抄袭成本，一款游戏火了，敏锐的市场就会迅速出现模仿者，2048、别踩白块儿、Flappy Bird 都是热门山寨对象。因此核心创意的破旧立新、层出不穷，成为此类朋友圈小游戏的灵魂所在。

优秀的创意来之不易。它需要扣动人们情绪的扳机，打通与现有资源的脉络关节，搭乘网络的顺风车，还要有讨人喜欢的界面和新颖有趣的交互，简单来说，就是让人们眼前一亮。“对我们而言，真正困难的部分就是创意的产生。”南京一家微信营销机构的创意总监在采访中说，“一旦创意定型，那么剩下的环节几乎没有什么不能实现。而创意本身，则仰赖平时的悉心观察和思考，我们会去看一些类似 4399 的网站，参考一下别人的小游戏都是怎么玩的。另外，如果你善于总结，会发现万变不离其宗，最热门的朋友圈小游戏形式，无非还是心理测试、智商测试、优惠券派送类的。”

其次是尽可能延长体外病毒循环的生命周期。追 TA 的整蛊游戏从爆发到趋于平稳，前后历经一个多月，已属特例。正常情况下，同类微信微博小游戏的生命周期从三五天到两周不等。而且，平台方出于生态系统的健康目的，也在刻意遏止这股暴发户式的增长手段，这注定了开发者需要通过一定的策略，尽可能将生命周期拉长，或是在前一个体外病毒循环式微之际，立即推出一个新的来维持热度。

北京的一家新媒体营销机构的负责人解释说：“我们的策略是紧跟潮流时事，不停地推出核心玩法一模一样，但包装形式不同的小游戏，你也可以理解成换汤不换药。”说着他向我展示了几款为客户开发的案例产品。在网络上爆出韩国小姐候选人容貌近似的热点话题后，他们以“找不同”为基本玩法开发了一套小游戏程序，玩家需要在眼花缭乱中指认出 5x5 照片矩阵中那唯一一个容貌不同的韩国小姐。后来基于相同代码推出的“从一堆凤姐照片中找出蔡依林”的小游戏，也引来了网友的围观吐槽。

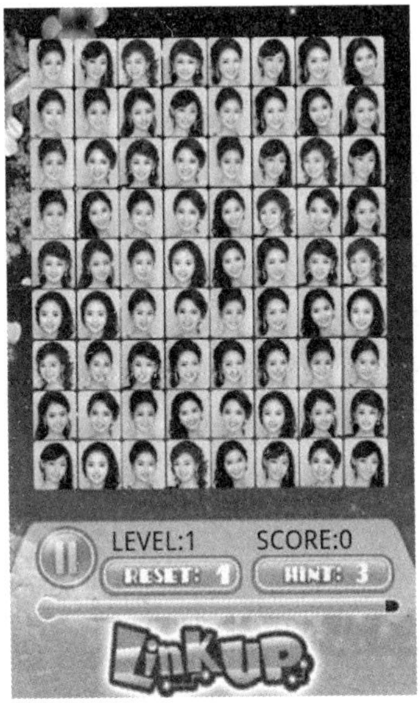

“韩国小姐连连看”朋友圈小游戏

“我们不需要总是绞尽脑汁地开发新游戏，同一套代码经过重复使用，已经为我们累积带来了数千万次 UV，粉丝也沉淀下不少，这都成为日后新的推广资源。”简单的框架，一旦与热门话题紧密结合，就能重新焕发生命，带来增长。

最后，构建的体外病毒循环策略应当与被主推的产品相契合。一般而言，使用体外循环推广起来的大众产品契合度高、推广难度较低，而垂直产品效果则有待观望。“围住神经猫”曾试图通过界面底部的广告条推广名为“妈妈社区”的垂直类应用，效果差强人意，最高时历史排名也未进入 App Store 免费总榜前 500 名。

在这方面做得比较好的案例是知乎推出的朋友圈小游戏“财务包子铺”。这是一个关于创业的手机网页小游戏，玩家以创业老板的身份，对自己包子铺的日常经营做出决策，经过一道道答题闯关，最终或富甲一方迈上人生巅峰，或露宿街头落得惨淡收场。

财务包子铺里的题目数量庞大，团队花费三天时间润色文案，想出了 90 多种脑洞大开的结局，绘制了 30 多幅配图。而在玩家一路过关斩将路遇险阻，即将破产之际，可以点击“购买秘籍”按钮“续命”一次。续命的道具是——《金钱有术》一书。至此参与者终于明白，原来这是知乎在为即将发售的新书做宣传。这种寓教于乐的小游戏形式，让原本缺乏财务背景知识的普通人也对这本书产生了好奇和期待。

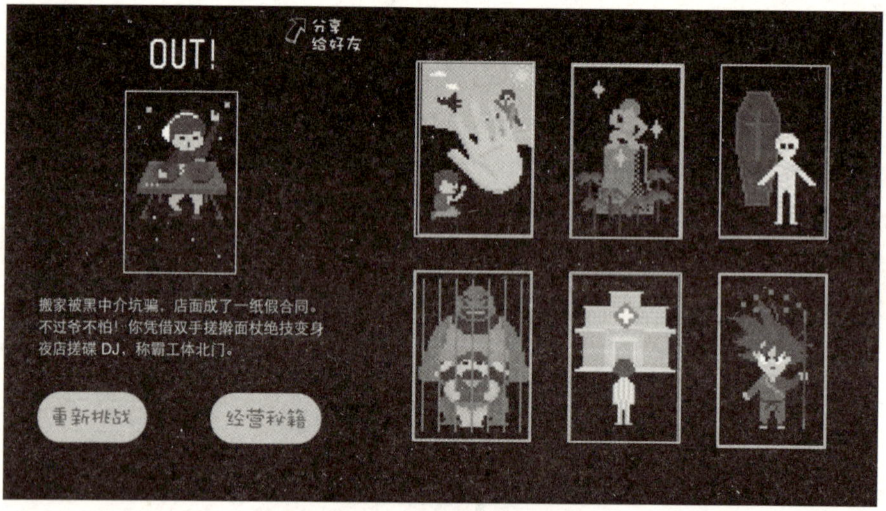

“财务包子铺”的趣味结局

游戏上线三天后，“财务包子铺”收获了 300 万次访问，平均每个访问者玩了 3 次，每次 6 分钟，点击“购买秘籍”的独立用户数为 55 万。20 日当天，《金钱有术》已经跃升亚马逊图书销售总榜冠军，同时还霸占了预售冠军、新书冠军和经济类冠军。这个成绩也超出了知乎团队的预期，“没想到我们连肖秀荣考研书都打败了，真是个奇迹。”

7.5 产品内置的传播因子

前面提到像追 TA 这样，在产品之外建立独立传播渠道的方法，有时也会面临以下尴尬：第一，渠道特性与产品特性不匹配，获得的用户质量参差不齐，覆盖效率低，例如很难保证通过微信朋友圈吸引来的用户都是精准的体育爱好者或电子发烧友；第二，渠道传播与下载转化之间可能存在断链，造成统计困难或无法下载，例如微信朋友圈屏蔽了腾讯旗下应用宝之外的其他应用市场的下载链接就让不少开发者感到困扰；第三，渠道传播的策划固然异常成功，但用户对真正宣传的产品却缺乏兴趣，本末倒置，最后开发者发现产品失败了，“营销大号”倒是堆起来了。

我们说，好的产品本身就具有传播性。除了产品的定位独特、创意新颖、广告词有噱头之外，在产品内部构建适合传播的因子，也是使之获取用户主动推荐的方式。不要以为只有原本做社交互动相关的产品才有这方面的先天优势，其实其他类别（例如工具）的产品也可以有花样百出的解决方案。

AirDroid 是安卓系统上的一款实用工具，能在电脑与手机之间建立连接，并完成文件传输、数据管理、消息代收等动作。免费用户可以享有其大部分功能，另外也可以订购 1.99 美元的套餐成为高级会员。除了花钱，AirDroid 还为免费用户提供了另一种获取高级功能的办法：将产品推荐给朋友，从而“解锁”部分高级功能，包括不限流量的远程数据传输、单个离线文件大小提升到 200MB、允许局域网传输文件夹等。

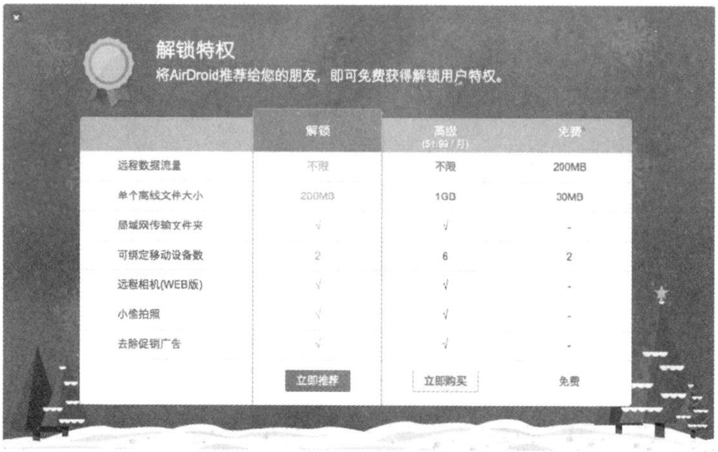

AirDroid 分享解锁功能特权

这是一种典型的产品体内传播方式，它将传播与功能挂钩，让真正使用过产品且有更高要求的高级用户制造口碑，从而让传播更加精准和有说服力。与之类似的还有布丁动画的分享解锁“福利”分类（分享率约占活跃用户的 7%）、Nice 的分享解锁精品滤镜等。当用户通过应用推荐的社交网络发布之后，就能获取更多权限，这通常意味着这些高级权限本身需要具有相当的吸引力，并且高级权限的缺失本身不会影响用户的普通使用流程。

在 Nice 和 echo 中完成分享动作后才能解锁的限量贴纸及声音滤镜

美图秀秀作为一款女性喜爱的移动工具，原本在传播性上具有优势，即用户非常乐意将自己通过美图秀秀修饰后的照片传给朋友，同时也存在容易被管道化的缺陷——用户在获得满意的结果后就离开了。为此，美图秀秀内建了一套专门用来传播的体系，增强自身的黏性和曝光度。用过美图秀秀或美颜相机的朋友可能清楚，在主界面的入口中，有一格或多格栏位经常变着花样地搞各种趣味活动，如“测试与明星的撞脸程度”、“看看你老了什么样”、“通过面相计算你的异性缘”等。这些活动入口都是通过服务器动态下发的，用户点击进入后就能以拍照上传的方式参与活动，将一张照片玩出种种趣味。而且，想看到这类趣味活动的最终测试结果，就必须先通过社交网络分享出去。尤其值得一提的是，由于朋友圈小测试这样的活动生命周期较短，通常在一到两周内就会从爆发直至完全衰减消亡，因此在手机应用中将它们写死成本地特性是浪费时间和挤占空间的。像美图秀秀这样，通过服务器打开入口，引导用户进入 HTML5 网页参与活动的方法，能够确保在活动热潮过去之后，迅速上线一组全新的活动，始终保持传播效果位于高点，并且减小了应用体积。

在美图秀秀中常见的内置病毒小测试活动

百度魔图是另一款移动端的美图应用，能够一站式地拍摄、美化和分享照片。其前身是创新工场旗下项目魔图精灵。2011 年 11 月，百度以近 1200 万美元的价格买下魔图精灵。2012 年 2 月，百度魔图上线。

百度魔图最初定位为一款图片美化类的工具性应用，但在市场上已经存在美图秀秀、美颜相机这样雄踞分类榜首的“钉子户”及一众同质化产品的情况下，始终不温不火。而在 2013 年五月底，百度魔图推出了 3.0 版本，依靠“PK 大咖”这一夺人眼球的功能，迅速引爆了市场。用户下载百度魔图并开启“PK 大咖”功能后，只需要拍摄或上传一张本人的照片，上传到云端，系统便会在 0.1 秒之内告诉你与哪位明星最为相像，并且给出相似度评分。用户也可以尝试上传本人的多张不同的照片，根据光线、角度、取景、表情的不同，每次生成的明星脸不完全一样，这样让用户有多次使用的新鲜感与活跃度。

百度魔图的“谁是真正明星脸”活动

PK 大咖的火爆，首先来自于对人性的理解。每人都渴望摆脱平凡，成为聚光灯下的焦点，但日常生活中却不一定都有这样的机会。PK 大咖功能主要针对 85 后推出，给每一个参与的用户都提供了彰显自我风采的可能，虚荣心得到极大满足：“瞧，我说我自己帅呆了不作数，这高科技产品都说我像罗志祥。”“小刚，你看百度魔图说我长得像你最喜欢的 Angelababy 耶，你要不要考虑也喜欢我一下？”“原来我的侧脸像范爷，看来以后我要多拍这个角度传到朋友圈。”

如果照片被识别出像某个谐星或“奇怪的东西”时，更会让人忍俊不禁，想要主动传播。有人上传了两只脚的照片，竟被百度魔图判断出与某明星的相似度高达 99.26%。当时网上正流传某明星“脚臭”的梗，许多网友顺势转发狂欢，大家在戏谑之余纷纷前去下载百度魔图一看究竟。

魔图的魅力也渗透进了明星圈。例如，湖南卫视《快乐大本营》的主持人吴昕就上传了一张主持人杜海涛 PK 猩猩脸的照片，杜海涛转发回应“有没有顾忌过猩猩的感受!!”这条微博引来了 5462 次转发、3032 条评论和 4567 个赞，此后包括唐嫣、刘昕、白凯南等一众明星也参与了进来。

百度魔图的广泛传播，除了自身足够有噱头之外，还巧妙借势了天时与地利。在引爆时点上，选择六月初这一时间段，此时恰逢端午小长假和高考完毕，年轻人正是休闲放松的时候，对娱乐类应用的需求特别大。在渠道推广上，不但接入了微博与微信来一键发布，还在年轻人喜闻乐见的节目《百变大咖秀》、《中国最强音》中投放了植入广告，最大程度上触及了潜在用户。

百度魔图在湖南卫视《百变大咖秀》上的品牌植入

“PK 大咖”的推广策略使这款应用连续 10 天蝉联苹果 App Store 中国区免费总榜

第一名，摄影与分类榜单遥遥领先第二名，单日使用量超过亿次，日活（DAU）增长360%，每日新增下载量增长 40 倍。魔图品牌由此焕然一新，一举迈入中国本土应用的“亿级俱乐部”。此后百度魔图又陆续推出了“明星夫妻脸”，以及与可口可乐合作的“遇见 MINI 的自己”活动，同样也取得了不俗的市场反响。

一款产品的内置传播因子，可能是妙手偶得，但更多时候是经过精密策划的刻意为之。当然，这些花活固然值得一试，但产品本身足够好，才是最佳的传播因素。

7.6 病毒传播中的用户心理把握

法国社会心理学家古斯塔夫 • 勒庞（Gustave Le Bon）在他的经典著作《乌合之众》中认为，群体不善推理，却急于行动，原本理性的个人一旦结成群体，便容易智商尽失，轻易被影响操纵。互联网是人性的试炼场，互联网产品的病毒传播策略如果能把握群体心理中的一些特征共性，就能从深层次激发人们的传播动力。

1．喜爱

人们总是比较愿意答应自己认识和喜欢的人提出的请求，还乐意主动传播自己喜爱的事物，借以表达一种倾向，阐发一种观点，寻求志同道合的伙伴，融入有归属感的圈子。哈佛大学神经学家通过脑电波扫描实验证明，当被试者滔滔不绝地自由表达他们对喜爱的滑雪板或者小狗的态度时，其脑电波模式会变得和获得金钱与美食时的脑电波模式一模一样。

游戏开发商愿意购买人气动漫、文学影视作品的版权，或是移植以往经典作品，看重的是这些版权作品积累的庞大粉丝群。360 手机助手发布的《2014 年手游行业趋势报告》显示，有原作版权的游戏，下载转化率是原创游戏的 2.4 倍，收入是后者的 2 倍。《我叫 MT》、《刀塔传奇》的火爆得益于暴雪原作积攒的超高人气；《愤怒的小鸟：星球大战版》在上线之初，依靠广大星战迷的力量顺利杀入了免费榜前 15 名；《魂斗罗：进化革命》和《拳皇》系列在 iOS 上的复刻，让当年的红白机和街机玩家回忆起自己的青春年少。

2．逐利

天下熙熙皆为利来，天下攘攘皆为利往。有时候，简单粗暴的利益交换，能换来立竿见影的传播效果。

美国的团购网站鼻祖 Groupon 于 2008 年 11 月上线。该网站每天在美国和加拿大的 90 多个城市中，提供一款酒店服务、水疗或其他一些吸引人眼球的精品团购项目。用户为了了解“今天有什么优惠”，会形成每天定时访问的习惯，并为了凑单将朋友一起拉拢进来。除此以外，Groupon 几乎将用户逐利的心理运用到了几乎任何可以提供传播的环节，例如当你成功地购买一件商品后，页面会提示“把它分享给你的朋友”，并相应地奖励 10 美元代金券给你当“早餐费”；如果你成功推荐来一名朋友并且让他完成一次消费，系统还会再奖励你 10 美元。

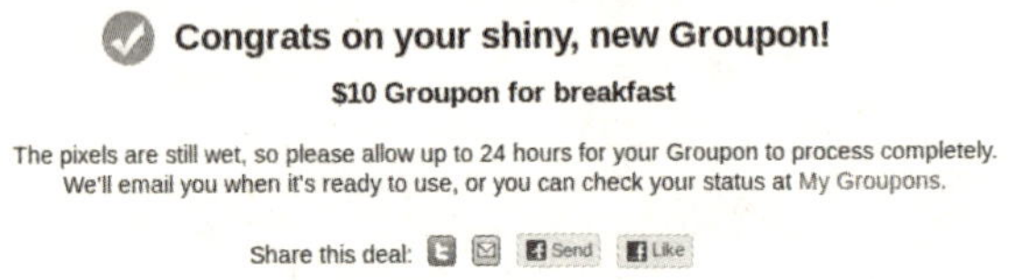

分享商品给朋友后会收到 Groupon 送出的 10 元代金券

在 Paypal 早期创建过程中，最初的 24 个用户都是内部员工。为了展开业务，他们试探性地在网站上放了广告条，结果发现成本过高。随后他们尝试启动了一项推广计划，为每个新注册并绑定信用卡的用户，在他们的账户中打入 10 美元。每当用户成功推介另一个人注册加入时还会再送出 10 美元。重赏之下必有勇夫，Paypal 的用户增长率以每天 7%的速度攀升，这意味着每十天用户总量就翻一倍。

百姓网也曾经上线过一个类似的“推广员”系统，只要在百姓网发布过信息的用户均可申请成为推广员，每次通过专属链接邀请到一个新注册用户，可获得 1 至 3 元不等的佣金。业绩最佳的推广员每周可获得数千元佣金。

3．互惠

基于理性经济人假说的传统经济学认为，经济行为主体是单纯追求个人利益最大化的，人们的复杂行为和社会参与，都是基于成本收益的计算。互惠是逐利的一种变体，是人类社会日常交际的基础。

你一定对 Dropbox 不陌生。每个 Dropbox 的用户都将有一个专属的推广链接，任何人通过这个链接注册成为新用户，都将和推广员同时获得 250MB 额外空间，最多可增至 18.8GB。人们为了扩充自己的空间，不遗余力地通过聊天工具、微博、博客等渠道向好友推荐 Dropbox，这成为早期 Dropbox 用户量的第一大来源。

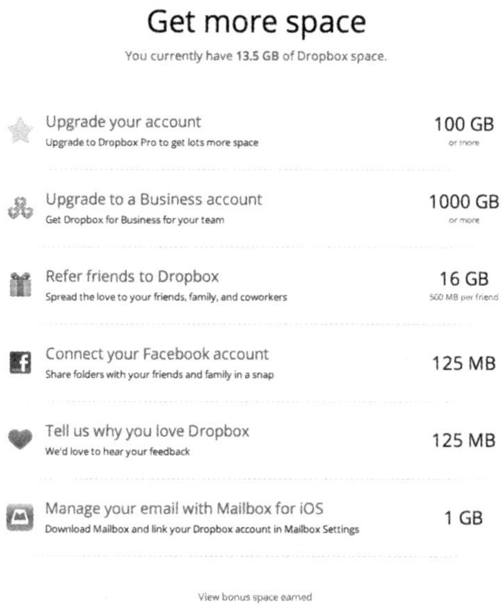

Dropbox 允许用户分享获得最高 16GB 的额外空间扩容

4．求助

在“糖果粉碎传奇”（Candy Crush Saga）里，如果你的体力值耗尽，在一段时间内就不能继续游戏，必须等待重置。迫不及待想要重新开始游戏的用户，可以采用两种方法：要么花 0.99 美元来跳过这几十分钟的焦灼等待，要么点“Ask friends”（找朋友帮忙）将其传播出去。在答题类游戏“疯狂猜歌”和“疯狂猜图”中，卡在某一关的用户可以通过分享题目到社交网络来寻求朋友们的解答。

糖果粉碎传奇中的分享续命界面

5．炫耀

爱炫耀是人的内心渴求被关注被肯定的表现，人们喜欢通过炫耀来展示自己最好的一面，或是借以表达自己理想中的状态。从深层次讲，人类之所以对炫耀乐此不疲，是因为它在某种程度上能够产生权利的幻觉，让身处竞争压力中的个体感觉更好一些，以及在择偶中占据优势。

例如，人人都希望在他人眼中显得消息灵通、见多识广。国外的延后阅读工具Pocket曾发布年度阅读榜单，为全年内活跃度前5%的用户颁发虚拟勋章，并统计了他们所有已读文章的篇幅。上榜的活跃用户可以一键将这个页面分享到常用社交网络中，向他人展示自己的阅读量。

Pocket 推出的 2013 年阅读统计排名

支付宝每年一度的“个人网络年度账单”也成为网友竞相“晒”出战绩的工具。一年在网上的花费究竟是“勤俭持家”，还是“不忍直视”，成为了网购一族津津乐道的话题。人们一边赧然地喊着“再买就剁手”，一边低调地展露自己的消费实力，间接攀比着个人收入状况。上海市一位名叫“冲击波”的网友晒出的网络年度账单显示，整年的交易额高达148万元，引来大堆围观者的“羡慕、嫉妒、恨”。

通过赋予值得炫耀的身份认证来制造传播的还有社会化招聘服务海丁网。他们试图利用用户的虚荣心，通过加V认证和世界排名来触发用户的自发宣传。用户邀请站外好友为自己认证，根据邀请数量的不同，将获取不同等级的特权：当认证人数在3～9人时，用户将获得加V图标，全球排名加速1.1倍，可查看他人主页脚印列表的上限提升为10人；当认证人数在10～29人时，除了头像会显示更为醒目的V2图标外，全球排名加速1.2倍，脚印列表查看上限提升至30人。以此类推，最高到达V6等级。

经过半年的积累，海丁网移动端的用户量突破了 40 万人，月活跃度达 40%，流量翻了 50 倍。

海丁网社会化名片

当然，供人炫耀的机制也不能毫无节制，否则人们的信息流会被垃圾消息占据。对此腾讯天美艺游工作室的做法是在游戏的社交化传播上做出更多限制。例如，玩家只有超越好友才能炫耀；只有达到当周最好的成绩时才能炫耀；邀请同一好友的次数也是有限的，一天仅有 6 次。

6. 稀缺

稀缺资源引发人们的好奇争抢，而邀请机制则将病毒传播的效果成倍放大。愚人节推出的 Gmail 颠覆了人们对电子邮箱的认知，当人们意识到这并非玩笑后，网络上掀起了索要邀请甚至花钱购买的狂潮。2014 年谷歌推出的新概念邮箱产品 Inbox 沿用了这一策略，收到邀请的人纷纷于第一时间通过微博和朋友圈炫耀。

国外面向设计师及创意作品人群的知名网站 Dribbble 只允许被邀请者上传自己的作品，即使是付费成为高级用户，若无邀请，也仅能查看和评论。邀请码只在以往受邀用户的活跃者中不定期地产生。这样的严格控制保证了社区作品的整体质量，也让 Dribbble 的邀请码成了小圈子内传播的稀罕物，国内的兜售价格甚至飙到了 2000 元以上。

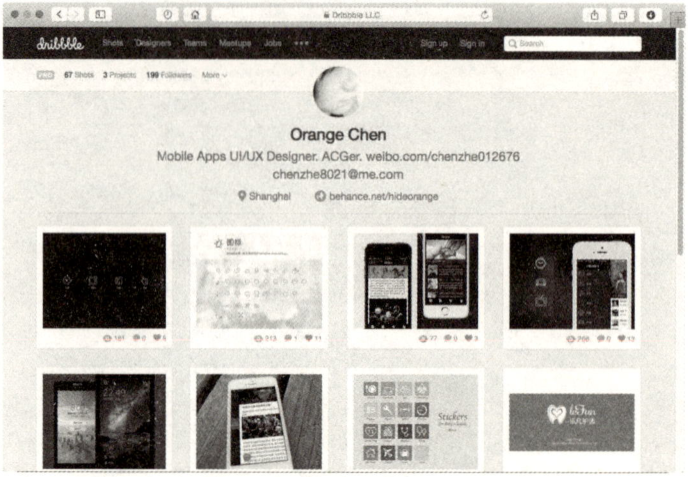

需要邀请码才能开通上传权限的设计师作品社区 Dribbble

7．害怕失去或错过

EverMemo 是上海创业团队 MudLab 开发的首款移动应用，初衷是希望用轻量级的交互记录下脑子里一闪而过的点子，然后将该便签自动同步到 Evernote。出于磨合团队与验证市场的目的，MudLab 在 EverMemo 中试水性地加入了一些有趣的尝试。通过扫描二维码解锁产品功能就是其中一项。

EverMemo 里扫描朋友的二维码可以解锁四个高级功能

用户下载 EverMemo 后，会在设置菜单中看到四个实用有趣但尚未解锁的高级功能，即隐私保护功能、计算器、提醒、彩色便签。通过解锁这些高级功能，用户将能在单纯的文本记录之外，获得更加个性化和一站式的服务，而无需再切换到其他应用中完成任务。

解锁这四个功能的设计非常巧妙。系统为每一个用户分配了一个二维码，和一个二维码扫描器。假设用户 A 想要解锁四个功能中的某一个，他需要找到另一个用户 B 并扫描其二维码来解锁。每个用户的二维码只能被另一个用户扫描一次，对应解锁一个功能。所以用户 A 若想完整解锁全部四个功能，则还需要去找到用户 C、用户 D，分别一一扫描。

如果周围没有朋友在用 EverMemo，找不到可扫描的对象怎么办？很简单，直接给他们推荐 EverMemo，现场安装一个来启动扫描。于是这一设计成为了用户之间相互推荐与拉拢“下线”的武器。

可以免费得到的东西往往无法引起人们的足够重视。为了突出强调这四个功能的价值，吸引人们争相扫描解锁，MudLab 特开设了另一条解锁通道：使用 iOS 的内购支付来购买，每个功能售价 0.99 美元。有了价值尺度的衡量，则引发了一部分囊中羞涩或贪小便宜的朋友心中那杆秤的倾斜。即便原本对这四个高级功能不以为意，现在也变得跃跃欲试，生怕错过了免费的机会。据 MudLab 透露，通过二维码扫描解锁功能这一设计吸引来的用户量，约占到了 EverMemo 每日新增用户量的 10%。

8．懒惰

人天生是懒惰的。当产生分享传播的冲动时，如果需要用户费事打开操作网页、编写一套原创说辞，操作成本过高，无形之中会将一部分人阻拦在外。作为产品开发者，应当充分利用人们懒惰的心理，提供便利的分享方式，如一键分享按钮、跳转手机客户端直接获取身份认证等。

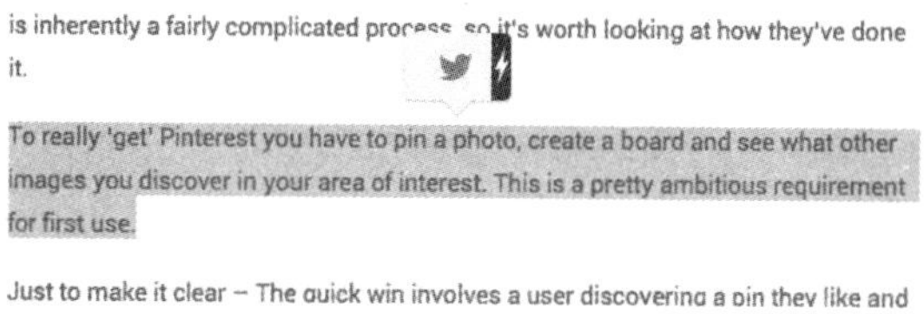

在阅读平台 Medium 中复制一段文字，可以直接点击浮现的图标分享到推特

一位前 37Signals 负责用户体验的前员工研究发现，对于有针对性的、严肃的商

业内容，绝大部分用户会倾向于复制部分文字和链接后通过 E-mail 发送；而在偏重知识性和娱乐性的网站上，同样的被调查者会优先使用社会化分享按钮来分享他们看到的文章或照片。

在设计传播机制时，系统可以设法自动挑选合适的默认传播对象，减少用户操作，帮用户偷懒。例如，在一般应用的传播邀请机制的设计中，通常做法是读取用户邮箱或手机通信录内的联系人/好友列表，按照字母排序，供用户选择。这样的字母排序不一定最有效率，因为以 A 字母开头的联系人永远呈现在最上方，总是获得最大的曝光度，却不一定是用户真正想要邀请的对象。更聪明的策略是将通信录里的名单过滤一遍，将名单中每个人物的身份、性别、与用户间的关系大致猜测一番，再进行合理排序。

假设被邀请对象的姓名都是英文的，还可以大致通过名字来判断其性别（像是 Adam、Tony 一般为男性，而 Mary、Linda 则多为女性）。结合美国政府官方发布的过去一个世纪以来各个年份内常见婴儿名字的使用次数统计（http://www.ssa.gov/OACT/babynames/#ht=1），你甚至可以粗略描摹出用户的年龄段。

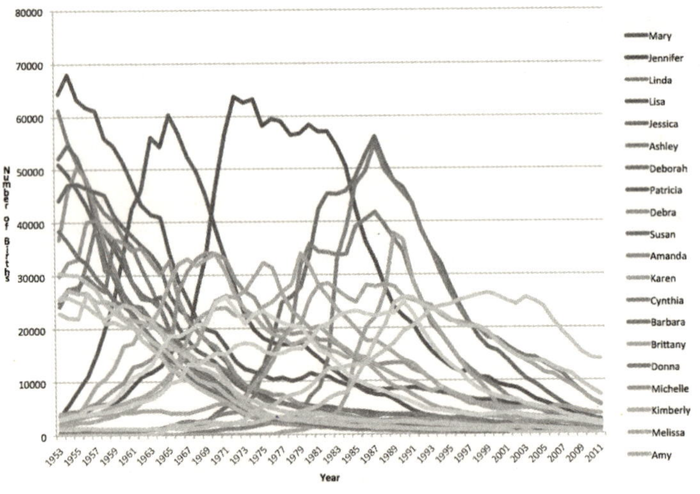

1953 至 2011 年期间美国常用名字的婴儿出生统计图

此外，频繁联系或近期有过联系的人，成为潜在被邀者的可能性更大。这可以通过应用内的行为统计，或（在获取授权的情况下）读取用户手机的通信记录来实现。

你设计的产品传播机制真正揣摩对用户的心思了吗？

7.7 用邮件提醒增强传播效率

SpringSled 是一家美国的平台服务公司，他们立志成为“世界上最简单的项目管理工具”。早在产品完成之前，SpringSled 就已经向征集来的测试用户提供试用版，并通过 ProductHunt 和 BetaList 网站赢得了一些早期曝光。每个加入进来的用户可以另外邀请 5 个朋友加入，并因此获得 12 个月的免费服务。在这一病毒传播策略的驱动下，他们竟奇迹般地在四周的时间内积累了 15 万注册用户，其中有 99.8%来自朋友推荐。

他们是如何做到这一切的呢？除了依靠精心雕琢过、任何人都能快速上手的着陆页来提高传播邀请的成功率之外，最与众不同的细节设计来自于整个邀请过程中的邮件提醒机制。

从一开始，SpringSled 就是冲着被传播而设计的。用户在网站的输入框中填入自己的邮件地址，点击“获得早期资格”（Get Early Access）按钮后，系统就用会醒目的 Facebook 和 Twitter 分享按钮怂恿用户发起第一轮传播。一般而言，人们会忽略这些额外的小动作，径直去找自己想要的东西。但是，且慢！仔细一看，除了这两个分享按钮，SpringSled 竟然没有提供其他任何可以点击的地方。有些人因此而选择离开，但也有些人还是“日行一善”地慷慨贡献出了点击。

原来，SpringSled 采用了排队+邀请插队机制（我们曾在前面的获取用户章节谈到过）。如果想要更快地使用上，就得帮 SpringSled 卖命宣传，拉拢来 5 个新用户。用户每成功邀请来一个朋友，都会收到实时的邮件提醒，告诉你当前的进度完成了 1/5，请再接再厉。

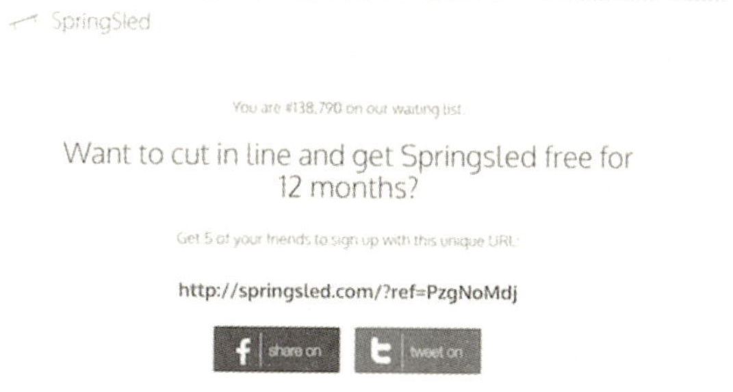

SpringSled 的分享邀请页面

这封邮件的意图很明显，既是对其激励机制的强化，让用户不断被 12 个月的免费使用资格所诱惑，同时也是对用户投入的沉没成本的提醒：别忘了你还有任务，既然已经完成这么多了，就接着走完吧。这样的邮件提醒提高了传播的效果。

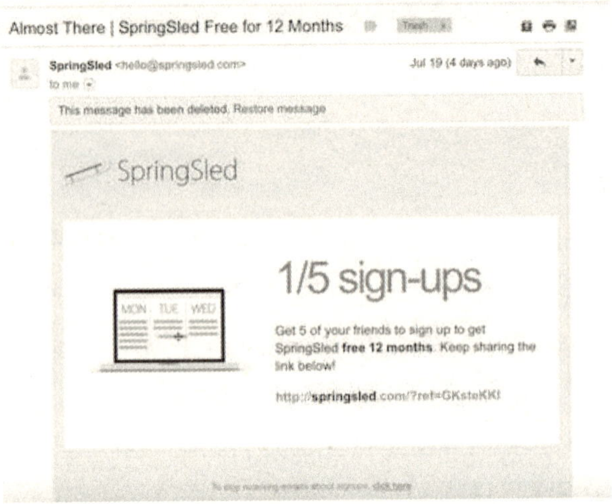

SpringSled 的分享进度提示邮件

如果你以为成功完成了 5 个邀请，获得 12 个月的免费资格，就算完成了，那就太小看 SpringSled 的增长黑客们了。SpringSled 在兑现完原先的承诺之后，紧接着又给出了 “即将到来”的全新神秘奖励，捎带附上了一个全新的推荐链接。

对于一个刚刚赢得奖励的用户而言，此时正值其好感的顶峰，SpringSled 不失时机地把握住这一机会，让用户继续保持推荐它的动力。在原来的 5 个推荐成功的用户基础之上，每增加一个额外的新推荐成功用户，SpringSled 同样会用邮件来提醒和感谢。

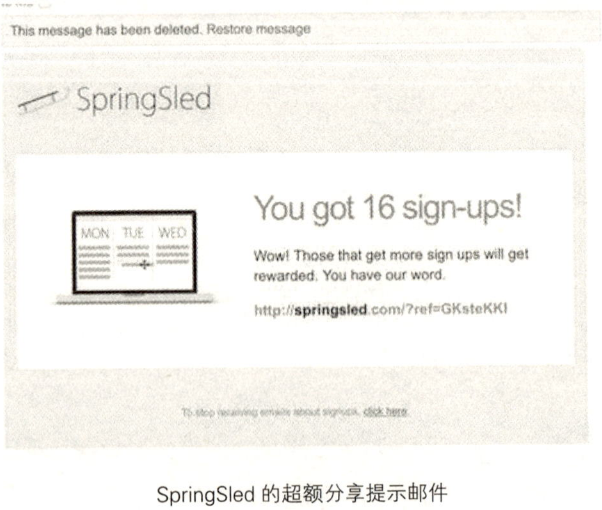

SpringSled 的超额分享提示邮件

整个传播过程中，SpringSled 不但给用户以经济上的回报，更带来了情感上的共鸣。它通过缜密布局的传播路径和动机设置，以及有效的邮件跟踪，让传播变得富有效率。

7.8 病毒传播的策划与打磨

云诺网盘是一款 2011 年推出的国产同步云存储服务，类似 Dropbox，具备全平台客户端、一键上传、增量同步、共享群组等特色功能。2012 年底，云诺团队潜心研发，对设计和技术进行了升级重构，推出了全新的 2.0 版。笔者全程参与了云诺网盘的市场推广，并策划了本案例的全过程。

云诺网盘主页

由于团队此前风格比较低调，在打磨产品阶段，并未过多投入在市场宣传工作上，因此同类产品中的知名度并不是非常高。而云存储领域中亦不乏来自巨头的竞品，在渠道渗透、舆论造势上有着天然的优势。

研究中我们发现，当时市面上的绝大部分产品将用户策略制定为免费注册+推广扩容，门槛高，限制也较多。用户为了获得更多空间，要忍受广告、弹窗，还得被各种活动牵着鼻子走。因此策划本次营销活动的目标，就是尽可能通过最小的成本找到用户普遍认可的传播点，通过活跃用户以点带面形成病毒式宣传，提升云诺品牌知名度和口碑。

创意的产生

云诺网盘的 2.0 版产品在 10 月底正式推出。双十一光棍节期间，我们曾初次试水了迷你站（Mini Site）的活动，主题为“和 U 盘分手，和云诺约会”。活动效果超出预期，网友对“赠送空间容量”的活动奖励响应非常热烈，上传的作品也体现了高手在民间的创造力和传播力。最终有 800 余件照片作品被提交。

“跟 U 盘分手，和我去约会”活动页面

于是我们敲定在年底再进行一场更大声势的活动，同样借助迷你站的形式。经过斟酌，我们挑选了“世界末日”这个时间节点。一是因为 2012 世界末日这个说法足够噱头，可以充分发挥市场团队几位“不折腾会死”青年的恶搞才能；二是因为相较之下，针对之后圣诞节的各种活动势必更铺天盖地，我们的信息很可能被淹没得无影无踪。

确定了“世界末日”这个切入点，接下来我们要定大创意。玛雅预言，时光流变，两极反转，五维空间，诺亚方舟，人畜暴走……头脑风暴过多种方案后，我们的思路逐渐锁定在“世界末日的反常行为”上，希望运用逆向思维，打对手一个措手不及。

怎样的举动才是“反常行为”呢？考虑到市场上同类产品或免费但空间容量很小，或付费才能获得有限扩容，可见用户对空间的需求其实非常高。既然这样，为什么我们不能免费送更多空间呢？——是的，更多，足够多，多到令人咂舌。那么，“无限”怎么样？在得出这个“免费送无限空间”的疯狂点子后，所有人都非常惊喜，同时也会有所顾虑，是否会造成很大成本？

英特尔创始人之一的戈登·摩尔（Gordon Moore）曾提出摩尔定律：当价格不变

时，集成电路上可容纳的晶体管数目，约每隔 18 个月便会增加一倍，性能也将提升一倍。换言之，每一美元所能买到的电脑性能，将每隔 18 个月翻一倍以上。这一定律揭示了信息技术进步的速度，早已经过时间的应证和市场的检验。在摩尔定律的催熟下，计算机存储设备的成本不断降低，硬件性能稳步提升，服务商可提供的服务范围不断扩大，用户的期待也水涨船高。网络硬盘（或者说以其为代表的云存储业务）正是摩尔定律发展的写照，它深刻揭示了存储硬件价格的降低和储量的扩容，为个人及企业用户市场带来的存储空间的数量级上的跃升。

在通过对用户的行为数据进行分析后，我们发现，云诺的绝大部分用户并不会上传视频和软件等盗版内容，而更多是个人常用文档和图片。云诺为每个免费注册的用户提供 5GB 的初始空间，这对普通用户而言已绰绰有余。至于没有使用到的存储空间，其实根本没有占用我们的服务器和带宽，不过只是一个数字上限而已，几 GB 和几千几万 GB 没有什么区别。实际上，微软也曾在将 SkyDrive 的新用户免费空间容量由 25GB 下调 7GB 时，做过类似的调查，数据显示 99.94%的网盘用户只使用了不到 7GB。在此判断之下，我们认为进行类似送免费空间的活动，并不会加重我们的成本。

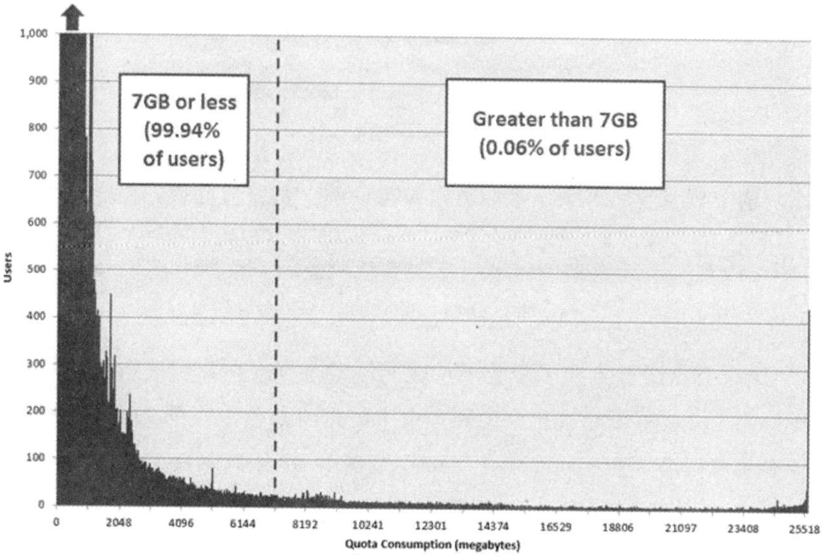

微软云存储产品 SkyDrive 的用户量与空间占用情况表，来源：TechCrunch

在经过了上述可行性评估后，最终创意经过修饰完善，包装成了一个非常有噱头的故事：2012 世界末日即将来临，云诺团队的 CEO 笃信玛雅人会靠谱（当然这明显是在夸张），非常绝望，认为“网盘空间这东西是生不带来死不带去的”，于是亲自拍板，决定来个末日大派送，允许用户想要多少空间就抢走多少空间。并不是每个 CEO 都有这样自嘲的幽默感（特别是大公司的产品，绝不敢轻易拿老板来开涮），当时也没有哪家云存储产品这样慷慨地免费赠送无限空间，于是这个点子从一开始，就树立了与众不同的调调。

现在问题变成了，如何制造一场有趣易传播的活动？

单纯地将免费空间收入囊中，缺乏辛苦努力换来收获一刻的仪式感，也不会让用户觉得珍惜。导入微博用户关系，做成迷你游戏，开发成本过高，容易让整个活动变得复杂。在经过了一下午的激烈讨论无果后，当晚倍感焦躁的我在回家途经便利店买鸡蛋时，突然灵光一现，马上冲回家用 Balsamiq Mockups 完成了如下简单的原型。

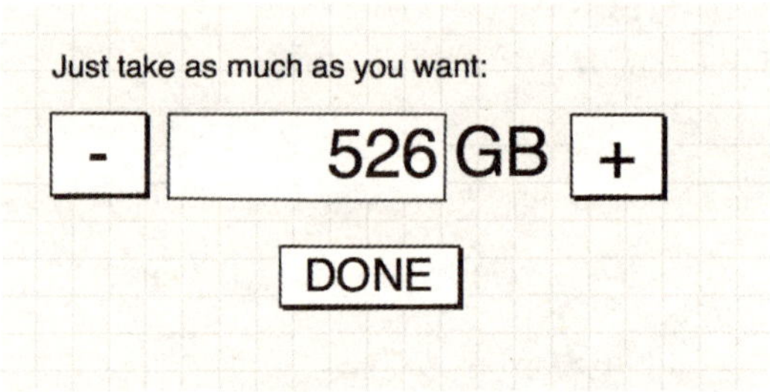

活动创意的快速原型，用 Balsamiq Mockups 制作完成

这类似电脑软件中常见的微调控件。点击加/减按钮，数字亦随之改变。活动的玩法就是，这个数字到达多少，就能领走多少空间。虽看似简单，但隐藏着玄机。

1. 用户需要一下一下手动点选，才能逐渐递增数字，而不是输入一个值，一步到位地领走空间。有了辛劳付出的过程，才更能体现出奖励的价值。

2. 云诺官方承诺点击到多少数字，就能领走多少。在我们预估实验中，用户保持点击姿势久了会疲劳，充其量只会到数百下，也就是领走几百 GB（后来经验证，实际数字比几百略高，在一千至两千之间比较多）。这从机制设计上有助于控制我们的成本。

3. 用户为了参与本活动，会疯狂点击鼠标/键盘/触控板，“哒哒哒”的声音很容易吸引左右同事/同学前来围观一探究竟。于是很自然地形成了线下的病毒传播。（事后有用户反馈，他们办公室的确所有人都在玩，点击声此起彼伏，大家都无心工作了。）

4. 随着用户点击数字的增加，我们会在页面随机出现卡通彩蛋（下图是手绘原稿），在帮助用户缓解单调疲劳的同时，传达品牌和赞助商的理念。

设计总监金佳绘制的角色原画草图

执行实施

1．活动页面设计

整个活动页面从设计到完成开发上线，花费了三周左右时间，期间在一些策略上进行过设计或推翻。

1）微博分享，增加成就感

我们在空间领取成功环节，设置了发布到微博功能。辛苦赚来的海量空间，出于炫耀也好推荐也罢，用户有很强的动机去分享。我们通过卡通形象和欢呼雀跃的音效强化了这一时刻的仪式感。

2）独特音效，增加趣味性

在开场动画、点击按钮、空间达到特定数字时，会奏响类似超级马里奥中熟悉的八位机音效，增加趣味性和传播点。

3）秘籍模式，游戏性更强

我们曾策划过“秘籍模式”，类似游戏公司 KONAMI 的经典指令

↑↑↓↓←→←→BA，当用户按照一定顺序点击加/减号按钮时，空间数字有一定概率出现“异动”，很可能一下子猛增 500GB。但实际测试发现，这样的设定让整体变得复杂，有一定几率误触，而且容易让用户感到无法理解。最终决定取消这一过度设计。

此外，我们从一开始就故意不对用户可能的作弊行为进行限制，采取睁一只眼闭一只眼的态度，甚至将原本已经写好的服务器端验证模块撤下，“方便”网友充分发挥创造力来作弊领空间。

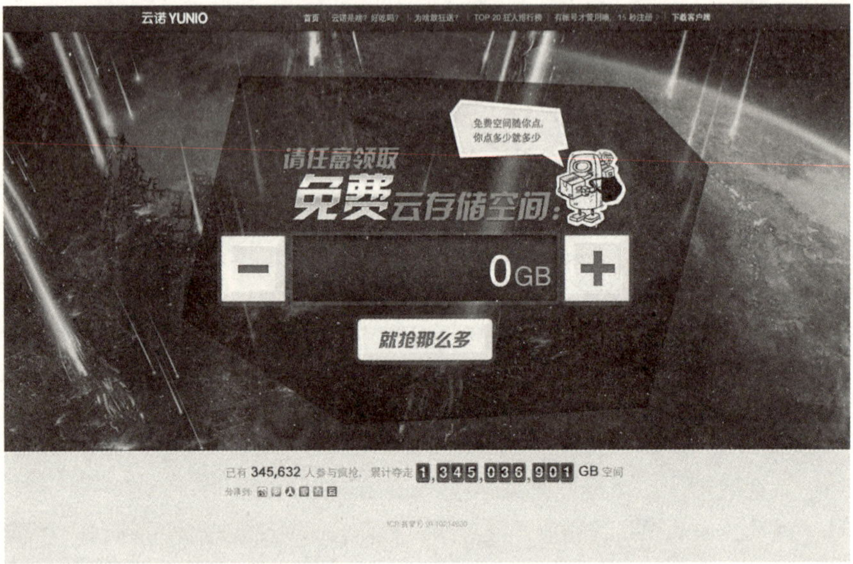

云诺“2012 世界末日”免费领取云存储空间活动页面

2. 活动正式上线

我们选择在 2012 年 12 月 12 日（距离“世界末日”12 月 21 日整十天前）14:00 上线。此前我们曾在官方微博和微信神秘“剧透”过本次活动将非常劲爆，因此有为数不少的微博粉丝表示从中午开始就在等候了。这让我们非常有信心。

3. 活动赞助

我们通过熟人关系，特别联系了佳得乐作为本次活动的实体奖品赞助商。所有参与活动的用户在点击空间达到 30GB～80GB 期间，都将会看到佳得乐的品牌形象和宣传口号“解口渴更解体渴”。由于点击间隙用户需要休息，就会很自然地看到广告。配合微博上的宣传，赞助商对我们本次活动的巧妙植入和效果非常满意。

与佳得乐饮料的联名合作

4．零预算，如何做宣传

本次活动在宣传上的预算是零，所有宣传主要通过微博阵地进行。

1）官方微博发布消息

在活动上线后，我们通过官方微博第一时间发出公告，已经期待许久的忠实粉丝们立即组成了第一梯队，开始参与活动。起先有用户怀疑这只是个玩笑，就象征性地点了十几 GB；但当发现原来免费的承诺所言非虚，特别是其他人真的领走了 1024GB、2012GB 时，他表示非常震惊（这种与之前经验认知不协调的效果正是我们追求的），于是就在微博、QQ 群主动讨论了起来。

2）针对活跃用户发送私信通知

通过微博私信，向活跃粉丝传递了本次活动的信息。特别是重点针对在上次光棍节活动中获奖的用户，因为他们更信任我们、更忠实，由这些活跃用户来推荐，更具说服力。

3）集中宣传实际案例

在活动开始的两个小时内，我们集中转发了一批空间领取成功者的分享微博，帮他们晒出具体数字，以实际案例说明本次活动的真实性。

4）名人效应

业界一些知名科技媒体/舆论领袖继而也对本次活动产生了兴趣，@小众软件、@萧秋水、@同步控、@异次元软件世界等相继转发，带动后续业界人士的关注和传播。

5）用户分享体验

随着用户成功领取空间后分享的微博数量增多，传播力如滚雪球般越滚越大。还有用户主动二次转发并@云诺网盘官方微博，说“我拿这么多是不是太贪心了”、“我就不多领了，凑个整数吧”（1024GB，这哥们一定是个程序员……）。

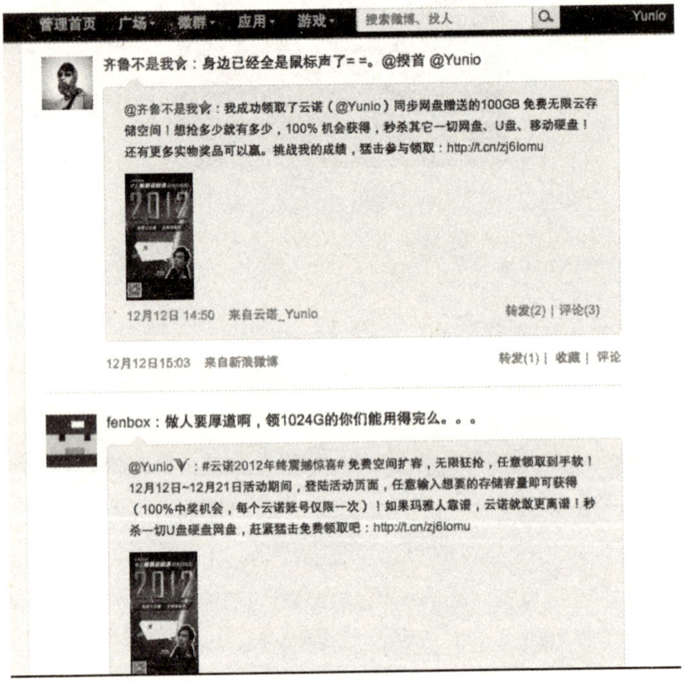

微博网友的转发评论

仅当天下午四个小时内，我们就收到了数百条@，粉丝增长200多人，覆盖到的均是质量较高的目标人群。

5．制造病毒

技术宅拯救世界，此言不假。很快就有技术人士自称发现了云诺免费无限送空间活动的“漏洞”（其实是我们故意放出来的），通过修改前端参数/数据包信息/使用鼠标自动点击脚本等，就能轻轻松松领走 10000+GB。我所加入的几个开发者 QQ 群已经开始围绕此活动展开讨论。

技术 QQ 群的讨论

于是我们顺势委托朋友以第三方身份在知乎、SegmentFault 等高质量问答社区发布了问题“如何运用技术手段，快速获得云诺的免费无限云存储空间？”，并组织一批有兴趣的技术高手前来回答，汇总了若干种手段。这一措施的实施有以下几大好处。

1）激发了技术高手比拼技术的热情，大家纷纷寻找漏洞，试图比别人领更多空间炫耀，并主动传播“战果”。

2）现成整理好的扩容方法大全，让原本对这个活动兴趣不大的用户，也抱着试一试的态度参与进来。

3）一时间关于云诺的讨论也多了起来，有担心这么玩能不能撑住的，有建议官方增加验证措施的，也有人一本正经站出来分析这其中的营销技巧。种种讨论，让“云诺”二字的关注度一时间冲高。

6．病毒的扩散

本次活动的另一大成功在于，我们主要精力花费在微博宣传，但外界的自发传播扩散非常生猛。包括百度贴吧、V2EX、各大电脑爱好者论坛、开发者社区、独立博客甚至竞争对手的论坛腹地等，都出现了用户主动宣传讨论本次活动的话题。

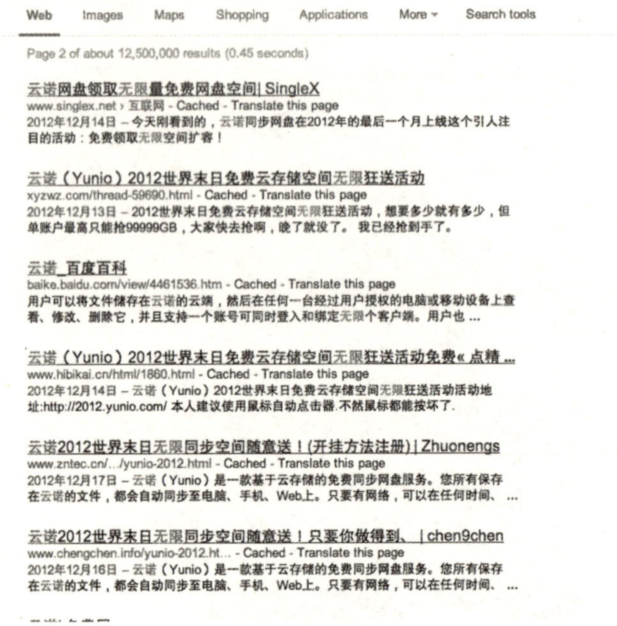
Web Images Maps Shopping Applications More Search tools

Page 2 of about 12,500,000 results (0.45 seconds)

云诺网盘领取无限量免费网盘空间| SingleX
www.singlex.net › 互联网 - Cached - Translate this page
2012年12月14日 – 今天刚看到的，云诺同步网盘在2012年的最后一个月上线这个引人注目的活动：免费领取无限空间扩容！

云诺（Yunio）2012世界末日免费云存储空间无限狂送活动
xyzwz.com/thread-59690.html - Cached - Translate this page
2012年12月13日 – 2012世界末日免费云存储空间无限狂送活动，想要多少就有多少，但单账户最高只能抢99999GB，大家快去抢啊，晚了就没了。 我已经抢到手了。

云诺_百度百科
baike.baidu.com/view/4461536.htm - Cached - Translate this page
用户可以将文件储存在云诺的云端，然后在任何一台经过用户授权的电脑或移动设备上查看、修改、删除它，并且支持一个账号可同时登入和绑定无限个客户端。用户也 ...

云诺（Yunio）2012世界末日免费云存储空间无限狂送活动免费« 点精 ...
www.hibikai.cn/html/1860.html - Cached - Translate this page
2012年12月14日 – 云诺（Yunio）2012世界末日免费云存储空间无限狂送活动活动地址:http://2012.yunio.com/ 本人建议使用鼠标自动点击器.不然鼠标都能按坏了.

云诺2012世界末日无限同步空间随意送！(开挂方法注册) | Zhuonengs
www.zntec.cn/.../yunio-2012.html - Cached - Translate this page
2012年12月17日 – 云诺（Yunio）是一款基于云存储的免费同步网盘服务。您所有保存在云诺的文件，都会自动同步至电脑、手机、Web上。只要有网络，可以在任何时间、 ...

云诺2012世界末日无限同步空间随意送！只要你做得到、 | chen9chen
www.chengchen.info/yunio-2012.ht... - Cached - Translate this page
2012年12月16日 – 云诺（Yunio）是一款基于云存储的免费同步网盘服务。您所有保存在云诺的文件，都会自动同步至电脑、手机、Web上。只要有网络，可以在任何时间、 ...

搜索引擎关于本次活动的收录

更有技术达人，在活动结束前两天自行开发了“云诺 100000GB 空间一键领取工具 1.0”，在国内各种绿色/破解/盗版网站流传开去，将这股“病毒”传播推向了最后的高潮。

效果检测

1. 截至 12 月 22 日凌晨活动下线，日新增用户量平均增长了 400%（当然不排除有马甲成分，但绝对量也很可观）。数据显示，这批新注册用户的三日内活跃率，只比平时普通用户的略低 5 个百分点，对于靠有奖活动获取的用户而言，这一比率仍然可以接受。下图中第一个波峰是活动当天上线的增量情况。第二个逐渐上升的波峰起点是达到病毒引爆点的时刻（波动大的折线是新增用户数，较平稳的折线是用户总量，具体数字略）。

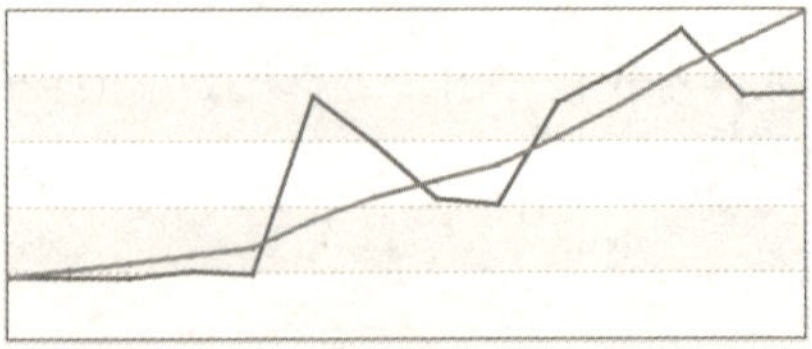

后台统计的新增用户与用户总量变化情况

2．微博上关于“云诺”的实时搜索结果达到8万多条，有英文名“yunio”的搜索结果4万多条。

3．Google搜索关于“云诺”的结果，每24小时内平均新增2000多条。

4．百度指数飙升200%，官网流量激增460%。保守估计曝光量在百万级。如果聘请专业营销公司完成以上指标，费用估算至少会在数十万元。

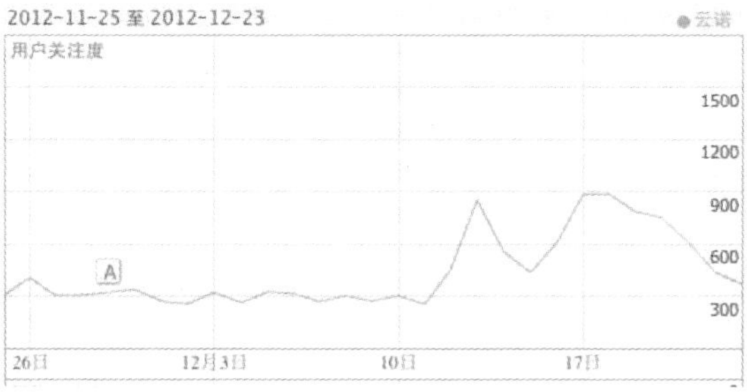

百度指数显示的产品用户关注度，其中第一个大波谷为服务器短暂当机

5．活动取得成功，团队士气鼓舞，为此也特别添置了更多服务器和硬盘，以确保之后为用户提供更好的服务，以及为明年即将展开的活动提前准备。

总结这次活动，以下几点值得在今后继续保持。

1．打造与众不同、别出心裁的创意，同时保证能够浓缩成一句话进行传播，例如“云诺免费赠送无限空间”。

2．提供简单直接的参与形式，不要挑战用户的耐心，不要抬高用户的期望后令他们失望，而是要超越用户的预期。

3．借鉴游戏设计元素，在“成就时刻”鼓励用户通过社交网络分享战果。

4．尽量设置较多亮点、槽点，让传播者有话可说。

5．故意设置漏洞，借高级用户去主动发现、宣传，往往有奇效。

6．在策划之初就准备好二次传播乃至三次传播的方案。

第 8 章 完整案例集

“今天就得到执行的好计划要远胜过明天的完美计划。”

——乔治 · 巴顿

8.1 Airbnb

2007 年，住在美国旧金山的两位设计师——布莱恩 · 彻斯基（Brian Chesky）与乔伊 · 杰比亚（Joe Gebbia）正在为他们付不起房租而困扰。为了赚点外快，他们计划将阁楼出租出去。传统的做法是在 Craigslist 网站发帖子。“但我们不想这么干，因为在 Craigslist 发千篇一律的帖子会显得冷冰冰的，于是我们打算自己动手建一个网站。”

当时城里正好举办一个设计展，周边的旅馆都被订满了。他们便很快搭建好了一个简易的网站，招徕开“家庭旅店”的生意。网站上挂出了地板上摆放三张气垫床的照片，以及供应家庭自制早餐服务的承诺——网站因此得名 Airbed & Breakfast 。不久他们获得了 3 个租客，每位支付了 80 美元。一周后，他们又开始陆续收到世界各地人们的电子邮件，询问何时能在其他热门旅游目的地享受到这样的服务，其中包括布宜诺斯艾利斯、伦敦、日本。

二人于是试着将这一做法复制到其他城市，通过大型集会（如 SXSW）来紧随热点，并允许人们通过信用卡在线支付。在 2008 年美国民主党全国集会期间，奥巴马在科罗拉多州的丹佛发表十万人演说。当时全市只有三万余个旅馆房间，鉴于此 Airbed & Breakfast 适时地选择再度在公众面前高调曝光，一度获得了极高的流量和关注——尽管此后相当一段时间内又逐渐归于沉寂。

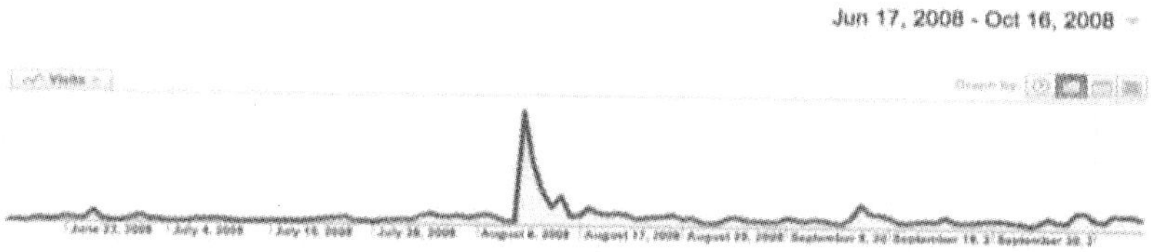

奥巴马在科罗拉多州的丹佛发布演说期间，Google Analytics 统计的访问量，

图片来源：TechCrunch

时光快拨七年，当年的 Airbed & Breakfast 已经摇身一变成为了享誉全球的“共享经济”代表性服务——Airbnb 。其夜间租住房间的预订量甚至一举超过了连锁酒店巨头希尔顿。截止 2015 年春，Airbnb 拥有全球超过 1000 万用户、100 万间房源，以及约合 200 亿美元的估值。

早期的资金募集

2008 年项目创立之初，两位创始人需要想办法获取启动资金。一开始他们试图靠自己做的边缘业务来养团队，就买来大量的盒装麦片，并重新设计了两种总统选举主题的包装盒——奥巴马款和麦凯恩款。他们在秋季展会上以每盒 40 多美元的价格销售这两款麦片，最终卖出 500 多盒，为他们的项目筹集了近 3 万美元。

如今大红大紫的 Airbnb 也曾因为资金短缺卖过盒装麦片，图片来源：TechCrunch

但这些钱对于他们而言仍然不够。选举的结果最终尘埃落定后，他们不得不设法处理掉所有麦凯恩款包装盒的剩余尾货。这让几位创始人焦头烂额，一度陷入低谷。这次不算成功的试水淋漓尽致地体现了小公司创业早期为了生存下来而不得不努力尝试任何的可能性。

次年春天，他们终于得以与硅谷创业教父保罗·格雷厄姆（Paul Graham）共进晚餐。格雷厄姆直言不讳地说出“我觉得这个点子简直太疯狂了，怎么会有人想到做这么一件事？”但当了解到他们曾经为了这个项目砸锅卖铁时，格雷厄姆还是被打动了。虽然 Airbed & Breakfast 在 2009 年每周的收入仅 200 美元，差点破产，但最终还是幸运地加入了格雷厄姆一手创建的硅谷著名创业孵化器——Y Combinator 的 2009 年冬季班，并且获得了 2 万美元的投资。格雷厄姆事后承认，“这群甚至可以靠卖麦片来挣取收入的人，他们的项目死不了”，他认为这是他见过的最努力的团队之一。拿到钱后，Airbed & Breakfast 正式改名为 Airbnb，随后又获得了一笔 60 万美元的种子基金。尽管融资成功，但此时市场上依然有人看不懂他们的商业模式，并对两位创始人同属设计师背景表示不看好。

从现有平台挖掘新用户

当时该领域最大的竞争对手 Craigslist 拥有 Airbnb 艳羡的海量用户基数。尽管 Airbnb 一直试图靠塑造差异化的产品形态来将自己与竞争对手区隔开，但一个不可否认的事实是：对于订房这样的供需平台服务而言，用户数的多少是人们选择的首要因素，因为供方会选择潜在消费者最多的平台发布信息，而消费者也会挑货品足够充足的市场来比价下单。

意识到这点后，Airbnb 将 Craigslist 的用户群视作了一块肥肉，试图从中分一杯羹。于是他们推出了一项功能：允许用户在 Airbnb 发布信息的同时，方便地将相同的信息内容复制一份同步发布到 Craigslist 上。

尽管 Craigslist 并没有提供这样的现成接口，但据工程师瑞希·夏亚（Rishi Shah）介绍，他们实现的方法其实并不怎么费事。当时 Craigslist 通过网址中的一串明文参数来提交列表内容，所以 Airbnb 写了个机器人去访问并解析网址，在其中插入特定的字符，再将修改后的网址转交给用户用于发布。

用户在 Airbnb 发布信息后，就会收到一封电子邮件，告知用户：将该信息同时发布到 Craigslist 可以帮助您每月增加 500 美元的收入，您只需要点击这个链接，剩下的交给我们来为您完成。于是用户往往会不假思索地点击链接，毕竟这没什么坏处，反倒是增加了许多房源出租信息的曝光量。

接下来，Airbnb 的脚本机器人会自动执行一系列动作，除了原封不动地拷贝内容之外，还需要进行一些深加工，比如选择投递到 Craigslist 的哪个分类目录下，并且分配一个合理的地理位置。这项差事对工程师而言着实需要花费一番精力，因为要对每一个目录分类、区域选项及其邮编等字段做一一对应。此外机器人的工作还包括对匿名发送的邮件地址做屏蔽，绕过禁止 HTML 代码的限制等。

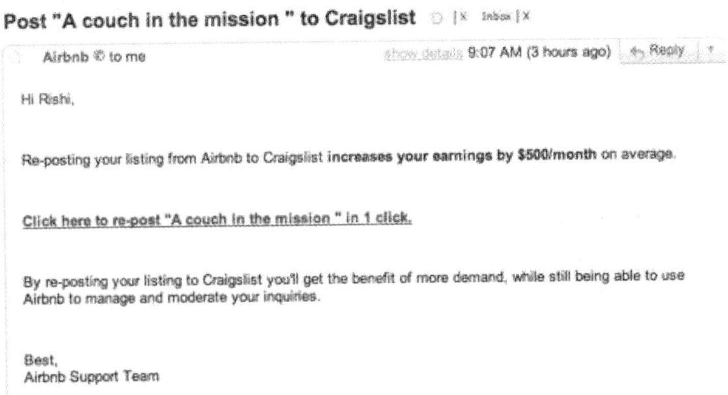

Airbnb 邮件告知用户可以一键发布出租信息到 Craigslist，图片来源：growthhackers.com

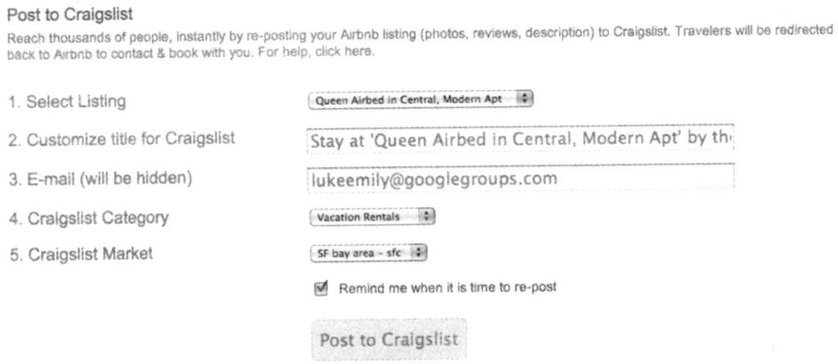

Airbnb 提供的一键同步发布到 Craigslist 工具，图片来源：growthhackers.com

工程师小陈（Chen）回忆说："这些工作很细碎，我甚至觉得一些非常聪明的技术达人也需要花不少时间来把它做到尽善尽美。传统的市场推广负责人应该根本想不到这个技巧，里面包含了太多的技术细节需要攻克。估计也只有被要求从 Craigslist 上获取用户的工程师才能想到吧。"

这次成功的技术突破为 Airbnb 带来了几大回报。首先，来自 Craigslist 的回流撑起了 Airbnb 的人气，许多人纷纷加入注册，发布出更多出租的信息；其次，原本习惯去 Craigslist 发布信息的用户，开始变成 Airbnb 的用户，因为现在只要在一处发布就能同时出现在两处；最后，原本的 Airbnb 用户的黏性更强了，因为他们确确实实在这里获得了更多的收入。

“借花献佛”利用第三方邮件系统

Airbnb 从 Craigslist“挖墙脚”的另一个不太厚道的做法，是使用了他们的邮件通知系统给自己打广告。Airbnb 会检测发布到 Craigslist 的最新招租信息，然后模拟成客户给屋主“留言”，推荐 Airbnb 的服务。通过 Craigslist 自动发送的邮件通知系统，屋主将会收到这样一封邮件，内容是：我非常喜欢你发布的这则房源，建议你把它也发布在 Airbnb 上吧，那里可是每月有超过 300 万次的页面访问量呢！

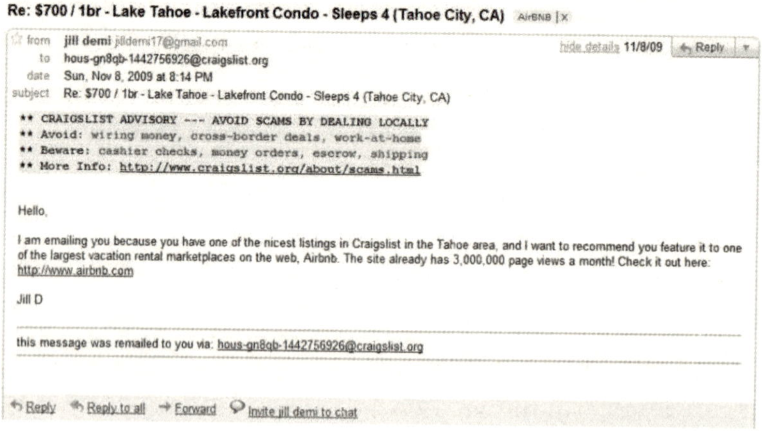
Re: $700 / 1br - Lake Tahoe - Lakefront Condo - Sleeps 4 (Tahoe City, CA) AirBNB | X

from jill demi jilldemi17@gmail.com hide details 11/8/09 Reply
to hous-gn8qb-1442756926@craigslist.org
date Sun, Nov 8, 2009 at 8:14 PM
subject Re: $700 / 1br - Lake Tahoe - Lakefront Condo - Sleeps 4 (Tahoe City, CA)

** CRAIGSLIST ADVISORY --- AVOID SCAMS BY DEALING LOCALLY
** Avoid: wiring money, cross-border deals, work-at-home
** Beware: cashier checks, money orders, escrow, shipping
** More Info: http://www.craigslist.org/about/scams.html

Hello,

I am emailing you because you have one of the nicest listings in Craigslist in the Tahoe area, and I want to recommend you feature it to one of the largest vacation rental marketplaces on the web, Airbnb. The site already has 3,000,000 page views a month! Check it out here: http://www.airbnb.com

Jill D

this message was remailed to you via: hous-gn8qb-1442756926@craigslist.org

Reply Reply to all Forward Invite jill demi to chat

Airbnb“借花献佛”邮件，图片来源：growthhackers.com

虽然这一做法相比之前的技巧逊色很多，也的确从某种意义上构成了垃圾邮件，但不可否认的是它帮助早期的 Airbnb 成长得更快，且几乎是零成本的。Craigslist 自然也不会坐视不管，不久后采取措施将其封杀。

好卖相带来好收益

前面提到，Airbnb 在雏形阶段曾成功吸引到 3 位前来旧金山参会的旅客，并在此后开始陆续收到来自世界各地人们的住宿需求，提出他们想去的城市并建议 Airbnb 设点。可以说，Airbnb 得以迅速发展到如此体量，是因为人们的确有这样强烈普遍的刚需，而 Airbnb 的服务满足了他们。

随着公司的发展，到 2009 年，Airbnb 开始筹措乔迁新居。在寻找一手房源的过程中，他们发现那年夏天的成交情况其实并不十分可观。于是杰比亚和彻斯基着手调研此事，他们四处飞行，总共在 24 家不同的家庭旅店订房体验，试图找出问题根源。

最后终于水落石出。许多在 Airbnb 上张贴招租信息的人，并不懂得如何在发布内容时尽可能展现出房间最好的一面。他们拙劣的拍摄技术和糟糕的文案组织，掩盖了房屋本身的优势，让远在世界另一头的人们隔着屏幕难以做出判断。“好吧，这事一点也不奇怪，没有人会为了不知道会买到的什么玩意儿而付钱。”彻斯基说，“一般网站的做法是给用户群发邮件，教会他们如何去拍照，并给他们评估打分。”

但 Airbnb 采用了一种看似低效，实则奏效的方式。谨遵格雷厄姆的一句“不要在意有多少人喜欢你，关注那些真正热爱并使用你产品的人”的教诲，他们花 5000 美金租借了一部高档相机，挨家挨户免费为纽约的许多招租者的房屋拍摄照片。好卖相带来了好的收益。纽约当地的订房量很快上涨了两三倍，月底时 Airbnb 的收入整整增加了一倍。这一做法日后被复制到了巴黎、伦敦、迈阿密等地。

2010 年夏天，他们干脆正式成立了项目组，专门为房东提供拍摄服务。任何房东都可以从 20 名 Airbnb 的签约专业摄影师中预约一位上门拍照。这在当时又引发了一场持续的流量井喷。

虽然启动这个项目对创业公司而言费用不菲，但设计师出身的创始人深知其将带来的长远利益。受益于专业摄影师拍照的房屋，相较同类能获得两到三倍的订单量，随后 Airbnb 也能从屋主那里额外得到每月约 1025 美金的分成。到 2012 年，已经有 2000 余位自由摄影师受雇于 Airbnb，在六大洲拍摄了超过 13000 间房屋。

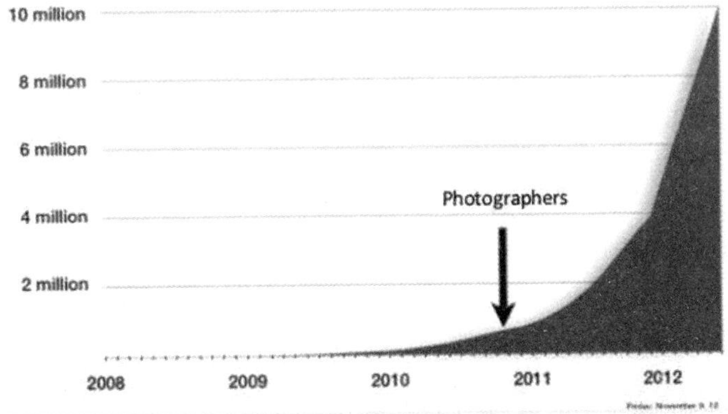

专业摄影师介入后 Airbnb 的流量增长情况，图片来源：TechCrunch

早期 Aribnb 上摄影师拍摄的室内照片，图片来源：mashable.com

在亲赴现场拍摄的过程中，Airbnb 也得以从线下寻访到许多典型用户，这为日后产品的发展打下了稳固基础。

打通社交关系链

Airbnb 这一新兴模式的优势显而易见，人们往往可以以便宜 30%～80%的价格入住家庭旅店，而不必破费预订专业酒店宾馆，并且还能与当地人交流结识，成为朋友。但也有尖锐的媒体指出，如果这一模式成为主流，那么不法分子借机从事盗窃、抢劫、非法集会等犯罪活动也将得益于这一体系，这将会使世风日下，带来恐惧与堕落。如果的确存在这一隐忧，那么 Airbnb 也势必饱受打压，无法做大。

媒体的担忧不无道理，Airbnb 若想继续成长，就必须面对用户之间的相互信任问题。于是 2011 年夏天，Airbnb 开放了社交网络连接功能，允许用户连接他们的 Facebook 账号。当启用社交网络连接功能后，人们可以看到自己与房主之间的共同好友是谁，或是哪些朋友曾经租住了这间房。人们也可以根据屋主的地理位置、性别等信息进行搜索，找出感兴趣的房源。为了保护隐私，这项功能既可以设定为只对所有已登记自己社交网络的用户开放，也可以完全关闭。

当这一产品特性上线后，彻斯基很快宣布，Airbnb 上已有 16 516 967 对好友关系，并且持续猛增。在通过社交网络解决了最基本的人与人的信任问题后，人们得以方便地考察房东的背景资料，选择合适的入住对象。来自同一座城市、同一所大学、同一个街区的好友之间的联系与交易也更为紧密。

星 VS 心

2012 年夏天，Airbnb 重新设计了“心愿列表”（Wish Lists）功能。四个月后，45%的用户使用过该功能，累积创建了超过 10 万个心愿列表。在此之前，心愿列表功能其实早已上线数年。但团队希望通过优化来探寻更多的可能性，看看是否还有提升的空间。在完成了一系列优化之外，团队又试着将代表收藏功能的星形图标修改为了心形。结果他们惊讶地发现，单凭这一个简单的小改动，就让用户的使用率提升了 30%。

对此一种解释是，这一改动使心愿列表从简单的功能价值上升到了情感价值。人们不仅可以用它来标记自己中意的房间，以便在出行之前对比和预定，还可以在雨霾风障的糟糕日子里或是焦头烂额的繁重工作中，通过欣赏这里精美的居家摄影，寻求片刻的宁静安详。这简直成了一种暂时逃离残酷现实的手段。

拥抱移动

为了迎接移动互联网的趋势浪潮，Airbnb 于 2013 年十月开始着手筹备专门的移动团队。早在那年七月，Airbnb 就已经允许屋主通过移动设备发布信息和上传照片。十月到来时，已经有约 50%的用户使用了移动应用。这些人对客户需求的响应速度是非移动用户的 3 倍多，意味着订单的成交率高出了 8 倍。此后在对应用的改版中，团队又陆续加入和优化了其他功能，包括动态图片、地图定位、探索目的地等。

用户推广计划

2013 年年底，Airbnb 计划重新启动他们的用户推广计划（Referral Program）。这一计划之前被认定为“未充分利用”且“实际成效不佳”。Airbnb 的产品增长部门经理古斯塔夫（Gustaf）觉得这样的东西着实需要整顿。

早期 Aribnb 的推荐好友赢代金券活动实际成效不佳，图片来源：mashable.com

为了全面改造用户推广计划，他们先是调研了此前的数据，认真研究每一个推介与被推介的用户的使用行为及留存情况，尝试预测什么样的人会转化成真实的用户。同时他们与业界有过成功案例的公司进行交流，探讨好的执行包含了哪些要素。

通过 A/B 测试对比使用邮件 、Twitter、Facebook 和外链带来的流量特征，团队对文案进行了调整，以确保推介邀请看上去像是在“给朋友优惠”，而不是乱发小广告。他们认为在推介内容中加入发送者的照片能增强这种好友之间互相送礼的感受。另外，他们也发现通过 Gmail 和安卓手机 API 调用通信录获得的联系人，往往有更高的转化率，或许因为这些人彼此之间的联系更为密切。最后，他们还有一个关于推介文案的结论：给用户展示“利他”的文案，比“利己”的文案更容易带来转化。如图所示，告诉用户“邀请好友可以获得 25 美元”的效果就不如“向你的好友赠送 25 美元旅行经费”更打动人。

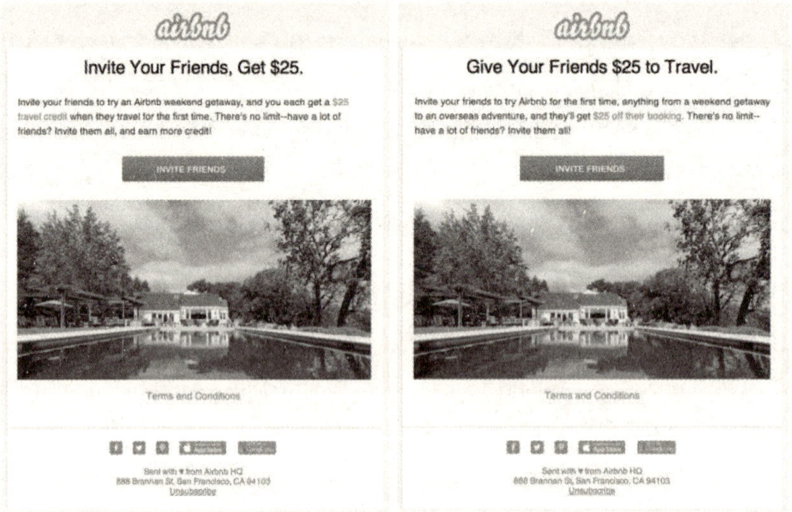

改进后的邀请好友页面使订单量提升了 25%，图片来源：mashable.com

经过 3 个月的封闭开发和 3 万行代码的沉淀，Airbnb 全新的用户推广系统于 2014 年 1 月份正式上线，带来了转化的明显提升，在某些地区使订单量激增了 25%。这些被推介来的用户，相较普通用户而言，有着更高的留存率，并且也更愿意继续推介其他人加入。

可控性高速发展

Airbnb 的发展经历引发了投资人与国际媒体的侧目。《财富》杂志曾在 2012 年撰文评论，“不管按照哪种衡量标准，房屋租赁网站 Airbnb 的发展速度都显得太快了些。短短 4 年间，这家公司已经新增了约 500 名员工，估值达到 13 亿美元，在全球各地都开设了办事处。不久前 Airbnb 又在旧金山开设了新的办事处，还需要再招募 700 名员工。但最令人印象深刻的是人们使用这一服务的盛况：每晚都有 5 万人住在通过 Airbnb 网站预订的房间里。”

偶然成为 CEO 的彻斯基此前可能从未料想到，自己在罗德岛设计学院学习设计的经历，奠定了他日后建立超凡产品体验的基础。新颖的增长策略也带动了推广形式的新潮流。他说：“我们即将迎来互联网新一轮的发展浪潮。似乎无可避免的是，人们将逐步从线上世界走进线下的真实世界。而我们就是要在现实世界里再现人们在 Facebook 上的活动。”看来，Airbnb 致力于连通线上与线下世界的发展之路，将继续越走越远。

8.2 Tinder

在韩剧《来自星星的你》热播之际，曾有网友吐槽：如果将剧中男主角都教授的扮演者替换成葛优，让女主角千颂伊让位给凤姐，这部剧还会有这么多人看吗？在这个“看脸的时代”，“颜值”高低对于人们结识和接受他人的影响力究竟占据多大比重？“以貌取人”到底靠谱不靠谱？

研究结果恐怕会让人唏嘘。哈佛大学心理学家艾米丽 •库格斯迪（Emily Cogsdill）领导的一项研究表明，儿童从 3 岁起就已经能通过一个人的相貌来判断对方的性格特征，例如个人能力和诚信度，并且不同儿童的判断结果惊人一致。康纳尔大学的科研人员通过展示 32 名 20 多岁的白人照片做试验发现，人们只要看静态照片，就能较为准确地辨别出谁是罪犯，尽管备选照片里的人物全都面容平和。甚至有进化心理学家表示，在不同的社会中，一个地方的病菌和寄生虫越多，那里的人们就越倾向于以貌取人，因为在择偶时避开感染过疾病的人是很重要的。

美国洛杉矶的一款社交约会应用 Tinder 正是顺应了人们这样的正常心理。它主打“看脸配对”，一上来用户除了看到他人的照片之外，完全看不到其他任何的个人详细资料。你唯一要做的就是通过“看脸”来决定对方“是不是你的菜”。如果对方给你的第一印象良好，你有兴趣结识，可以将照片向右滑动，代表你“喜欢”（like）；如果对方给你印象平平甚至令人作呕，则可以向左滑动，让其“消失”（nope）。一旦双方互相标记为“喜欢”，就可以发起会话，以及查看对方进一步的个人资料，从而建立其更深入的互动往来。用户越常用 Tinder，获得潜在约会的机会就越大。

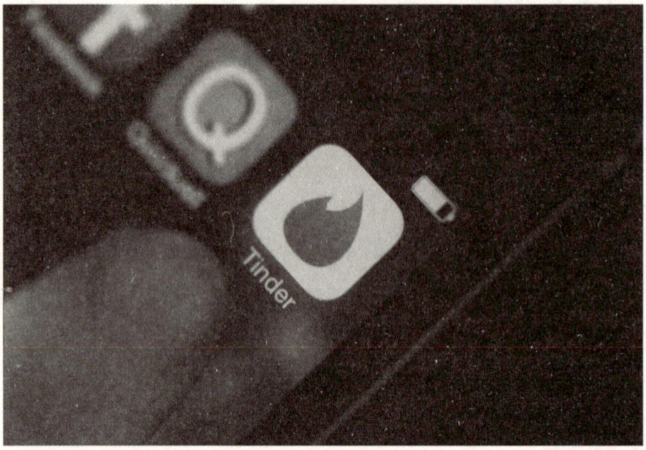

Tinder 的图标，来源：Mashable.com

Tinder 的官方宣传图之一

在美国传统约会网站 Match 和 OkCupid 大行其道的形势下，Tinder 仍然成功从移动平台上崛起，在推出两个月内就推荐匹配了超过 100 万对用户，获得了 3500 万次喜欢与否的评价，维持着 65%的日活跃度。截止 2014 年底，Tinder 上 5000 万用户平均每天使用约 90 分钟，产生 10 亿次照片展示和 1400 万次配对，成为了名副其实的“外貌协会”首选应用。

Tinder 实际上并非传统意义上的独立创业公司，而是与 Match.com 同属 IAC 公司旗下。作为该公司“创新沙盒”（Innovation Sandbox）实验室的孵化项目，CEO 萨姆·亚根（Sam Yagan）刻意将它的背景掩藏得神秘低调，希望让外界看到一个全新的独立项目，而非依托于大公司平台下的子产品。Tinder 的融资也是独立的，尽管它一直被 IAC 牢牢把控在麾下。

据传 Tinder 原名“Matchbox”，是工程师乔伊·马诺兹（Joe Muñoz）在一次黑客马拉松中的无心插柳之作。项目上线后反馈还不错，于是渐渐地，他们将同属创新沙盒实验室的 Cardify 项目停掉，把重心转移到了 Matchbox 上。由于 Matchbox 这个名字太容易被揣测到与 Match.com 的关系，CEO 肖恩·雷德（Sean Rad）建议改名叫“Tender”（纤弱、温柔的意思）——一个浪漫温馨的名字，会让人联想到猫王那首经典曲目《Love Me Tender》。在原市场执行官惠特尼·沃尔夫（Whitney Wolfe）的提议下，最终他们将名字改为了 Tinder。

得女性者得天下

对社交类项目而言，如何解决冷启动的问题，始终逃不过“鸡与蛋”的因果悖论。人气越高的社区越容易形成马太效应，建立起更广更密的关系链，巩固城墙；初生的社区如果在起步之初就门庭冷落，很可能之后的发展也不顺利。在 Tinder 这样目的明确的约会应用中，用户的需求非常直白：寻求“勾搭”另一半的机会。

如果你留心观察过微信、陌陌和其他任何社交平台在约会方面的表现，会发现男性往往展露出更加旺盛的荷尔蒙，行为上也会更活跃主动，而女性则相对被动，即便是高冷“女神”，只要稍微展露出愿意交流的想法，也会引来众多“屌丝”的主动围观追捧——没错，这其实跟线下没什么两样。维持这种生态系统运作的基本机制，通常是对女性提供更加开放友好的环境，吸引她们入驻，再以此辐射向男性群体。这与酒吧经常使用“男 A 女免”来招揽顾客，原理同出一辙。

典型的酒吧场景，图片来源：98quan.com

让 Tinder 早期获得迅速增长的人是贾斯汀·马丁（Justin Mateen，后来他被授予了首席营销官与联合创始人称号）。在南加州大学念书时，马丁曾运营一家派对筹办公司，他发动兄弟会和女生联谊会里的交际能手来销售派对入场券，每卖出十张，就给他们一张免费赠券。通过以往的营销经验，他认识到，“如果我们可以先渗透到那些具有社交影响力的人群当中，那么就能以此为基础向其他人扩散开来。”于是他将 Tinder 的测试版发送给了洛杉矶派对圈里最受欢迎的 600 位熟人，并拉拢来一批年轻貌美的长期在线用户。很快，Tinder 每天的配对交互就达到了数万次。

这个策略十分奏效，于是 Tinder 开始在大范围内复制。沃尔夫被派飞往全美各地的校园，凭借她独特的说服能力，先邀请女生联谊会的成员使用 Tinder，再到兄弟会里拉拢男同胞。后者在打开应用时，会看到自己周围圈子里的女生都已经加入，因此而有了持续使用的好奇与动力。当沃尔夫完成这一轮跑马圈地之后，用户量从 5000 人增加到了 15000 人。借鉴 Facebook 的经验，Tinder 还特地到“精英学府”地推，将热度延烧到了亚利桑那大学、德克萨斯州大学奥斯丁分校等热衷于社交派对的学校。这个成功的策略不仅为 Tinder 输送了大量的目标用户，也聚集到了现成的社交关系，使得产品内的活跃度得到了保证。

Tinder 的肖恩·雷德和贾斯汀·马丁，图片来源：TechCrunch

同时，地推的顺利铺开也带动了口碑的传播。相比 Match.com 这类必须通过电脑访问的网站，学生们更倾向于在课间、食堂、宿舍等场合的零碎时间里向朋友推荐这个有点“酷”的手机应用。“左滑右滑”的超炫交互形式让演示过程更有噱头。

聪明的产品机制设计

让我们把目光再聚焦到 Tinder 的界面本身，看看它的设计有哪些讨巧之处。

首先，主界面上除了随机呈现用户的照片外，没有额外元素。用户能做的基本操作也只限于“左滑”和“右滑”——简单到一只手就能完成。这样的设计让用户的使用完全没有学习成本和压力。本来闲余时间结交异性朋友的活动就应该是气氛轻松融洽的，如果让用户过多思考（比如设置过滤条件、构思如何让自己的资料页面更加与众不同），反倒加重了不必要的门槛。对大部分人来说，不假思索地一张张浏览周围用户的清晰大图，已足够赏心悦目了。这样简单的机制设计也让 Tinder 不同于那些强调“婚恋”的“严肃交友”，这无形中扩大了目标人群的范围。

Tinder 的基本操作，喜欢就向右滑，不喜欢就向左滑，图片来源：appadvice.com

其次，用户永远不知道下一个“翻”到底是谁。这随机制造的惊喜奖励，让人产生源源不绝想继续使用的动力。史玉柱曾在总结针对网络游戏玩家的八字方针时，提到了“惊喜”的重要性。所谓“惊喜”其实就是随机性，没有随机性，游戏就没有耐玩性。Tinder 的惊喜看似随机，但也并非没有规则可循。页面上显示的用户要么是附近的人，要么是通过社交网络账号导入的联系人，还可能是已经“喜欢”过你的潜在配对对象。这保证了参与双方的相关性和可触及性（反过来试想一个非洲用户和一个阿拉斯加用户即便配对成功，线下接触的可能性也近乎为零，无法强化产品带来的价值）。相比早年与其玩法类似的交友网站 HotorNot.com 准确率低下的纯随机配对，移动端的 Tinder 在判断用户位置和获取身份识别方面更有技术优势。

Tinder 的官方宣传图之一

再次，Tinder 的玩法是对主流社交网络的补充，而非取代。用户每天例行刷完 Facebook 和 Twitter 的好友状态后，就会开始在 Tinder 里无止境地玩下去，从而不经意地陷入时间黑洞。许多 Tinder 重度成瘾者发现，时间在一次又一次的点按中流逝于无形，而自己沉迷其中根本无法自拔。

最后，使用 Tinder 的用户还等于默认接受了以“看脸”作为结识对象这一基本规则，从而简化和统一了社交产品用户之间“破冰”的过程。所谓“破冰”，就是不同用户之间建立起联系的最初契机，例如相同的兴趣爱好、常出没的地点、中间介绍人等。你很难将两个毫无关联的人撮合在一起，除非先为他们找到某个共同点。“破冰”根据时间阶段的不同，可分为“前置”和“后置”。像 Tinder 这样，在两人正式交流之前先行配对的方式，是“破冰前置”，它能提高配对后两人成功沟通的效率；像 Omegle.com 或比邻这样，先随机配对，再让用户通过交流或互换名片等方式来确定对方是否符合自己偏好的方式，是“破冰后置”，它需要付出一定的时间成本，更适合喜欢探索和消磨时间的群体。Tinder 的破冰机制保证了女性用户只会跟自己“看着顺眼”的对象聊天，而不会受到陌生异性的骚扰，对她们来说这是极好的保护措施和口碑点。

如何促成更多配对

在 Tinder 上促成配对的成功率似乎还不错。如果你以为自己相貌着实吸引人，或是单纯运气好，那可就忽略了 Tinder 在背后默默贡献的努力。比如，千万不要小看 Tinder 让用户通过社交网络 Facebook 来登录这个小举动。它降低了用户填写个人信息的门槛，不再像传统婚恋网站那样需要输入一串长长的个人简介和填写一大堆调查问卷，而是授权完毕就自动抓取到可以公开展示的资料信息，填充到个人页面。同时，用户继承了来自社交网络的身份背书，到 Tinder 中继续扮演自己，而不是胡乱上传一堆照片、填写虚构的资料来生成“马甲”，这让整个平台的环境更加真实可靠。参与者体会到更多的安全感，自然玩起来更加不亦乐乎。

Tinder 要求用户通过 Facebook 账号登录

另外，2013 年 6 月推出的“牵红线”（Matchmaker）功能，允许用户拉拢另两位原本陌生的朋友发起群聊。这个看似简单的玩法，成为了 Tinder 新一轮的增长引擎。它让原本只为自己而玩的用户拓展出了全新的玩法，尤其是那些在牵线搭桥方面颇有建树的社交活跃分子（想必你身边也有这样的红娘）有了施展的舞台。通过引入中间人的介绍，配对的成功率提高了。至于那些原本就对 Tinder 跃跃欲试，但碍于各种原因不方便主动加入的人，终于找到了使用它的合理借口——自己只是被朋友拉进来看看的。

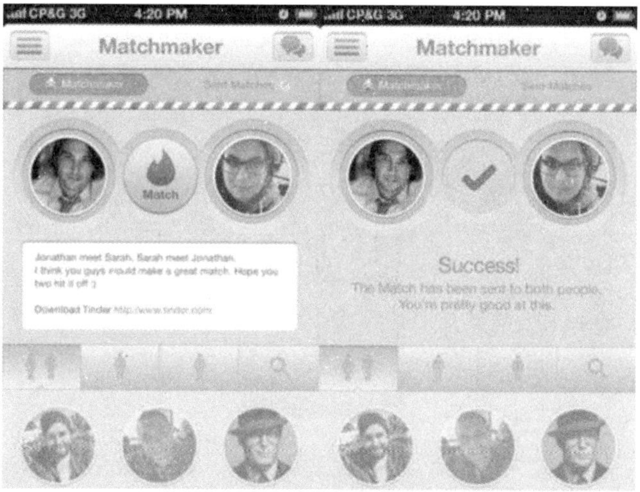

Tinder 的“牵红线”功能

2013年11月，Tinder又引入了“列表”（Lists）功能，可以将好友整理划分到不同列表中，例如“喜欢吃中餐的人”、“来自法国的朋友”。在给用户找人提供方便之余，这其实也在悄悄为Tinder积攒结构化的数据。或许未来某一天，Tinder能用这些现成归类好的大数据，向你更加精准地推荐可能感兴趣的配对对象，以及彻底挖掘每个人的商业价值。

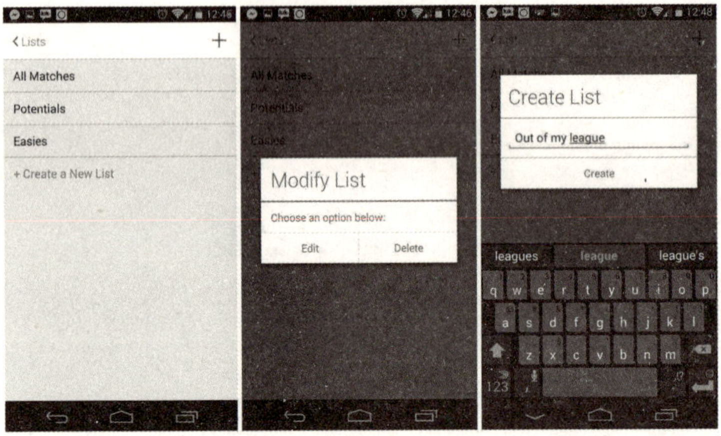

Tinder的“列表”功能

或许是受到了国内微信的启发，2014年6月，Tinder发布了“朋友圈”。与同类产品不同的是，Tinder里发布的照片会在24小时后自动销毁。朋友圈的价值不仅在于为用户提供了新的玩法，而且有助于提升用户每天的回访率、增进好友之间的联络频率。

Tinder的“朋友圈”功能

安卓征服世界

iPhone 用户毕竟是有限的，真正想在国际市场开拓疆土，必然不能忽视占据了智能手机 70%市场份额的安卓平台。实际上，在意识到美国本土的 iPhone 用户趋于饱和后，Tinder 就将战略重心放到了以安卓平台为侧重点的国际扩张上，并且在巴西和英国的市场上已粗具规模——2013 年 11 月，这两个地区的用户数每天各以 2%的平均增量加速上升，经过两个月便累积了百万用户量。

Tinder 加速获取国际用户的策略是邀请那些跨领域的社交达人来站台，邀请对象包括社交名媛、电视明星和奥运会选手等。通过媒体的炒作和放大，产品的声誉得以广泛传播。尤其是在土耳其这块难啃的市场上，起初 Tinder 投放 Facebook 广告只换来了 25000 个用户，但当引入高质量的社交达人做宣传后，增长曲线立即腾飞起来。

Tinder 代言人之一的女演员 Lindsay Lohan

根据第三方统计平台 App Annie 的数据显示，截止 2015 年 2 月，Tinder 在全球 44 个国家的 iOS 应用市场中排名位列前 100 名，在全球 23 个国家的安卓应用市场中也杀入了前 100 名，战绩斐然。

探索付费点

上线三年，Tinder 几乎没有什么盈利。肖恩 • 雷德曾公开坦言，“自信的产品自然能找到适合的盈利点，而不必靠放置广告”、“我们永远不会在核心价值上增加收费点，如果可以的话我们会永远免费”。这并不是说 Tinder 放弃了让用户掏钱的尝试，只不过他们试图找到一种平衡用户价值和商业价值之间的策略。

2015年3月，Tinder发布了全新的子服务TinderPlus，根据用户的年龄和地理位置来差异化收费，换取相应的高级功能。对于美国地区的用户，年龄在18至29岁之间的人每月只要9.99美元，但年龄超过30岁就不得不再多缴纳10美元。英国地区的价格差异更大，18至27岁的用户只需2.99英镑，而超过这一年龄则需支付14.99英镑。一时间Tinder“歧视大龄未婚青年”的评论四起。对这一价格歧视策略的引入，Tinder在采访中回应：许多产品都针对某个特殊用户人群制定了对应的价格策略，例如音乐服务Spotify会给学生特别的优惠，而我们通过测试发现，年轻用户的手头的确比较紧，所以就给他们稍微便宜一些的价格。

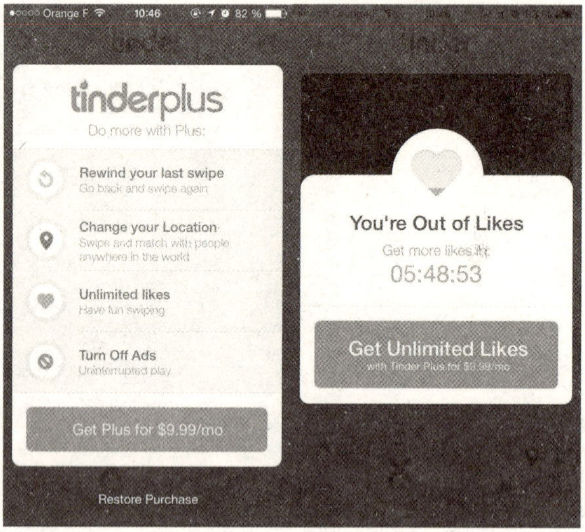

Tinder Plus 付费功能界面

付费后用户能开启的新功能包括，回看上一个失手标记为“不喜欢”的人（该功能在用户中呼声很高）、“漫游”到其他国家和地区查看当地的人、去除广告（是的，他们最终还是给免费版加了广告）等。

看脸社交的未来

Tinder在美国市场发展多年，随着人气持续攀升，不可避免地出现了泥沙俱下的情况，引来骚扰短信和诈骗链接的侵入。年轻人注意力易于发散，对一成不变缺乏耐心，轻易迁移的情况时有发生，往往只要口碑盛传哪里有更多帅哥美女，用户就会立即用脚投票，一哄而散。加之公司变动和高层离职，也对Tinder的运营质量产生了一定影响。

不过这一切似乎并不会严重影响 Tinder 的增长步伐。它仍在不断努力探索之中，或许将来的野心并不只局限于约会桥梁和聊天工具，而有着更大的愿景和抱负——参考微信今时今日的地位，你或许能意识到一款聊天应用背后究竟还潜藏着怎样一股巨大的能量。

8.3 Github

如果你是一名紧随潮流的编程技术人员，一定不会不知道 Github——这个全球最大的编程社区及代码托管网站。Github 以其开创性的全新开发协作方式，以及现成的海量免费代码资源，正在赢得全球越来越多极客的追捧。

Github 在 2008 年成立于美国旧金山，联合创始人有三位。它最早是以“周末项目”的性质玩票登场的，上线一年后获得了第一个 10 万用户。2012 年 7 月，Github 筹得了 1 亿美金投资，估值 7.5 亿美元。同年，福布斯将其评选入全球十大科技公司。

Github 网站

到了 2013 年，Github 已拥有 300 万用户，创建了 490 万个代码仓库（Repositories）。年底时，代码仓库数量更是突破千万大关。当时的官方博客记载道：“代码仓库数量突破第一个 100 万，花费了将近 4 年时间……而从 900 万到 1000 万，仅用了 48 天。事实上，其中有 550 万个代码仓库都是在今年一年之内创建的。”

截至目前，Github 的知名客户已包括白宫官方网站、亚马逊、Twitter、Facebook、LinkedIn 等。随着 Github 的走红，它的吉祥物章鱼猫（Octocat）也成为流行文化符号，被印在了贴纸和 T 恤衫上，成为代码牛人自我标榜身份的象征。

Github 吉祥物贴纸 Octocat

Github 早期究竟是如何发展起来的呢？

解决实际问题

说起 Github 就不得不提 Git 技术，这是 Linux 之父林纳斯·托瓦兹（Linus Torvalds）为 Linux 内核开发的一种版本控制工具，一经推出就迅速流行开来，打败了此前其他的固有解决方案，被视作版本控制软件的一次全新进化。Git 虽然功能强大，理念前卫，但并不那么平易近人，普通开发人员上手还是有一定成本的。Github 的创始人之一普雷斯顿·维尔纳（Preston Werner）就注意到了 Git 在协作开发方面的短板，于是在一次当地的编程会议之后邀约了克里斯·瓦茨特拉斯（Chris Wanstrath），二人在一间运动酒吧里讨论起改进 Git 的想法。在随后的周末业余时间里，他们开发出了 Github。

Github 从创立伊始，就瞄准了 Git 无法满足的需求，并且融入了自己的亮点特性，比如复制代码分支（Fork）、拉拽请求（Pull Requests）、合并代码（Merging）等。在 Github 之前，人们如果想协作编写代码，需要先手动下载他人提供的代码包，在本地编写完成后，通过电子邮件等以"补丁包"的形式发给原作者，原作者再从头到尾自行审验一遍"补丁包"，看是不是能够混合到原来的代码中而不会出错。

有了 Github，这一切简化到极致。人们只需要从任何公开的代码仓库中复制代码到自己的账号下，就可以展开编辑，编辑完成后会有相应的改动记录；修改好的代码只需给原作者发一个拉拽请求，原作者如果检查改动记录没有问题，就能直接将代码合并到原文件中，从而实现了基于集体智慧的编程创作。

相比原来的解决方案，Github 提供的服务不仅简化了操作步骤，而且将原本混乱的代码协作工作管理得井井有条，并且能量化追踪。现在任何人都能够将代码开源贡献给全世界，同时通过学习他人的代码提升自己的编程技巧。

网络效应积聚人气

Github 的服务本身切中需求，吸引了最早一批的种子用户的入驻。这些敢于第一个吃螃蟹的先行者们，也都是一群嗅觉敏锐、头脑灵活、乐于尝试新鲜事物和公开分享的极客工程师，他们的活跃带动了社区氛围的提升。越来越多的人开始用 Github 托管自己的项目。而正是由于越来越多的开源代码被提交至 Github，使得这里成为人们寻找编程灵感、翻查现成代码的不二选择。

在 Github，新人们彼此经过交流，很快能学会如何在这里创建仓库、复制代码、提交问题反馈。更多人意味着更多的代码资源量，也意味着整个社区的价值对所有人而言变得更大。这正是网络效应的体现——“用的人越多就越好用”。与此同时，由于 Github 上高手云集，企业主也开始认可它对于发掘技术牛人的价值，猎头们甚至将一个工程师的 Github 个人资料页面作为衡量其能力的参考依据。这让人们更加乐于经营自己的页面，频繁地提交更多高质量的代码。也有人开始探寻一些“非主流”用法，比如在 Github 上写博客。所有这些花样百出的现象都显示出这里已经成为了极客们的乐园。

免费带动收费

每一家公司在业务有起色后都面临着盈利的问题，像 Github 这样提供文件存储和传输的服务，在每个月的账单上通常都是一笔不小的数额。创始人维尔纳此前在效力网络头像服务 Gravatar 时学到的经验之一，就是免费向用户提供高成本的服务却从不做任何盈利方面的打算，这完全等同于是在慢性自杀。

幸运的是，Github 在寻找商业模式的道路上并没有花太多功夫。早期的 Github 允许用户分别创建公开的代码仓库和私密的代码仓库，后者尤其为企业用户带来了方便。不久，有的企业用户邮件询问能否花钱享受更加定制化的私密代码仓库服务。从那一刻起，他们意识到 Github 恐怕不仅仅是能回收成本，更能成为一个真正的大生意。于是经过研究，创建公开的代码仓库继续保持免费，而创建私密的代码仓库则改为了收费——向那些乐意为此掏钱的人。

目前 Github 的收费模式已经非常成熟，免费用户允许创建最多 10 个公开的代码仓库，不能创建私密的，而付费用户则没有该限制，并且可享受更多专业服务。同时，Github 也有专门为大型企业客户准备的付费服务，足以支撑百万级别的用户量，付费客户包括微软、沃尔玛、VMware 等。

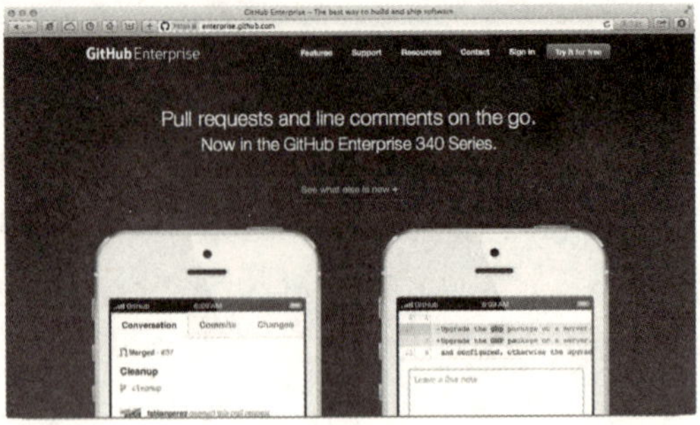

Github 企业版页面

Github 用这个收费策略，巧妙地向有高级需求且有付费能力的客户收到了钱，而并没有令绝大部分免费用户感到反感。

吸引金牌项目入驻

在 Github 诞生之前，即便是有开源想法的企业，要想将代码发布至整个网络，并接受全球无数网友的贡献，整个项目的维护成本是极其高昂的，需要驻派专门的人力来审阅更改后的代码，工作量之大令人望而生畏。而且，自建代码托管服务的门槛也不低，除了需要有专门的 IT 人员负责技术支持，还必须有硬件、带宽的投入。种种客观难题造成了许多公司不愿意在这方面持续投入。

有了 Github，大公司托管代码的问题迎刃而解，于是我们惊喜地看到包括 Twitter、雅虎等在内的巨头们在其上活跃贡献代码的身影。网友们得以一窥顶尖公司的技术达人是如何编程的，而已经实现盈利大公司也能通过这种方式回馈开源社区。

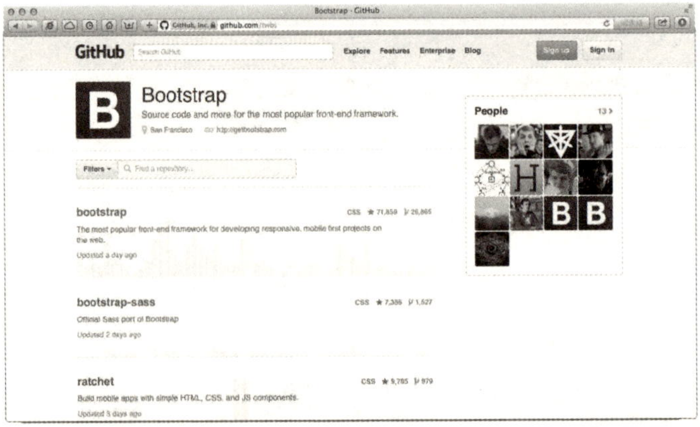

Twitter 将自己的开源项目 Bootstrap 托管在了 Github 上

尽早交付

Github 始终秉持着精益创业中“尽早交付”的重要理念。“我们学到了先交付，再修 bug。与其遥遥无期地缓慢开发，不如快速交付一版，看用户们会怎样使用它。”瓦茨特拉斯解释说，“你不可能永远都是对的，也没有什么是完美的，所以尽早交付绝对是有百利而无一害。你可以看到人们实际是如何在网站上操作的，并且有针对性地做出应对。取消某个功能会招致反对吗？某个之前你未想到的功能是否有普遍性？你一直担心的那个 Bug 被别人撞上了吗？现在都能看得真真切切。”

其实从一开始创立，Github 就是这样一个持续快速交付的产物，创始人一边开发，一边亲自体验试用，衡量它究竟好用不好用。最早的一批种子用户也是来自创始人身边的朋友。

打造高黏度社区

整个 Github 的社区黏度很高，这点毋庸置疑。平台上每天会产生海量次数的代码复制、提交、合并操作，不少开发者每周都会花大量时间沉浸其间，研究学习。Github 也在通过不断探索产品特性来继续提升用户黏性，例如各种优质代码和开发者的发现入口，榜单就是其中之一。他们还推出了主页服务，允许每个开发者开设以自己用户账号命名的个人页面，提供形如 xdash.github.io 的二级域名。有人索性直接将独立博客程序架到这里，记录起了自己的衣食住行柴米油盐。这成为爱折腾的工程师追随 Github 的又一理由。

不断拓展的业务平台

由于完美地解决了多人协作交流之间的问题，Github 如今已具有平台的效应，成为了行业标准。工程师求职投简历时，都会自觉附上 Github 主页链接，与编程开发相关的网站也常见到“用 Github 账户登录”的按钮。公司利用它物色有潜质的新人，个人也可以在这里实现有趣的想法。

创始人在访谈中谈到：“许多大公司的团队合作效率非常低下，我们想改变这一切。虽然 Github 是为了管理代码而生的，但如今也已在越来越多的场合里被广泛运用，比如管理图书、硬件项目、电路图，以及法律文书等任何可以以数字方式被记载下的内容。”

Github 不仅是一种工具，更是一种自由、平等、分享精神的象征。人们相互借鉴，取长补短，通过点滴贡献聚沙成塔，共同创造出更美好的事物。这一颠覆传统的协作方式，最终将会从二进制的代码世界，逐步渗透到产品设计、医疗制造、电影电视、图书出版、音乐舞蹈、烹饪美食等任何创造性的行业，为这个世界带来更加无穷大的可能。

8.4 美丽说

美丽说是国内首屈一指的女性时尚分享社区，2009 年 11 月由徐易容创立于北京中关村。在创业前，他有着光鲜的背景：北大本科、斯坦福硕士、IBM 阿莫顿研究中心工程师。基于对数据挖掘和互联网技术的热爱，回国后的徐易容创办了 RSS 在线阅读服务“抓虾网”，但由于对普通用户高质量阅读需求的过高预估，抓虾网发展并不顺利，于 2009 年关闭并出售给了豆瓣。

美丽说创始人徐易容，图片来源：第一财经周刊

半年后，徐易容在华清嘉园 80 平方米的三室一厅里，开始了他的第二次创业。经过五年发展，截止 2014 年第三季度，美丽说累计融资四轮，共计 8000 万美元，拥有超过 1 亿注册用户，每日活跃用户数超过 1000 万人，商家数量达到 1 万人。其移动应用的装机量超过 7500 万户，贡献了七成的订单交易量。来自易观智库的数据显示，9 月份移动端活跃用户为 972 万人，在同类电商导购应用中居首。在这些活跃用户中，超过 66%是 85 后，其中又有超过一半是 90 后。美丽说不仅为用户提供应季潮流单品信息，各种风格的衣服饰品搭配，同时也推出了时尚、美容问答等服务。

500 元的种子用户

美丽说的筹备始于 2009 年年中 。徐易容在一次与女同事（后来成为美丽说运营总监）的吃饭聊天中，敏锐发现了“与闺蜜分享买的东西”这一需求。他还注意到，在自己生活多年的五道口，每天下午 4 点钟开始就有路边商贩开始摆摊叫卖，其中相当大比例是卖女生喜欢的衣服饰品。生活在五道口的女孩子越来越漂亮时尚，徐易容想通过网络服务将这一趋势搬到线上。彼时移动互联网尚未兴起，做客户端是典型的思路，于是他找来兼职，花一个月时间开发了一款名叫“逛逛”的浏览器插件。由于“逛逛”安装繁琐，测试用户并不买账，最终只沉淀下了 4、5 个用户，还都是内部人员。

2009 年 11 月，微博在国内起步。徐易容开始考虑将互联网通讯技术与垂直领域结合，把微博的模式借鉴过来与女性时尚揉到一块，为习惯了价格战的同质化商家另辟战场。经过几周的倒腾，2010 年 3 月，在五人团队的努力下，美丽说第一版正式上线。它从上线第一天起就将自己定位成垂直的网络社区，聚焦在女性时尚品类，目标人群为一线二线城市、18～35 岁之间、年薪在 10 万左右的时尚爱美的白领和准白领女性。产品早期形态基本就是垂直的微博。用户可以发布链接，生成图片，关注感兴趣的人，或是在商品库中浏览货物。

一开始，团队成员对用户是否会接受这样的产品并没有太大把握，于是从身边拉人来测试，结果发现测试了二十几个人，最后竟没有人留下来。有一个焦虑的同事总会向徐易容抱怨：“易容啊，咱们这个不行啊，怎么跟人家比啊。”那时的主流女性时尚社区仍是 55BBS、YOKA，流量优势明显。但凭借对女性用户“希望变漂亮”这一刚性需求的认识和把握，徐易容坚定地继续号召团队拉人来试用。

据徐易容回忆，当时他和同事潜入进了各个导购 QQ 群，没等发几条宣传链接，就被管理员踢出来了。硬的不行就来软的。他们找到群主，每个月付给对方 500 元，要求对方带圈子里的人进来玩。

5 月时，美丽说里终于初步形成了两个规模在百人左右、用户流失率较低的小组。7 月的最后一天，同时在线用户超过 400 人，狂喜的徐易容代领全体员工去金钱豹吃了顿大餐，最后全体都喝趴下了。到了 8 月份，美丽说已拥有 1 万多活跃用户，日分享商品增加到 1000 件。直至第三季度末，流量又翻了一倍。年底时的日 IP 数量则飙到了 7 万。

拒绝男人的世界

美丽说网站的标准色被确定为蔷薇粉。团队为此想了很长时间，既然要做垂直的女性社会化服务，那就必须把男人赶出去，不让他们进来捣乱。为此蓝色和绿色都被从备选方案中排除。最终选定的蔷薇粉，一度受到同行嘲笑或不解，但现在看来，行业内同类网站的主色调都陆续变成了粉色，这并非没有道理。

美丽说允许男性浏览，但注册则被严格禁止。笔者曾试图通过新浪微博注册体验，结果系统通过微博资料获知了我的男性身份，明确告知：只有女性才能注册，并强行结束了注册流程。后续任我如何修改性别也无济于事。即使是成功“卧底”进去，顶着范冰冰头像的老爷们，一经发现也是坚决予以取缔。徐易容甚至对如何以“头像”判断用户总结出了一套心得：“在网上用美女做头像的几乎没有真美女，真美女通常用小花小草、小狗小猫或者生活照做头像。”

蔷薇粉主色调的美丽说

社区活跃的发动机

美丽说把用户分为四种：

1. 时尚达人。数量在 300 人左右，基于品牌宣传考虑，她们需要长得很好看。美丽说与之签署合作协议，成为其经纪人，支付可观的费用激励她们持续活跃（这块费用在产品成长起来后已逐渐消减掉）。对于美丽说员工而言，对时尚达人的挖掘、运营、维护是最重要的 KPI。

2. 超级用户。这是网站的核心。超级用户的外貌并没有什么要求，但一定要很懂时尚，非常有欲望来表达自己，负责打造和输出优质的内容。这类用户占整个用户群的 5%左右。

3．活跃用户。她们喜爱时尚，打扮靓丽，虽然不一定有能力创造内容，但至少乐于传播，会将感兴趣的东西推荐给周围的朋友。

4．需求群众。她们的行为由需求驱动，会在自由闲逛和主动搜索中徘徊，找到想买的货物后就转身离开了，直到下次产生新的需求再找回来。

超级用户和活跃用户是美丽说的主体人群，规模在500万人左右，是带动社区活跃的发动机。需求群众的长尾规模更大，约在2000万人至6000万人之间，供她们消费的信息依赖前面两个人群的创造。

凭借时尚达人和超级用户的贡献，美丽说每天会产生大量的优质内容。其中有个经典的功能名为“翻杂志”，类似公开的收藏夹，可以让意见领袖把她们喜欢的商品分门别类地组织在一起，做成主题杂志，诸如“复古画”、“甜美风”、“配饰大全”等。

“森女”风格是近年来国内流行起来的穿搭概念，源自日本，因整体装扮“像从森林里走出来的女孩”而得名。保守估计国内的这一群体可能有 20 多万人。美丽说将与森女相关的热门“杂志”整理成便于阅读的图文专题格式，发布到自己的社交网络中，有效地从外部引入了回流。从 2011 年 2 月份至年底，美丽说的各项指标增长至少30倍。

更聪明的分享链接

在美丽说里分享一个网址，系统会自动抓取页面里包含的重要商品信息，包括标题、图片等。用户无需点进原网站，就能直接从分享链接中做出预判。这一做法如今在豆瓣、知乎等网站屡见不鲜，成为行业标配。但很少人知道，这个创意最早来自美丽说的产品总监王新米。

最初拿出设计稿时，徐易容简直“惊呆”了。他没有想到，这个行业长期存在但是难于解决的问题，竟能通过技术上如此简单的方式完成。传统的时尚杂志能看图，但无法点击链接，附带的二维码扫描率低。以美丽说为代表的社区虽然能发链接，但是用户不知道是什么，不愿意点进去。有网友打过一个比方。这就好像发给你一张美女的照片，但不给联系方式。新的系统降低了用户判断的成本。据统计，2012 年第一季度，美丽说给下游的电商网站带去了约五亿左右的流量，平均每天达五百万个点击。在此阶段，美丽说还会为成功通过导购链接购买的用户提供一定金额的返利或团购价。这也撬动了相当一批对优惠折扣极为敏感的女性用户。

小测试的滚雪球推广

心理测试、趣味问答一直是女孩子们喜闻乐见的内容，无论结果准确与否，大家都乐意对号入座，怀揣一份对理想中自己的美好憧憬。徐易容偶然看到了其中潜藏的能量，于是在微博高速发展时期，他带领团队开发了数十款微博上的小测试程序，涵盖“心理年龄测试”、“从血型看性格”、“你是哪种强迫症”，当然也包括借势《甄嬛传》这类热播电视剧的“测测你是甄嬛传中的哪个角色”等主题。最高峰的时候，每周能推出六到七款。点开美丽说做的小测试，用户先要通过微博的授权认证。之后往往是做几道简单的选择题，如“挑选你喜欢的颜色”、“你最不愿意失去的东西”、“你喜爱的动物名称”等。程序会通过不同的选择得出一个结果——当然，这些结果仅供参考。

美丽说特意将测试结果做成只有先分享出去，才能看到。好奇的用户顺手分享并查看结果之余，就自然地为美丽说带来了推广。这种病毒式的扩散颇有成效。尽管一个小测试的生命周期短则三五天，多也不过两星期，但通常都能滚到十余万至三十万不等的微博授权用户量。一时间微博里被各种小测试刷屏的情况比比皆是。同样的玩法后来也被复制运用到了 QQ 空间，并引来同行的效仿。

经过一年多的发展，美丽说在新浪微博上积累了 360 万左右的粉丝，QQ 空间上有 1700 多万粉丝，官方号称鲜少有僵尸粉，绝大多数是真实用户。据徐易容观察，通过新浪微博来到美丽说的人群，意见领袖相对多一些，这些人比较成熟，喜欢说话。而 QQ 空间主要由大量的二线、三线城市女性构成，参与围观者比较多。中国白领女性人群是中产阶级的主体，她们对于生活有各种各样的要求和期待，希望美好生活与之相伴。徐易容希望美丽说在这方面帮助到她们。

布局移动端

随着美丽说网站流量的高歌猛进和移动互联网的蓬勃发展，布局移动端的战略被提上议程。2011 年 7 月 22 日，美丽说 iPhone 版正式发布，两周后下载量突破十万。对于为什么首选 iPhone 平台，负责人胡嵩认为，时尚的传播是自上而下的，偏重时尚的女性导购产品应该先做 iPhone，然后调整并延伸。安卓虽然量级庞大，但版本分裂，不同厂家屏幕的尺寸、色差也不规范，做早期只适合通用的工具类应用。

概括起来，他认为做移动端的导购社区产品有以下几条规律。

1．几种平台的终端用户中，使用手机网页版访问的小白用户居多，看到便宜东西容易冲动消费；iPhone 用户消费能力强，对价格不太敏感；安卓用户最抠门，消费不多，但广告的点击率却是 iPhone 用户的几倍，呈现出一种“啥都好奇，啥都试试，但就是不买单”的状况。

2．女性导购类社区需要立足高端机型。iPad 用户的购买力最强，低端机型碍于屏幕尺寸限制，导购体验很难做好。

3．在用户构成上，使用 2000 元以上机型的用户占据 80%，iOS 用户和安卓整体接近，但前者的总收入是后者的 2 至 2.5 倍。

4．在用户的行为数据中，最喜欢的动作是“喜欢”，收藏起来自己欣赏，日均点击数达到百万次。对比之下利他的“分享”则点击比较少。

美丽说移动客户端的第一版基于 Webkit 内核，用 HTML5 开发，这样的跨平台解决方案有助于降低日后安卓版开发的成本，并能将网页内容与应用数据打通。但后来产品推出后，发现 HTML5 尚不成熟，对调用摄像头读取本地文件、手势识别这样的特性支持得并不好。后来开发团队采取将 HTML5 和原生代码相结合的方式，运营型的内容用 HTML5 做，非运营型的部分则用原生代码。而这也是日后很多移动应用的标准研发策略。

美丽说移动客户端

美丽说移动客户端有两个设计原则。第一，一个应用只做一件事；第二，让用户达到想要的内容不超过三步。

早期的产品版本包括“我的关注”、“热门”、“一起拍”、“找闺蜜”等功能模块。“一起拍”的想法来自拍照应用 Instagram。研发团队认为，女性爱臭美，有图像采集的需求，大家互相晒照片可以形成社区关系。但后来的运营证明，“一起拍”每天确实能为美丽说贡献一定的图片数量，最高峰时有 1～2 万张，却没能做成社区。这就像是盖了一座商场卖衣服，旁边又摆了一台大头贴机，用户在逛商场之余会拍个大头贴，但商场和大头贴提供的是完全不同的价值，后者不是前者的有机组成部分。而推出“找闺蜜”功能则完全是研发团队臆想的用户需求。“我们认为用户有闺蜜在这里，就可以和闺蜜一起逛，用户体验更爽。但现实是在移动应用中，女性对此并没有太多需求。这一功能需要设定某一场景，然后引导用户去发现，单纯地找闺蜜则显得生硬。”于是这两个功能或被砍掉，或被深埋了起来。从加功能到做减法，前后花费了 2 个月的时间。

美丽说移动应用的使用峰值是晚上 11 点钟，持续大概 24～26 分钟。这意味着女孩子们躺在床上的睡前半小时基本都在美丽说上兜兜逛逛。移动用户中有 30%延伸到网页版，剩下的七成用户基本上是仅通过手机上的美丽说。

iOS 版的迅猛发展，很大程度上也得益于苹果官方的推荐。苹果特别看重设计，新上线的应用如果设计精良、有品质感，则相对容易受到编辑重视，模仿起来很难。为了增加用户的覆盖度，给主应用导量，美丽说还推出了七个风格各异的独立子应用，如欧美风、昕薇瑞丽风、Hello Kitty 萌物志等。这些应用的人群定位和产品价值非常清晰，推出后广受好评，短期内也带来了数十万用户。实际上，每个应用除了外观上需要包装得更贴近主题风格外，内容完全从主站后台定制输出，成本不高，便于量产。

关于付费推广，胡嵩表示，美丽说这类女性导购社区的推广成本和其他工具类、游戏类产品不一样。游戏类的 CPC 转换率如果是 10%，3 元钱可获得一个用户。大众点评约在 5%。而美丽说这类则在 1%～2%。2011 年第四季度，美丽说移动客户端的推广费用高达 500 万元。进入 2012 年，随着单用户获取成本被进一步推高，美丽说的策略也悄然转变。一方面把产品做好，通过口碑传播；另一方面加强了与手机厂商、上下游应用的合作。例如，与一些主打女性概念的手机厂商合作深度定制，与拍照、电商等上下游应用互相导量等。

拥抱平台

2010 年底，突然有一天，一位做淘宝联盟的朋友间接找到徐易容，声称美丽说为淘宝带来的流量还不错，模式挺有意思的，想要合作。他还支了一些招，怎样调动用户才能提升点击率。美丽说与淘宝的合作从那个时点正式开启。徐易容清楚地记得，淘宝第一次为美丽说支付的导购佣金是两毛八分钱——两件商品，一件六分钱，一件两毛二。这一模式被验证的确能带来实际收入，整个团队都很兴奋。后来美丽说有七成以上的流量都导到了淘宝。

美丽说自身具有技术基因，会监控和分析每个渠道的效果，从而更科学和高效地推广。2011 年，美丽说的自有流量蹿升很快。在 6 月的一次流量分析中，拆解开的数据显示，有相当比例的用户会在 QQ 上高频地互发美丽说的链接，形成口碑扩散。腾讯 QQ 团队也注意到这一情况，后来便将美丽说链接纳入了 QQ 聊天白名单，这样当用户张贴美丽说的链接时，聊天窗口能直接预览到商品大图、价格、评论，体验非常好。

2012 年 4 月，腾讯副总裁张小龙向美丽说发起了“开放平台内测期入驻”邀请，美丽说毫不犹豫地接受了并于第三天飞往广州讨论此事。产品人员在广州待了两天，与微信团队共同敲定主体合作细节，回北京后仅一周就确定下了原型和流程，进入了开发环节。4 月 24 日，美丽说宣布成为首批登录微信开放平台的应用之一，获得了大量的流量红利。用户可以将自己在美丽说中的内容分享到微信中，美丽说也是这批合作方中唯一一个以女性用户为主的应用。

汇聚流量，坚持梦想

回顾美丽说一路走来的发展路径，大致可以归纳为这样三个阶段：第一阶段，形成一个社区，大家在这个地方一起逛；第二阶段，把所有的商品整理出来，做成有美感的导购目录，导流到外部电商网站，即用较低的成本获取流量，用较高的价格卖掉流量；第三阶段：围绕白领女性人群的需求继续深挖，不断拓展丰富社区的生态系统。如果把流量比作是水，那么时至今日的美丽说，既汇聚了汪洋大海、江河湖泊，又不辞涓涓细流、井水幽泉，更没有放过哪怕一听一罐瓶装水。

徐易容自称是个喜欢归纳总结的人。谈起美丽说的成功，他说：“创业要有梦想，而不是理想。梦想由你的心决定，它不一定成真，但你会喜欢，而理想由大脑决定，容易给自己太大的压力。所谓欲速则不达，人被吹得太高就不淡定了。现在做美丽说我希望能让自己慢下来，别老跟人家比来比去，先把用户体验修炼到极致再说，其他都是浮云。如果有梦想，那就坚持，顺势而为……以前我做的东西是我喜欢的。现在我觉得我做的东西应该是市场需要的，大家喜欢的。”当年的技术达人已在商海的摸爬滚打中找到了属于自己的全新定位。

8.5 外卖库

外卖库是由清华大学毕业生创办的外卖美食搜索服务，提供针对用户的外卖信息订餐平台和针对商家的外卖信息发布平台，目前用户量已达百万级。外卖库的联合创始人、曾任某快消品牌大客户经理的赵珏映，为我们亲述了它们的服务是如何从零做到第一个百万的。

启程创业“喂人民服务”

2010 年的一个冬天的晚上，在中关村埋头加班的小伙伴和我，想起来吃饭的时候已经是晚上 9 点。超市关门、餐厅打烊，身边也没有余粮之际，我们想：如果没有好用的外卖导航，不如我们来做一个？

据我们了解，2000 年开始就有人尝试在网上做外卖服务，但他们都是在做代人订餐的模式，消费者在网站上下单，网站的人再跟外卖店联系，然后外卖店负责送餐。网站的盈利模式就是这种通过下单的方式与外卖店抽成。我们则决定另辟蹊径，不做相对艰苦的下单环节（这或许是我们早期能活下来的基础），只专注提供外卖搜索服务。

于是大家开始分头设计、建站、找菜单……3 个月后，一个名叫“外卖库，喂人民服务！”的网站上线了。网站的启动资金，是大家拿积蓄攒起来的 10 万元“巨款”。当时我们大家都认为，如果做外卖搜索的网站提供的信息不够多、不够全，只有大家都知道的那几家，对用户就没有价值了。于是采集数据成为了最主要的开销，而推广经费则约等于 0。

通过 SEO 触及目标市场

在解决冷启动这件事情上面，我们做过性价比最高的一件事就是 SEO（搜索引擎优化）。调查中我们发现，百度、谷歌、搜狗等搜索引擎，一般都有“地点+外卖电话”、“餐馆名+外卖”等常见关键词组合。这些每天在网上搜索“五道口附近外卖”的人，就是早期外卖库最对口的用户群。于是我买了一本 Zac 的《SEO 实战密码》（这本书我建议新手要看 3 遍以上，并且把所有能优化的部分都执行到底），对照着做 SEO 最牛的网站——豆瓣，和技术合伙人每天反复研究怎么样做优化。我们用头脑风暴结合百度指数、追词助手，拉了一个 200 多个关键词的列表，对类似“北京外卖”的广泛词重点做了首页优化，“餐馆名+外卖”这样的长尾词则在内页优化。

简单来说，SEO 就是在“伺候”好用户的基础上，“伺候”好百度、谷歌。搜索引擎就像一个中间人，用户做什么都常常要问他，例如用户搜索“五道口外卖比萨电话是多少？”时，搜索引擎就会按照自己之前“明察暗访”的经验，按照自己觉得靠谱的顺序列出选项。所以 SEO 要做的事情，是先给搜索引擎更多向用户推荐你的理由。我们要注意以下几点。

1. 找到和你产品相关，最多人搜的词。

2. 频繁更新原创、独特的内容。

3. 网站要结构清晰，最好提供网站地图和最近更新页面列表给搜索引擎参考。

4. 每页主要内容明确而不重复，并且在 Title 有所体现。

5. 服务器稳定，打开速度快。

6. 代码干净，对于非文本内容打上文本标签，将样式和内容分开。

7. 建设从其他高权重网站来的链接。

8. 不要刻意或者过度优化，被惩罚了的话基本就前功尽弃了。

以上都是不需要花钱就可以达成的目标。SEO 小组工作了 1 个月，把站内链接和用户体验做完优化后，效果从流量上渐渐体现，上线不到半年，PR 值到了 4，从搜索引擎来的流量比例从 20%变成 60%。而“外卖”关键词的排名，也从出现在第四页变成第一页。

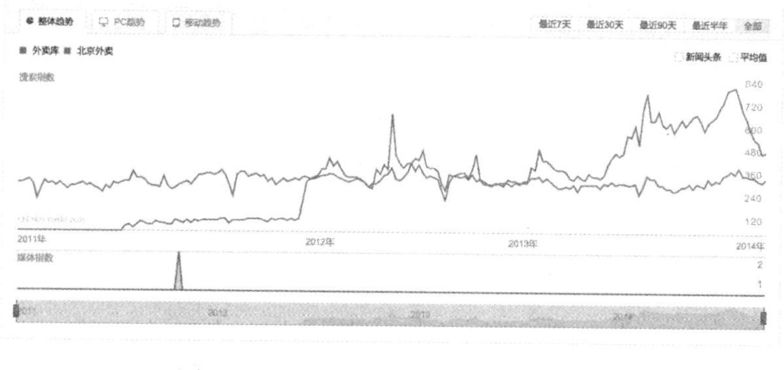

“外卖库”和“北京外卖”在百度指数上的关注趋势

外链则没有内部优化这么好做，于是 SEO 小组和技术同事合作，用外卖库当时 200 多个地点的外卖店数据和评论，通过 Python 脚本生成了 200 多篇“五道口附近外卖店电话大全”的文章页面，里面带有所有外卖店的名字、均价、地址、电话，以及链接。

我们注册了 20 多个不同的博客，本着不重复发明轮子的想法，从网上搜来一款叫做“菊子曰”的工具，定期在上面自动发布这些文章，并且在各种高校论坛，地区的小组也会发这些相关内容。例如当时回龙观有自己的 SNS，我们就会在上面发回龙观的外卖大全。后来通过朋友认识了一些网站的站长，包括两全其美、360 个人图书馆等，他们的美食板块也需要有新内容，于是我们把这些文章加上一点外卖小贴士，以及北京 24 小时外卖店信息组合在一起，写好样式，导出成可以直接粘贴发布的 Html 代码。这样他们获得了内容，我们也获得了高质量的老牌网站带来的流量。

SEO 是一项长期工作，不像“砸钱”能带来立竿见影的效果，但它带来的效果是长远的。直到 3 年后的今天，主推产品变成了 App，每天从搜索引擎还是能够带来 5000 个 UV，加以利用就可以转化成 App 下载。

SNS 求助探测器：你能帮到的人，是能帮到你的人

百度知道和微博上，每天都会有一小撮人求助附近的外卖信息，于是我们写了一个在线的监控程序，通过逐步扩充的关键词列表，每天检查有没有类似“午饭好难吃，求推荐”“冰天雪地跪求 xxx 外卖电话”这些求助出现，并且判断用户是否是北京的（当时我们的服务范围只有北京），然后我就会以“喂人民服务小分队”的名义，把有用的信息发给他们。

即使技术可以帮我们做很多自动的事情，但它不能完全代替人类。比如，用户能感觉到你是和他对话，还是给他群发。当时碰到这些得来不易的潜在用户，我会查看他的微博，尽量推测他所在的地点、喜好、喜欢的对话方式，找到最适合他们的页面而不是发个首页过去，并且每一篇回复都认真诚恳地写。

就这样，我们在冷启动的阶段，慢慢靠自己的诚意积累用户。

我曾经碰到一位同行，在聊完外卖店之后还给我们提了非常多的宝贵意见。这些种子用户倘若真的认可你的产品，他们会是最好的宣传者和代言人。后来，我甚至还交了几个视觉上有不便，但仍然不遗余力改变互联网产品的朋友，使得外卖库最后成为一个盲人用户也可以无障碍使用的 App，例如恰当地设置 VoiceOver 可访问性，提

供正确清晰的界面元素文案等。

不好意思啊，陈奕迅

香港麦当劳曾经做过一个推广活动，只要你在指定的时段里点外卖，就有可能是由陈奕迅送上门。他们做了一个短片，记录了大家发现陈奕迅送外卖时候的欢乐场面。但这个片子只在香港官网上有一个广东话版，于是作为陈奕迅脑残粉兼外卖库微博运营的我，做了一回字幕组，和我们的一位实习生将视频另存、转码、加字幕、连夜对时间轴，完成了一条名叫“陈奕迅送麦麦送（粤语中字）（清晰字幕）”的短片，然后在视频片尾署名和插入了“外卖库，喂人民服务”的3秒贴片广告，上传到了优酷。

上传之后外卖库官微马上分享了这段视频——“如果叫麦当劳的时候是EASON送外卖，请帮我打晕他！然后马上叫我过来”，然后@了“吹神围脖粉丝团”等粉丝账号。其他一些运营歌迷粉丝微博的同学看到身边的Eason粉们都在转发这条微博，于是也转了，其中那些本身坐拥大量粉丝基础的账号成为了传播的关键节点。

外卖库官微上分享的视频，获得了6000多次转发

这条微博带来了8000多个转发，优酷播放50.4万次，土豆播放16.5万次。

这个做法有点“小贱”，欢迎大家搜来看看我的“节操”是怎么掉的……在这里对陈奕迅和麦当劳表示我真的都很喜欢你们！

成本5000元的“股东”试吃卧底计划

在外卖库，我们经常会秘密探访一些店，或者订他们家的饭来测试速度、口味、服务等供网友参考。受到“世界上最好的工作”这个项目的启发，我们想，要不把我们每天的试吃工作，交给分散在北京各地的“吃货卧底”们？

卧底计划的目标定在外卖消费频繁的大学生人群。在各高校张贴招募试吃卧底的神秘海报，卧底通过接头人拿到试吃基金和任务卡，对周边的外卖店进行调查，任务完成后，将卧底报告发布在他们自己的社交平台上，最后得到最多分享的，获得免费请全宿舍吃海底捞的大奖。

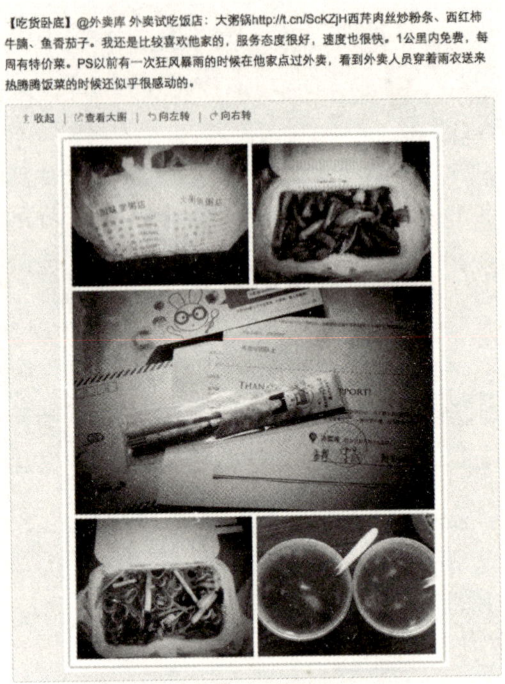

试吃卧底发布的微博

精心准备的卧底礼品袋内，不用说肯定有钱和任务卡，另外里面还有三个创始人签名、盖上公章的股份一枚。于是升级成“股东”的卧底们就和我们更加贴近，最后全数都准时上交了卧底报告，没有一组同学卷款消失。

最终不到5000元的预算，换来了50篇图文并茂的试吃报告，和单篇最高278次的转发，覆盖10家高校。外卖库网站的高校分类流量也因此得到提升，对未来招实习生也起了很大作用。

送给商户的卖萌“兔子袋”，意外引爆微博

我们想了很多方法接触潜在用户，而那些现在就有吃外卖习惯的人，不就是最好的宣传对象吗？如果能通过外卖店，在送货的时候将宣传品送给客户就好了。怎么能让外卖店愿意为我们做这件事情呢？本着“方便别人就是成全自己”的原则，我们想可以提供大小更适合放外卖餐盒的塑料袋给店家，这样他们的外卖不容易洒，我们也

达到了宣传效果。

但新的问题来了，用户会不会对袋子上的内容视而不见，吃完直接丢掉呢？这个时候设计就可以提升价值了，我们将袋子的一头设计成兔子脸，袋子打结之后，把手就会变成兔子耳朵，整个包装就会很萌。而反面的文案也要写得比较有意思，用的是TVB体：“呐，吃外卖呢，最重要是开心”，下面是“外卖库，喂人民服务”的口号和网址。

我们研究了最常见的外卖餐盒大小，设计了一大一小两款袋子。袋子的把手特地做得比一般的要大些，袋子形状圆一些，这样才比较像兔子。袋子到货的那天，公司的实习生们都迫不及待地拿来玩，还有一个小伙说今天就要用这个给女朋友送饭去。

看大家玩得很开心，我也拍了几张图发微博，之后大家意犹未尽地去开例会了。微博内容是这样的：

兔子外卖袋

开完会回来，发现转发已经超过400条。之后放了一个国庆假期，在没有任何付费情况下，总转发超过2万条。

结果大家都去搜做这个袋子的外卖库是个什么东西，还有人问哪家外卖店有这个袋子，甚至有人私信过来要买，最后我们真的顺丰到付给寄了过去。袋子发出之后，很多用户还精心拍照@回给我们，于是又引来了一波关注者。

App 时代：推广的工作，其实从产品设计时就开始了

到了 2012 年中，我们开始策划外卖库 App。当时几个同类型网站也已经推出了移动端，从排名上来看，似乎用户活跃度不太高。于是大家开始思考，怎么能让这个 App 更有价值，让更多人下载和使用呢？

有一天，我的搭档孟超从杭州回来，兴奋地说："用户不光能用这个 App 看身边外卖，还应当可以拍照、上传，把更多外卖单的照片发给我们。"大家都觉得这个主意不错，于是迅速分析可行性，讨论出了一个没人做过的新功能——"外卖星探"功能。用户可以拍菜单上传给我们，只要是外卖库没有，而且确实可用的，我们就给用户发两块钱奖金，并且这个上传的用户，会像 Foursquare 的地主一样，成为这家店的名誉星探。

但用户会为了两块钱做这些事情吗？除了利益，是不是还可以赋予一些意义？我们想到了"免费午餐"公益基金，一个给贫困地区小学生提供营养午餐的机构，每捐 3 元钱，就相当于提供了一个贫困孩子的午餐。经过和基金会各位可爱的"同学"的沟通，除了将星探费提现到支付宝，我们还增加了一个捐助免费午餐的选项。如果用户选择捐助，他便会收到一封从免费午餐官方渠道送出的捐赠证书和感谢信。

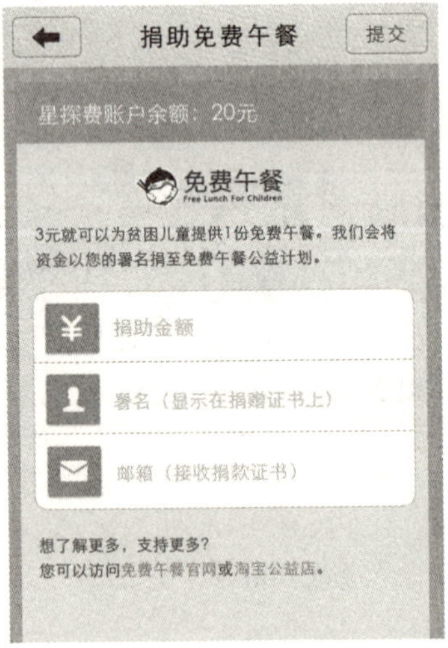

外卖库"免费午餐"公益基金捐款页面

这个功能非常简单，但就是这个小小的"捐赠给免费午餐"的按钮，让我们真正

觉得在用自己的选择和微小力量，让互联网产品和世界发生一点点积极的变化，把外卖库做成了一个“喂人民服务”的事情。

到了 2012 年 10 月，App 正式上线的时候，口号为“人人喂我，我喂人人”的外卖星探功能，获得了大家的喜爱，也得到了很多大 V 的自发分享，新快报、北京晚报、城市画报、创业家等媒体的报道。

原本对用户贡献内容这种方式将信将疑，只是为了做有意义的事情尝试一把，最终这个功能，让外卖库从北京一个地区，只有 6000 多家店铺信息，迅速被用户自发传播到 190 个地区，提供了超过 30000 家有效的外卖菜单。

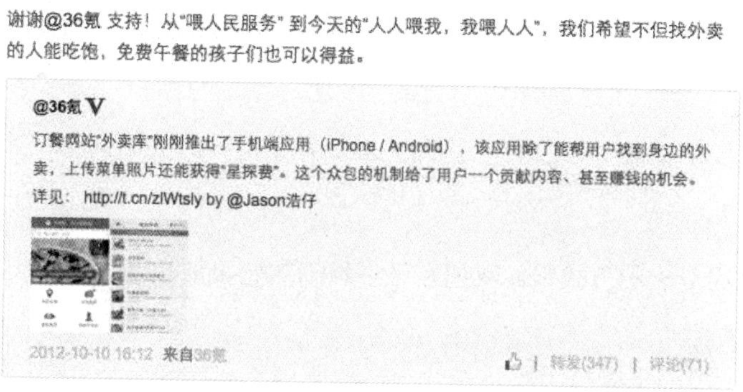

科技博客 36 氪对外卖库手机应用的报道

论如何薅 App Store 的羊毛

App Store 的排名、搜索算法和搜索引擎算法一样，都是不会公开，却又可以推测的。在外卖库 App 上线之前，我把能找到的书籍、博客、SlideShare 上面的分享都看了一遍，能问的人都请教了一番，总结了下面的要点。

1. 下载量和 App 活跃度，都是榜单排名的重要因素。所以这两个数是关键。

2. 苹果对新上线的 App，或者刚更新的 App 的排名，是会有加权的。有人推测旧 App 需要 2 万次下载量才能到达榜单第 N 位，新上线的只需要 5000 次就可以。也就是说，要尽量在上线的头一两天全力推下载量，并且尽量多更新，这有助于排名优化。于是我们设置了新上线当天星探费加倍的活动。

3. 开发者可以自己选择 App 的上线日，周末下载 App 的人最多，但竞争也最激烈。

4．提交 App 的时候，App 标题、公司名、关键词，其实都对搜索结果排名有影响。所以这些词要仔细研究，把最热、最相关的词填进去。

5．App 图标一定要精美，截图一定要好看。

6．App Store 描述文案只能显示前三行，要写得简明扼要。

7．App Store 中文分词能力不太完善，因此很多 App 都堆砌不相关的热点关键词（如 QQ、淘宝、大众点评），提高搜索排名。

8．越狱平台的安装量和激活，也会被苹果记录在活跃度内，因此可以在越狱平台先行发布，然后正式在 App Store 上发布的时候，下载量就有了基础。

9．App 的有效评分也会影响排名。

于是我们除了不敢在首发的时候在 App 名称里面堆砌关键词，将上面其他所有能做的优化都做了。

为了冲刺第一天的下载量，我们还做了以下这些事情。

第一，不放过一切可以团结的力量。

技术同事提前一周将微博里面使用 iPhone 的粉丝筛选出来，并且私信告诉他们下周 App 上线，希望到时他们可以支持和多给我们提建议，有一部分人回复说没问题一定支持。

等到上线当天，就再将下载链接发给粉丝。因为提前打了招呼，所以上线通知就显得不那么唐突。而团队成员也给自己通信录里面用 iPhone 的、在北京的朋友各自发短信，使得第一天的下载和好评数量有了一些基础保障。

我们数据库里面本身有的外卖店老板电话，也有 5000～6000 个，于是我们筛选出里面的手机号，先用空号检测软件跑了一遍，再买短信包，告诉他们你的店的菜单现在可以在这个 App 看到。

第二，优化推广微博的展现形式。

发布 App 的那条微博，大概用了两周多的时间来反复修改，所有的图片大小都调整成微博最适宽度 440 像素，用 Fireworks 软件压到文件最小，确保点开大图的速度。为了测试最后的微博发布文案，我们注册了一个新的账号，测试文案的折行换行效果。

最后的展现形式如下图所示。

外卖库的微博推广配图

最终，外卖库 App 在上线第一天冲到了生活类榜单的第 22 名，第二天又冲到了 16 名。我们整个周末都在看榜，每当发现排名上升了就赶紧截图，互相报告。而之后的日子里，即使我们没有在推广上面花任何费用。App Store 的搜索优化，加上星探用户的活跃，使得外卖库在很长一段时间都在外卖类产品的第一位。

外卖库登上了 App Store 的新品推荐栏目

后记

以上就是外卖库从 0 个用户发展到 100 万用户的故事。一路走来并不优雅，结果也算不上绝对完美。唯一让我觉得比其他人幸运的是能遇上一个不分你我的团队，需要技术的时候上技术，需要体力的时候上体力，需要掉节操的时候掉节操，这样“黑魔法”才能施展出来。

或许很多时候，我们都会觉得自己手上什么都没有，要经验没经验，要经费没经费。但其实只要不放弃任何的可能，前辈的一句指点、看过的一个搞笑视频、和朋友相处积累的一点人品、“这里好像可以再做好一点”的小想法，就可能成为越过障碍的关键。外卖库目前仍在以快速迭代的方式不断发展，每一天都崭新且充满挑战。

Happy Hacking ！

后记 增长黑客的职业道德

2014 年十一长假的最后一天，一款名为“疯狂来往”的游戏被推到了舆论的风口浪尖。起因是该游戏在调用手机摄像头拍摄玩家们疯狂游戏的真实场面后，未经任何授权，擅自在玩家毫不知情的情况下将这些涉及隐私的视频上传到了“疯狂来往”的官方优酷账号下，引发了人人自危的全民“艳照门”。

玩家们在游戏过程中服装相对随意，有时候衣着朴素甚至赤裸上身。原本这些在亲密朋友之间无伤大雅的行为，一旦以人人可见的方式被公之于众，便构成了严重的隐私泄露。特别是在不久前“宅男神器”快播因传播不雅视频被查封，苹果 iCloud 遭入侵致不雅照外流的当口，“疯狂来往”的疯狂举动触动了网友们的敏感神经。

优酷很快于第一时间删除了 3.6 万条不雅视频，并封杀了“疯狂来往”的账号。但保守估计，此前已经公布视频的平均播放量在数十万次以上。当天“疯狂来往”一词的百度指数冲上了产品发布以来的最高位，综合搜索量上涨 200%，PC 端流量蹿升了 7 倍。负面消息引发的网友围观，无形中增加了这款游戏的曝光度。

有人认为，这是一起产品策划失误导致的意外事故，属无心之过。也有人认为，这显然是一起有预谋的恶性炒作。作为曾推出过红极一时的“疯狂猜图”的北京豪腾嘉科软件有限公司，不可能对如何激活朋友圈的关系链制造病毒传播没有任何认识，更不可能用缺乏产品经验的理由来敷衍搪塞。笔者个人更倾向于后者。实际上，从网络上公开的宣传稿来看，“疯狂来往”推出半年来，一直以产品自身的病毒传播为主，鲜少花钱投放于渠道。这次被抓了个正着，不过是东窗事发，并不意外。即便真是产品策划的疏忽，在半年内未对违规视频进行清理整顿，产品团队也同样难辞其咎。

这又是一起试图挑战道德底线和法律准绳来“无节操”炒作产品的典型案例。事件中，技术本身是中立的，但潜藏在屏幕背后的身影，却将其作为对用户肆意屠戮的凶器，似乎每一个用户都是活脱脱的待宰羔羊，可以随便侵犯。不过瞒得了一时，终归瞒不了一世，人民的眼睛是雪亮的。

在日常的互联网产品使用中，类似的情况其实屡见不鲜。知名社交应用 Path 曾在未经用户许可的情况下擅自将手机通信录上传至服务器；职场社交产品 SkillPages 在获取用户的 Gmail 邮箱授权后会直接向全体联系人群发广告邮件；某些大厂的移动应用会偷偷在后台静默下载其他程序；个别分享平台靠抓取来的盗版资源聚集人气……这些依托技术手段玩出来的小花样，看似“用智商压制了用户”，却在道德上输得一败涂地。

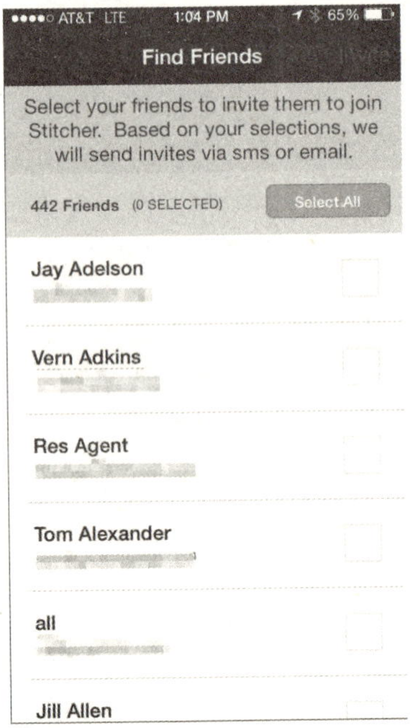

某产品中的邀请好友页面，强制要求用户进行分享的“黑暗设计”

实际上，在本书的撰写过程中，笔者调查走访过的许多增长黑客也表示，“有些案例可以公之于众，还有些我们私下聊聊就好，实在不能端上台面说。”这起码反映出了一种自觉自知。对增长方式的探索，本就没有章法与教条可言。从法理上来说，

“法律没有明令禁止的就可以去做”。于是我们可以从“增长黑客”这个新兴职位上发现些许早期我国民间草根站长们“野蛮生长”的影子：狡黠、诡诈、先斩后奏、率性而为、利益当前在商言商，一切都服务于产品增长这个最终目的。用户们被太多虚假的表象所蒙蔽，不知不觉中成为了幕后推手棋盘上的一枚棋子。无怪乎罗辑思维的罗振宇曾说：“互联网的世界，‘真’已经超越‘善’成为了道德的最高标准。”

欲戴其冠，必承其重。曾经靠“3721 网络实名”拿下国内网民大半壁江山的周鸿祎，也一度因此被冠以了“流氓软件之父”的骂名。最终老周依靠 360 安全卫士的颠覆式创新横扫国内安全市场，以手刃昔日产品的方式完成了自我救赎。安于现状也好，迫于生计也罢，恐怕市面上具有此番自省精神的团队仍亟待涌现，但更多的是偏安一隅，兀自生发。这并非互联网行业特有的现象，整个市场经济所具有的自发性，都需要经由“有形的手”加以调节，并需要全民普遍提高辨别力，魔高一尺，道高一丈。

最后，从增长黑客的角度而言，笔者认为有以下几点值得在实践中重点考量。

首先是换位思考。产品的用户是什么人？他们需要的是什么？他们习惯用何种手段获取所需的资源？他们愿意付出怎样的代价，承受何种压力来进行交换？他们最反感怎样的营销模式？己所不欲，勿施于人。如果站在用户的立场上，反观自身采用的对策是否妥当，而不是抱着侥幸的心理，则很多结论用常识就足以做出判断，立等可取抑或果断舍弃，其实并没有那么艰难。

其次是隐私保护。一方面是越来越开放的网络环境，造成了技术的滥用和权限的粗放，另一方面是对技术细节缺乏了解的民众，两相结合的结果是，只要开发者愿意，软件总能轻易地获取大量的用户隐私，轻则冠以“改进体验”、“提供个性化服务”之名，重则挪为他用甚至兜售出卖。用户并没有了解技术的义务，却要为此承担后果。这就要求开发者更加具有道德上的责任感与法律上的敏感度，“能力越大，责任就越大”，在用户已知的前提下，尽可能只征求最小程度的授权，提供最大程度的知情。

最后是国际视野。增长黑客（Growth Hacker）的概念来自硅谷。在国外，网络空间内孰可为、孰不可为，有着更为明确的界定和严格的惩罚措施。这让那些游走在法规边沿的擦边球行为，无法大张旗鼓地登门入室，人们施展起来不能忘乎所以。而在国内，相关法律法规上仍存在一定盲点，上述“疯狂来往”对未成年人隐私的侵害在国外或将面临严厉重罚，在国内则会随着事件的偃旗息鼓而逐渐淡出公众的视线。愿景宏大、渴望成长为世界级出色公司的团队，应当在筹建伊始就树立起正确的价值观，用国际化的视野规划每一步发展战略，谨守契约精神，昂首骄傲地打造一所“百年老店”，而不是被眼前的快钱蒙蔽。

身为本书作者，唯愿这本书中披露的案例和思路，不要将涉世未深的新手们误带到沟里去。

致谢

这本书的写作过程极其艰辛坎坷，付梓前后获得了亲朋好友们的莫大支持，于是借此机会我必须感谢一下曾为此书付出过宝贵时间精力的朋友们。

感谢书中所有案例的贡献者们，我尽可能地在书中留下了各位的姓名，但也应某些贡献者的要求将你们的名字从中隐去，以免造成不必要的麻烦。感谢肖像插图贡献者们，你们是本书的颜值担当，充分证明了我的男读者和女读者都是男神、女神。

感谢本书的推荐语及序言作者诸君，特别是以下为《增长黑客》最初版本撰写推荐语的好友们，篇幅原因在新版中这些精彩的推荐语不得不酌情删减。但你们在这本书尚在孕育阶段就给予了肯定和厚望，事实证明你们的确非常有远见，不愧是一票成功创业者和风险投资人。他们是——

盛大网络及 WiFi 万能钥匙创始人陈大年先生、36 氪 CEO 刘成城先生、爱范儿创始人王伟兴先生、虎嗅网创始人李岷女士、雷锋网总经理谢阗地先生、丁香园 CTO 冯大辉先生、迅雷首席产品官吴疆先生、前盛大创新院常务副院长郭忠祥先生、百度本地生活服务业务战略负责人韩博先生、小米公司产品经理吴智宁先生、腾讯微信产品经理邹剑波先生。

《人人都是产品经理》作者苏杰先生、《社交红利》作者徐志斌先生、《缔造企鹅》作者胡澈先生、《从零开始做运营》作者张亮先生。

经纬创投合伙人王华东先生、经纬创投投资经理庄明浩先生、红杉资本副总裁曹光源资本合伙人崔婧女士、创新工场投资经理孙志超先生、CA 创投上海总经理吴文蔚先生、阿里巴巴集团投资部高级投资经理李甜女士、猎豹移动投资总经理韦海军先生、线性资本合伙人王淮先生；UCloud 创始人季昕华先生、UCloud 市场总监陈欣怡女士、Zealer 创始人王自如先生、手机之家创始人高春辉先生、掌优安全创始人何晓杰先生、洋葱淘 CEO 陈莹女士、百姓网数据挖掘组负责人孙甜女士、食色联合创始人刘少楠先生、FellowPlus 创始人郭颖哲女士、今日头条增长团队负责人张楠先生、前盛大创新院高级研究员霍炬先生、知名 Blogger 王力昂先生、V2EX 站长 Livid 先生、游戏葡萄 CEO 符星晨女士、SegmentFault CEO 高阳先生、Gitcafe 创始人姚欣宇先生、红沙发联合创始人金叶宸先生、悠泊代客泊车创始人赵珏映女士、工程师爸爸 CEO 李文华先生、SocialBeta 创始人洪绍成先生、Tuna 传播集团 CEO 徐慎先生、时趣营销 VP 李洋先生、维果清数字营销总监汪韡先生、798 宋洋美术馆创始人宋洋先生。

感谢电子工业出版社博文视点，还有我的两位编辑牛勇先生和官杨女士，二位在我屡次拖稿中均保持了极大的耐心，充分体现了该社对书稿质量的重视，况且也从来不拖欠稿费，让我可以买买买。

感谢在本书撰写与宣传推广过程中给予帮助的朋友，因人数众多在此无法详尽统计，望理解。但可以约吃饭。

最后还要感谢我的猫咪虎牙，你在我每一个通宵写稿的不眠之夜给我带来了莫大的欢（ma）乐（fan）；感谢暴雪出的风暴英雄和炉石传说，每次开工之前我都得先搓两把提振精神；感谢红牛、乐事、肯德基、奇多、趣多多陪伴写作，然而以上品牌全都没有赞助，还不都是我自己掏的钱。

我的虎牙卖萌中

附录 A
增长黑客应当关注的常用指标

网站类产品常用指标

- 页面浏览量（Page View，PV）：在一定统计周期内（通常为 24 小时）所有访问者浏览的页面总数。该指标重复计算，即如果一个访问者浏览同一页面 3 次，那么 PV 就计算为 3 个。PV 之于网站，就像是收视率之于电视，从某种意义上已成为投资者衡量商业网站表现的最重要尺度之一。严格意义上来说，PV 只记录了页面被加载显示出的次数，并不能真正确保用户进行了浏览，有些网站会利用这一特性“刷”PV，例如在页面中嵌入不可见的 iframe。还有的网站编辑为了完成 PV 指标，会将一篇长文（或组图）拆分成多页，从而制造出阅读量大的假象。

- 独立访问者（Unique Visitor，UV）：在一定统计周期内访问某站点的不同 IP 地址的人数。通常在同一天内，UV 只记录第一次进入网站的具有独立 IP 的访问者。如果某人访问网易首页，又点开了三条新闻，则记作 4 个 PV 和 1 个 UV。 UV 反映了网站覆盖的绝对人数，但没有体现出访问者在网站上的全面活动。此外，由于校园网络、企业机关等一些部门通常有统一的对外 IP 出口，依靠 IP 来判断的 UV 也并不能做到完全准确，更优的做法是结合 Cookies。

- 访问数（Visit）：访问者从进入网站到离开网站之间的整个交互过程，视作一次 Visit。它可能包含一组页面浏览行为。通常界定同一访问者的两次不同 Visit 的判定方法是间隔时长，如 30 分钟。这意味着如果同一访问者连续的两次页面访问之间间隔为 15 分钟，则视作一次 Visit；如果间隔 41 分钟（因故暂时离开或阅读了一篇长文），则被切分为两次 Visit。

- 着陆页（Landing Page）：指访问者浏览网站时所到达的第一个页面，又称用户捕获页。针对着陆页的分析追踪可作为判定外部广告或其他营销推广活动效果的依据，因此着陆页应当是经过恰当优化的。

- 退出页（Exit Page）：指访问者浏览网站时所访问的最后一个页面。退出页数量大，并不等同于网站的黏性差，此时应当参照退出数与页面浏览量的比值，即退出率。若某个页面本不该有较高的退出率（如在线购买流程的下单环节），则需要检查该页面，防止其成为整站的流量漏洞。

- 跳出率（Bounce Rate）：用于衡量整站或网页的黏性。跳出，指访问者仅仅浏览了一个网页就结束了访问（Visit）。整站跳出率＝全站跳出数/全站页面浏览量，它反映了整站的导航效率；而针对单独页面计算的跳出率＝该页面跳出数/该页面浏览量，它是对单个网页导航能力的评价。一般而言，跳出率越高代表网站的问题越大。

- 展现数（Impressions）：又称印象数，指广告在浏览器中被加载的次数。只要广告内容被加载出一次（如刷新了页面），展现数就加 1。

- 服务器打点数（Hit）：打点指服务器收到一次请求。如访问者浏览了一个仅有 10 张图片的网页，则打点数记作 11，其中包括 1 次网页请求和 10 次加载图片的请求。

- 转化率（Conversion Rate）：转化，指达成了某种预设的目标，如引导用户完成下载、注册、新闻订阅、走完新手介绍流程等。转化率是计量这种转化成效的指标，可用于衡量网站内容对访问者的吸引程度和宣传效果等。例如，广告条的转化率＝通过广告条点击进入着陆页的流量/广告条的展现数；注册的转化率＝完成注册流程的用户数/到达注册页面的流量。

- 停留时间（Duration）：指一次访问的持续时长。通常较为简单的计算方法是用最后一次访问的时间减去访问第一张页面的时间（但这将无法统计最后一次访问的持续时长）。

- 初访者（New Visitor）：初次访问网站的访问者。通常用 Cookie 判断，并以一定时限为统计周期，通常为一个月。如果上月某人访问过网站，次月再次访问，则对于次月内的第一次访问行为而言，这个访问者仍视作该月内的一个新的初访者。

- 回访者（Return Visitor）：相对初访者而言，如果一个访问者在该月内重复访问，则视作回访者，也就是“回头客”。该指标衡量网站内容对访问者的吸引程度和网站实用性。统计周期内所有初访者数量+所有回访者数量=独立访问者数量。

- 访问来源（Referrer）：指一次访问或一个网页浏览的流量来源，又被称作“推荐来源”。访问来源可从不同维度进行划分。如按来源网站的性质，可划分为来自搜索引擎、网站推荐（如友情链接、广告条、软文植入）、无网站来源（用户直接进入网站，如从浏览器收藏夹点入、直接在地址栏输入域名）等；按来源网址的形式，可划分为来自域（如 fanbing.net）、网站（如 www.fanbing.net）或 URL（如 http://www.fanbing.net/about.html）；按照内外部，可划分为站外链接或站内来源。

- 其他属性：有的第三方统计工具可结合自身收集的其他数据，获取访问者进一步的信息，如地域分布、系统环境、性别比例、年龄分布、学历分布、职业分布等。

软件及移动应用类产品常用指标

- 新增用户数（New Users）：指首次打开应用的用户数量，通常通过设备识别符（如苹果系统的 UDID）来识别用户的唯一身份。由于传输统计数据需要联网，因此即便是首次打开应用，若未能联网，也统计不到。此外，卸载再安装通常不会算作新增用户，老用户的版本升级也不会计算在内。当然，如果下载了应用但并未安装，或安装之后没有启动过，也无法统计为新增用户。

- 活跃用户数（Active Users）：指统计周期内有过特定使用行为的用户数量。同一用户在一个统计周期内多次使用记作一个活跃用户。这里“使用行为”

的定义因应用而异，有的团队将启动即视作活跃，有的则需要满足启动+执行某种操作（如浏览过至少一条新闻），还有的则索性将常驻后台的守护进程没有被杀死也统计进了活跃范畴中。因此如何计量活跃用户数，归根到底还是看团队真正追求的是什么。活跃用户数一般看“日活”（Daily Active Users，DAU）和“月活”（Monthly Active Users，MAU）。

- 升级用户数（Updated Users）：指由已装的老版本升级到新版本的用户数量。时常有人问，像 QQ 这样保有量已经很大的应用，为什么每天还能在应用市场上创造如此巨大的下载量？其中很重要的因素之一，就是将用户从老版本升级到新版本的下载行为统计了进去。

- 留存率（Retention Rate）：指用户在某段时间内开始使用应用后，经过一段时间，仍然继续使用，这部分用户占当时新增用户的比率，也就是“有多少人最后留下来了”。留存率用于衡量应用的质量和营销效果的好坏。通常新增用户如果因为真实需求而来（如从应用市场主动搜索并下载获得），则留存率较高；而因为博眼球的营销推广（尤其是有奖活动）进来的用户，留存率较低。并且，不同种类应用的留存率也有各自的基准，如游戏的首月留存率通常比社交类高，而工具类的首月留存率又比游戏高。留存率通常看次日留存率、3 日留存率、7 日留存率、15 日留存率和 30 日留存率。

- 总用户数（Total Users）：指历史上所有新增用户数之和。该数字由单纯地相加获得，存在一定水分，无法体现已经流失或极不活跃的用户情况。

- 单次使用时长（Duration）：指用户从一次启动到退出应用所耗费的时间长短，用于衡量应用的黏性。应用在后台运行并不会计入其中。不同类别的应用，单次使用时长可以千差万别。工具类产品解决问题目标明确，用户完成任务之后就会立即退出，比如看一下天气、优化一下内存占用等，用几秒就可以关闭。而视频播放类应用则能持续更久，通常可达到几十分钟。

- 平均单次使用时长（Average Duration）：计算方法是某日总使用时长/该日启动数，可用于更准确地评估用户的使用状态。因为一款应用在不同时段的使用时长可能存在差别，用户早上挤地铁时的一瞥与晚间睡觉前的沉浸使用，其单次使用时长本身是不具备可比性的，只有平均之后才能用于横向比较。

- 使用间隔（Interval）：指连续两次使用之间的时间间隔。如果一款定位于提供每日新闻资讯的应用的使用间隔过长，则说明对用户的黏性不够强，并未培养成每日使用的习惯，只是在偶尔想起来时看一眼。这就需要在产品上下功夫，或采取一些运营手段弥补，如定时推送当日的头条新闻。

- 转化率（Conversion Rate）：指应用内特定行为目标的转化情况，如让用户点击某个按钮、播放一段视频、邀请一批好友等。
- K 因子（K-Factor）：衡量产品的病毒传播能力，计算方法为每个用户平均发出的邀请数量/收到邀请转化成新增用户的比率。如果 K 因子大于 1，表明产品具有自我传播能力，会随着用户的使用而持续扩散。
- 每用户平均收益（Average Revenue Per User，ARPU）：简单的理解就是“能从每个用户那里收多少钱”，是衡量产品盈利能力的指标，也可用来检测不同市场渠道获取的用户质量。ARPU 的通常计算方法是产品在一定时限内的收入/活跃用户数。结合单用户的获取成本，可以推断出产品是否能形成自我造血的持续发展能力。
- 每付费用户平均收益（Average Revenue Per Paid User，ARPPU）：与 ARPU 将收入平摊到所有用户头上不同，ARPPU 只计算从所有付费用户处获取的平均收益，据此更准确地把握付费用户的支付能力、消费习惯，并有针对性地对这部分付费用户重点运营和服务。
- 月付费率（Monthly Payment Ratio，MPR）：指一个月的统计区间内付费用户占活跃用户的比例。
- 生命周期价值（Life Time Value，LTV）：用户从第一次使用产品，到最后一次使用之间，累计贡献的付费总量。

附录 B
国外优秀增长黑客名单

姓名	负责产品	Twitter
Noah Kagan	AppSumo, Mint, Facebook	noahkagan
David King	Blip.me, ex-Lil Green Patch	deekay
Mike Greenfield	Circle of Moms, ex LinkedIn	mike_greenfield
Ivan Kirigin	Dropbox, ex-Facebook	ikirigin
Michael Birch	ex-Bebo, BirthdayAlarm	mickbirch
Blake Commegere	ex-Causes/Many games	commagere
Ivko Maksimovic	ex-Chainn/Compare People	ivko
Dave Zohrob	ex-Hot or Not, MegaTasty	dzohrob
Jia Shen	ex-RockYou	metatek
James Currier	ex-Tickle	jamescurrier
Stan Chudnovsky	ex-Tickle	stan_chudnovsky
Siqi Chen	ex-Zynga	blader
Ed Baker	Facebook	esbaker
Alex Schultz	Facebook	alexschultz
Joe Greenstein	Flixster	joseph77b
Yee Lee	Google	yeeguy
Josh Elman	Greylock, ex-Twitter	joshelman
Jamie Quint	Lookcraft, ex-Swipely	jamiequint
Elliot Shmukler	LinkedIn	eshmu

（续表）

姓名	负责产品	Twitter
Aatif Awan	LinkedIn	aatif_awan
Andy Johns	Quora, Twitter, Facebook	ibringtraffic
Robert Cezar Matei	Quora, ex-Zynga	rmatei
Nabeel Hyatt	Spark, ex-Zynga	nabeel
Paul McKellar	SV Angel, ex-Square	pm
Greg Tseng	Tagged	gregtseng
Othman Laraki	Twitter	othman
Akash Garg	Twitter, ex-Hi5	akashgarg
Jonathan Katzman	Yahoo, ex-Xoopit	jkatzman
Gustaf Alstromer	Voxer	gustaf
Jon Tien	Zynga	jontien

附录 C 推荐工具资源

网站/APP 统计分析工具

- Google Analytics：https://www.google.com/analytics
- Mixpanel：https://mixpanel.com
- 友盟：http://www.umeng.com
- TalkingData：http://talkingdata.com
- GrowingIO：http://www.growingio.com
- 诸葛 IO：http://www.zhugeio.com
- 云测：http://www.testin.cn
- 腾讯 WeTest：http://wetest.qq.com
- AppLovin：https://www.applovin.com

在线协作平台

- Tower：https://tower.im
- Teambition：https://www.teambition.com
- 瀑布 IM：https://pubu.im

云服务

- UCloud：https://www.ucloud.cn
- 七牛云存储：http://www.qiniu.com
- LeanCloud：https://leancloud.cn
- 游密通讯云：http://youme.im
- 新浪云：http://sae.sina.com.cn
- DaoCloud：http://www.daocloud.io

投融资对接

- FellowPlus：http://fellowplus.com
- 逐鹿 X：http://zhulux.com

原型设计

- Axure：http://www.axure.com
- Balsamiq Mockups：http://www.balsamiq.com
- 墨刀：https://modao.cc

创业空间/孵化器

- 联合创业办公社：http://www.people-squared.com
- Walnut：http://www.walnut.im
- 氪空间：http://space.36kr.com
- 邻客创业公社：http://linkfounder.cn
- 良仓孵化器：http://www.liangcang.vc
- UCloud Entreprise Program：http://uep.ucloud.cn

创业技能学习

- 在行：http://zaih.com（您可搜索“范冰”联系到我）
- 三节课：http://www.sanjieke.com
- 人人都是产品经理：http://www.woshipm.com
- 麦子学院：http://www.maiziedu.com
- 独角兽创业课：http://unicornstartup.me
- 作者说：http://www.zuozheshuo.com
- 利器：http://liqi.io
- Draper University：http://www.draperuniversity.com/

其他

- GitCafe：https://gitcafe.com
- Ping++聚合支付 SDK：http://pingxx.com
- 秒通客服：https://www.mirachat.com
- SegmentFault：http://segmentfault.com
- 麦客：http://www.mikecrm.com
- Growingly：http://growingly.in
- 电子工业出版社：http://phei.com.cn

作者和本书相关

- 博客：http://www.fanbing.net
- 微博：http://weibo.com/xdash
- 豆瓣：http://www.douban.com/people/xdash/
- 知乎：http://www.zhihu.com/people/xdash
- LinkedIn：https://cn.linkedin.com/in/fanbing
- Facebook：https://www.facebook.com/fanbing
- 本书豆瓣主页：http://book.douban.com/subject/26541801/